怪しい金儲けに手を出し本当に儲かった話

経済系ライター
山野祐介

TETSUJINSYA

まえがき

初っ端から思いっきり私事で恐縮だが、文章を書く仕事をしていなかったら、パチプロになりたかった。2留した大学時代からトータルで見ればパチンコで負けたことはなかったため、遊び金には困らなかった。

そもそも、パチンコは「大多数は負ける遊び」だ。それを「こういう風にしたら他の客よりも多く玉が取れるんじゃないか」とか「こうしたら、もっと多く抽選が受けられるんじゃないか」などと仮説を立て、それを実践する。そんな日々だった。

パチンコ・パチスロには台に電波を射出したり、台に直接手を加えたりして違法に出玉を取得する「ゴト師」もいるが、あくまでルールに則って合法の範囲内で、だが店やメーカー、他の客の想像の範囲外で〝勝ち〟を追求するパチプロの姿や生き方には、今も憧れているし、尊敬の念を持っている。

たとえそれが、「そんな面倒なことするくらいなら、普通に働くわ」と後ろ指をさされるものだったとしても、自分の力だけで見つけたルートには、ある意味で金よりも尊いものがあると思っている。

駐輪場にチャリを停めたら、とりあえず紛失ボタンを押してみたり（紛失を押すと1日分の上限金額が請求されることが多く、2日以上停めた場合は紛失のほうが安い）、ラブホの延長料金を見て「延長料金はクリスマスとかでも変わらないから、高くつく特別料金の日はショートで入って延長しまくった方が得だな」と考えたり…。まあ、セコいだけといえばセコいだけなのだが。

本書は、こうしたセコい考えが骨の髄まで染みついている私・山野祐介が、あらゆることに攻略の要素を見出し、戦った記録である。この本のタイトルにもある通り「怪しい金儲け」に手を出して、本当に儲かった話だけを掲載している。

例えば、iPhoneやプレステ5、ポケモンカードの転売で利ざやを得る行為。これら自体は以前から転売ヤーのシノギになっているが、具体的にどんな方法で行えば儲かるのかはなかなかわからないだろう。

そこで私が実際に品物を入手して、どのようなルートで売れば、どの程度の利益が出るのかを検証しているのだ。本書を読めば、怪しい金儲けにはそれなりの知識とテクニックが必要なのだと理解できるに違いない。

他にも、UFOキャッチャーの景品を少ない投資で大量に入手する裏技、パチスロのハイエナで稼ぐための立ち回りと狙い機種など、仕事帰りのサラリーマンが副業的に行えるものや、一攫千金が狙える公営ギャンブル必勝法も紹介している。

また、YouTubeプレミアムを月額135円にする方法など、お得な裏技もたくさん掲載しているので、そちらも参考に。少なくとも、この本を買った元くらいは簡単に取れるはずだ。

そして本書は「儲ける」「得する」こと以外に、もうひとつの読み方ができるように工夫して書いた。それは、人生における自衛の考え方を導き出すことだ。

軽いネタバレになるが、コンビニやおもちゃ屋で売られているポケモンカードのパックは、アマゾンにて数百円で売っている器具がひとつあれば、レアカードの入ったパックだけを抜き取ることができる。

これを正面から読むと「レアカードを安く手に入れるための裏技」になるが、視点を変えてみると「一度人の手に渡ったポケモンカードは、レアカードが抜かれている可能性がある」ということでもある。

「レアカードは簡単に抜き取れる」事実を知らなければ、メルカリや街中の自販機なんかでレアカードの入っていないパックを買ってしまう可能性は十分にある。

この事実を知っていれば、正規販売店以外でポケモンカードを買おうとは思わないはずだし、逆にレア抜きされているパックを安く仕入れて自販機で売ってやろうと考える人もいるかもしれない。もっと言えば、オマケ付きのお菓子や食玩なんかを販売している会社の人であれば、自社商品の深刻な欠陥を発売前に察知できるかもしれない。

このように、怪しい金儲けに手を出したからこそわかることからは、ある意味では普通に生きていては得られない知見が含まれている。

近年はSNSや書籍において、最速で正解に辿り着くことを良しとする風潮があるように思うが、あえて回り道をすることでしか得られないものもあるのだ。


本書は月刊『裏モノJAPAN』の連載『山野祐介のそこまでやるか!』の内容に加筆修正を施し、その後の出来事や考察を追記したものだ。単行本化にあたっては新ネタの記事も何本か書き下ろしている。

もちろん、ここで紹介したのはすべて〝今も使える方法〟ばかりである。

もしかしたら金儲けのネタになるんじゃないか。

働かずして食うことができるんじゃないか。

読者の皆様のそんなニーズに応えられたら幸いだ。あと、この山野ってライターは面倒なことばっかりして馬鹿だなぁと笑ってください。ではどうぞ。

怪しい金儲けに手を出し本当に儲かった話　目次

2章 お得になる裏技

3章　一攫千金

本書は月刊「裏モノJAPAN」(小社刊)の連載「山野祐介のそこまでやるか!」を加筆、修正、再編集し、書き下ろしの記事を加え、単行本化したものです。本書の情報は初出誌掲載当時のものです。本書の内容に関して、当時と現在の状況が異なるものについては、可能な範囲で修正をしています。(編集部)

1章

怪しい金儲け

くじキャッチャーのカプセルを取りまくる

景品がすべてクジになっているタイプを狙う

本書の一発目となる今回は、郊外にあるリサイクルショップへやってきた。

リサイクルショップとはいっても、「ハードオフ」や「トレジャーファクトリー」のような店ではなく、店内にUFOキャッチャーやパチスロなども設置されている、エンタメ色の強いリサイクルショップだ。

関東であれば「●●（地名）鑑定団」、東北では「●●書店」、中国地方では「●●倉庫」などのグループ名をよく見かけるだろう。

取り扱っている商品はゲーム・漫画・家電・古着が多い。多くの場合深夜営業をしているため、夜に行き場

左の台にクジを置いて、奥のプッシャーが手前の排出口に押し出す

「裏モノJAPAN」2020年8月号掲載

のないマイルドヤンキーのたまり場となっている。

今回このリサイクルショップで「攻略」するのはＵＦＯキャッチャーだ。

このＵＦＯキャッチャーは景品がすべてクジになっているタイプで、クジを開けて当たりが出たら、商品と引き換えられるという仕組み。大当たりのA賞だと、10万円くらいするシュプリームの服や、グッチのカバンなどがもらえるようだ。

これは通常のＵＦＯキャッチャーのように、アームで景品をつかんで排出口の上で落とす、というタイプではない。

特賞、A賞あたりはそこそこいい商品があるっぽい

掴んだクジはいちど皿の上に置いて、前後に一定に動いてるプッシャーが排出口に押し出す流れだ。要はメダルゲームとか、お菓子のクレーンゲームでよくあるアレだ。

紙クジだけでなく球体カプセルもいくつか入っており、カプセルは当たりの確率が高いとかなんとか書いてあるが、カプセルを押し出すためには皿の上にたくさんカプセルを溜めないといけないから投資がかさむ。紙クジだとフニャフニャで押し出せないからだ。

コンセントを抜いて電源を落とし、機械を傾ければ一気に取れそうだけど…１００％警察沙汰になるな。それにレジの前に置いてあるから、できっこない。

ＵＦＯキャッチャーの中には赤のクジ、黒のクジ、カプセルの3つが入っているが、脇に置いてあるゴミ箱を見ると、すべてが赤色だ。つまり赤はほぼハズレだと考えていいだろう。

キャッチャー内部を見ると、赤のクジがギチギチに詰まっている。っていうか、詰め込みすぎじゃないか？

アームの位置と同じくらいの高さまでクジが入ってるし。

わざとキャッチしないで、60秒間アームを前後左右に動かす

さて、どうするかな。一度状況を整理しよう。

まず、クレーン内に入っているのはカプセルが5個と、大量の赤クジに、少量の黒クジだ。

そして1プレイは100円で、60秒はアームを自由に動かせるから、焦って狙いを外すことはなさそうだ。

とはいっても、普通のUFOキャッチャーみたいに直接排出口へ落とせるわけじゃないから、黒クジやカプセルをうまくつかんだところで、それをプッシャーで押し出すには、何度も金を入れてトライしなければならない。こんなことやってたら、かなりの投資がかかるだろう。というかそれが正攻法だから、そんなことやったら店の思うツボだ。

先客のプレイを見ていると、落ちて出てくるクジは1プレイにつき3～4枚。ほとんどがハズレだろうから、普通にやっていたら大赤字だろうな。ということは、何らかの方法で当たりの可能性が高そうな黒クジやカプセルだけをピックアップして落とすか、1度に大量のクジを皿に持っていく必要があるわけだが…。どうあがいても、100円で掴める回数は1回なことは変わらない。

逆に、こっちがある程度自由にできることは何だろうか。

うーん、唯一自由があるのは「掴まなければ、60秒間アームを動かせる」という点だけだな。

そういえば、キャッチャー内は明らかにクジが詰め込みすぎな状態なんだよな。山積みのクジの上にカプセルが乗ってるから、いくつかはアームで触れそうな状態になってるし。

……ん？　触れる？　触れるってことは、「掴まなくてもカプセルを動かせる」ってことじゃね？

わざとキャッチしないで、60秒間アームを前後左右に動かすことだけに専念すれば、直接カプセルやクジを排出口に「蹴り出せる」んじゃないか？

普通のＵＦＯキャッチャーだったらこんな景品をギチギチにしないからできないが、これだけ景品の高さがあれば勝機は十分にある。よし、やってみよう。

１００円でカプセル5個と60枚以上のクジをゲット

１００円を投入し、アームを動かす。

まずは一番高い位置にあるカプセルを狙ってアームを操作。ガラスとアームでうまくカプセルをはさむと……やっぱり掴まなくてもカプセルが引きずれた！

あとはアームを左に持って行けば……カプセルが排出口に落ちた！それに、カプセルと一緒に大量のクジも排出口と皿に落ちたため、異常な量のクジが出てきたぞ。よしよし、あとは時間切れまでこれを繰り返すだけだ。

やはりクジが敷き詰められているせいで、掴まなくてもカプセルとクジがアームで触れてしまうようになっていた。仕掛けを考える側が想定していない方法で勝つ、これだ。俺が求めていたのはこの高揚感だ。

結果、１００円でカプセル5個と60枚以上のクジをゲット。クジを開封したいところだけど、ネタが割れな

あえて掴まずに

引きずって

排出口にシュート！

いうちにもっと乱獲したほうがいいな。

クジは補充できると書いてあったので、詳しくなさそうな女の店員に補充を頼み、再び乱獲。うひょー、気持ちいいいいい！

…だが、3回目の乱獲が終わったところで白シャツを着た社員らしき店員が異変に気付いたらしく、補充を頼んでもバカ高くクジを積んでくれなくなってしまった。

まあ、カプセルが12個、クジは200枚ほど取れたし、ここまでにしとこう。

ハズレとゴミ景品のオンパレードだが…

ではお楽しみの開封タイムだ。シュプリームは出るかな…げっ、なんだよこれ！

開けど開けど出てくるのは「ハズレ」と「G賞」「H賞」などのゴミ景品ばかり。もらって嬉しいのはD賞までで、GやHはボロボロのゲタとか、シミのついた服とか、処分料をもらいたいレベルのゴミばかりだ。なぜか古着のUFOキャッチャーなのにタイタニックのビデオとかもあるし。

カプセル内のクジもハズレこそないが、ゴミ景品だらけだ。
結果、マトモに出た景品は

C賞　ハンドバッグ　　D賞　ショルダーバッグ

のみ。

100円でめっちゃ取れたよ

さあ、何が当たるかな

いらねーもんばっか！

GOOD DARK D
Aroma and
BEST LOCAL HANG
ALL DAY COFFEE
möbus
300円でこの2つゲットなら勝ちだな

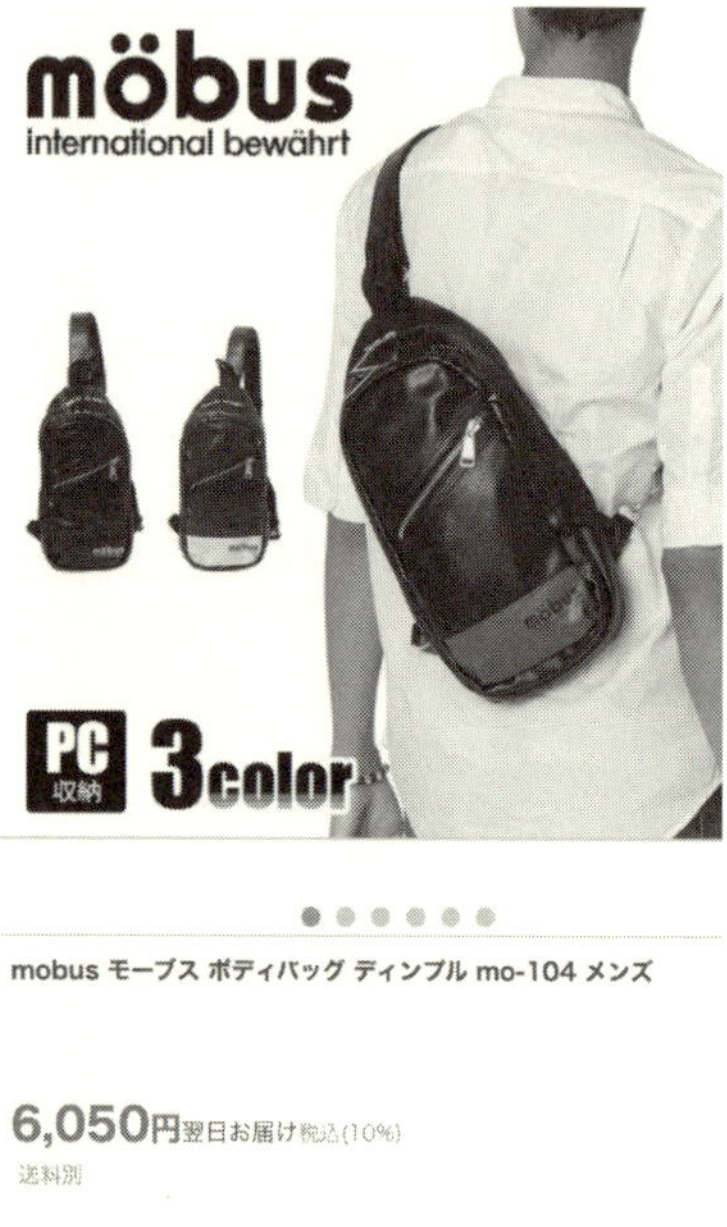
möbus
international bewährt
PC
収納
3color
mobus モーブス ボディバッグ ディンプル mo-104 メンズ
6,050円翌日お届け税込(10%)
送料別

まあ、投資300円だから得っちゃ得なんだけど。

リサイクルショップから少しでも利益を剥ぎ取ったと考えれば、俺の勝ちといっていいだろう。それに、他のUFOキャッチャーでもこの技は使える場面がありそうだしな。誰がなんと言おうが俺の勝ち!

それから 高額商品が入っているUFOキャッチャーは「確率機」

これは本書の元の連載「そこまでやるか!」の第1回目である。懐かしい。

この連載の前は「1週間0円生活」という、企業キャンペーンや転売で儲けた金でしか飲食ができない1週間を過ごしてレポートするという過酷極まりない企画を3年ほど続けていたのだが……企画の性質上、どうしても1つのネタを深堀りできないという不満があり、この「そこまでやるか！」が誕生した。

さて、風俗営業法では、「UFOキャッチャーなど、遊技の結果に応じて景品を提供するもの」の提供額は1000円までと定められている。しかし、この回に登場したリサイクルショップの大当たりは10万円ほどの商品となっており、明らかに風営法違反だと思われる。なぜこのような形態が許されているのか。

その答えは、「リサイクルショップはゲームセンターではないから」である。ゲームセンターは風営法の5号営業に該当するので前述のような規制を受けるのに対し、リサイクルショップやレンタルビデオ店は風営法の管轄外になるため、明らかに高額な景品を置くことができている。なんだか変な話だが、ゲーム機やテレビなどの高額景品が入っているUFOキャッチャーは、こうした理屈で置けているらしい。

一般的にこうした高額商品が入っているUFOキャッチャーは「確率機」と呼ばれており、規定の金額を吸い込むまでは絶対に取れないような設定、つまり穴に到達する前に機械がわざとカプセルを落とすような設定になっている。しかしYouTuberの「つるなか」などはこうした確率機のバグや穴をうまく突いて高額景品を乱獲している。その過程はパチスロ3〜4号機の攻略法を探す過程と似たものがあり、エンターテインメントとして非常に面白い。

……ただ、動画になって視聴者がネタを知る時点では、すでに彼らはおいしい景品を狩り尽くしたあとだろう。動画の真似事をして大儲けするのは難しいのではないかと思う。いつか自分も、腰を据えてこのジャンルに挑戦してみたいと思っている。

ポケモンのレアカードだけを買い占める

中身の見えないパックからレアカードだけを選び出す

今回勝負するのは「ポケモンカード」だ。

いまやカードゲームもスマホでできる電子カードに移行しつつあるが、いまだに「遊戯王」「デュエルマスターズ」「ポケモンカード」あたりは人気がある。やはり手に持って実感できるカードを集めることは特別な快感があるのだろう。ちなみにポケモンカードを選んだ理由は取扱店が多いからというだけで、特にポケモンに興味はない。

さて、多くのカードゲームは、5枚1セットのパック（だいたいどのカードゲームも150円くらい）を購入し、少しずつカードを集めていくのが定番となっている。醍醐味は「パックからレアカードが出るかどうか」だろう。

中に入っているカードはランダムなので、低確率で入っているレアカードが出ることを祈りながら開封する人が多いのではないだろうか。ちなみにレアカードは最大でも1パックに1枚しか入っておらず、ハズレ5枚

「裏モノJAPAN」2020年9月号掲載

か、レア1枚＋ハズレ4枚の組み合わせしかパックにはない（一部の特殊なパックを除く）。

レアカードは通常のカードと違い、キラキラ光る装飾がしてあるだけでなく、ゲーム上でも強力な効果を持っていることが多く、普通のカードよりも価値が高いことがほとんどだ。

今回は、中身の見えないパックからレアカードだけを選び出すにはどうしたらいいかを実践していく。うまくやれば、転売で一儲けすることも可能だろう。

重いパックを購入すればレアカードだけ抜ける⁉

まずは現物を見てみないと作戦の立てようがない。最寄りのコンビニへ行って、売っていたポケモンカードを1パック購入。「開封せずにレアカードを判別する」には、どうしたらいいだろうか？

…とは言っても、外から見てわかることは「プラスチック製の袋の中にランダムでカードが5枚入っている」ということだけだ。

光に当てたら中身が透けないかと思ったが、当然透けない。そもそもカードゲームって俺が子供のころから売ってるから、20年以上は続いていることになる。ちょっと考えて思いつくようなことは対策されていると思っていいだろう。

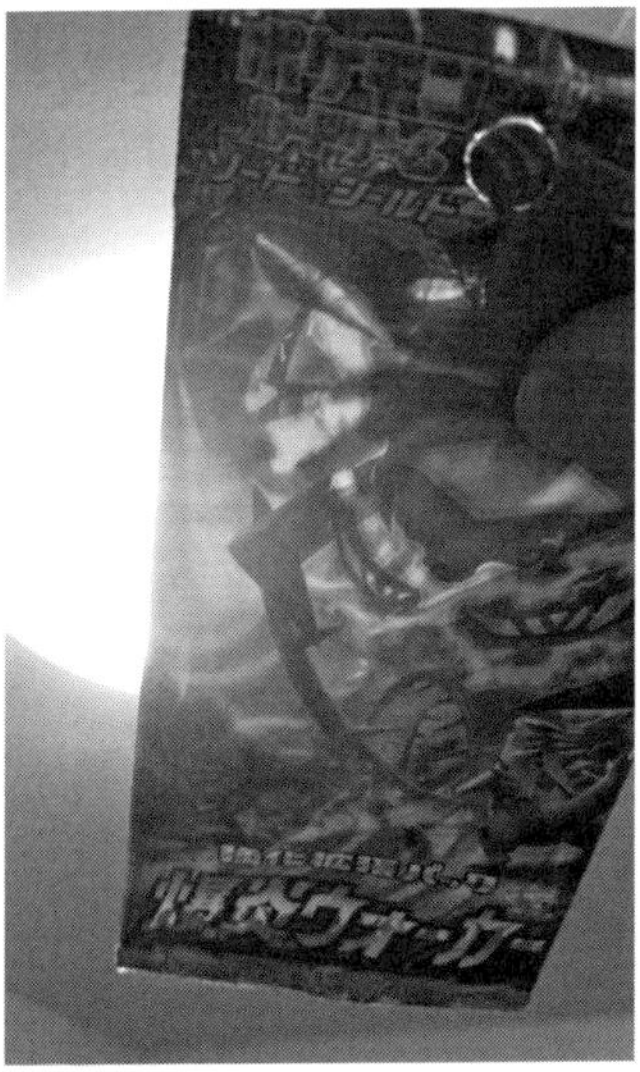

透けないな……

とりあえず、パックを開けてみるか。光ってないカードが5枚出た。どうやらハズレだったらしい。

うーん、当たりの場合はどんなものが出るのかも知らないとダメそうだな。

というわけで秋葉原へ行き、価値の低いレアカードを10円で何枚か購入。ゲーム的に弱く、価値の低いレアカードたちだ。

レアカードの手触りを確かめてみる。ハズレのカードは紙でできているが、レアカードであれば当然、カードを光らせるために何らかの処理がされているから、表面の手触りが違うのではないか？

…うーん、レアカードの方が表面に処理がしてある分、ザラザラしているような気がしなくもないけど、微妙すぎる違いだ。目隠ししてやったら絶対に当てられないだろう。

カードの材質はどうだろうか。

ハズレのカードは紙の上に印刷してあるだけだから、紙１００％だけど、レアカードはキラキラさせる素材が使われてるから違うんじゃないか？

削ると違いがわかる（左がレア）

…ダイヤモンドヤスリを使い、カードの表面を削っていく。やはり表面の素材は違うようだ。ハズレの表面は削ると紙の面が露出するのに対し、レアカードはアルミのような金属シートがボロボロと剥がれてきた。

カッターで切れ目も入れてみたところ、通常のカードは紙の上に印刷するだけだが、レアカードはアルミっぽい金属シートにカード情報を印刷し、それを紙の上に貼り付けているということがわかった。

そういえば、モノには比重っていうものがあったよな。同じ大きさのモノでも、アルミと純金では当然重さが違う。

ハズレカードは紙だけでできているが、レアカードは紙の上に金属シートが貼られてできているから、レアカードの方が重たいのでは？

手で判別するのは無理だが、０・01グラムまで計測できる精密なハカリを用意して重さを調べれば判別できるんじゃないか？

さっそく、精密ハカリを用意して重さを調べる。

まず、ハズレの重さは…１・52グラムだ。

次に、レアカードの重さを調べると…１・60グラム！　０・08グラム違う！

レアカードのパックもハズレカードのパックも同じ外袋に入っているわけだから、重いパックだけ購入すればレアカードだけ抜けるだろ！　よし、これで勝てる！

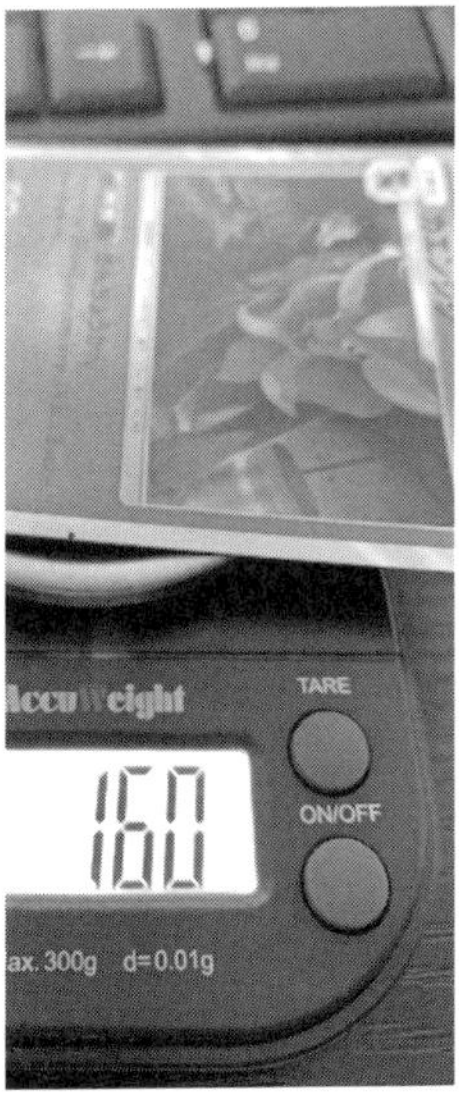

レアの重さがこれで（上）、
通常はこう（下）

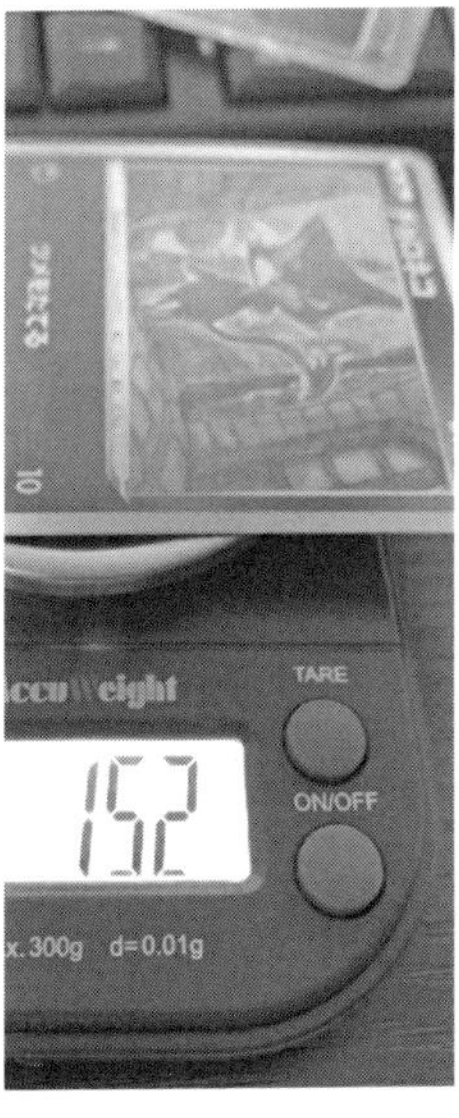

一度カゴにカードを入れ、店員の死角でハカリを使う

…くそ。勇んで家を出たはいいものの、万引き防止のためなのか俺のような人間が多いのかはわからないが、カードゲームはタバコのように店員に種類を伝えて取ってもらう店ばかりで、自由に手に取って買える店がない！

たま〜に手に取れる店があっても、仮面ライダーとか妖怪ウォッチみたいな、露骨な不人気カードしか並べてなかったりする。いくら作戦を思いついても、これじゃ意味がない。

だが、思い切って東京を出て千葉まで向かうと、捜索2時間ほどで手に取って買えるコンビニを発見。

いろいろパックの種類はあるが、同じバージョン同士のパックを比較しないと、工場のロットも違うだろうから重さに違いが出そうだ。今回はポケモンがらみの中でも一番売れ残っている「爆炎ウォーカー」に狙いを絞って調べることにしよう。

カードはレジから見渡せる位置に置かれており、さすがにここで重さをはかるのはヤバい。一度カゴにカードを入れ、店員の死角でハカリを使うことにしよう。

やっと手に取って買える店を発見

…何度か売り場と死角を往復すると、30個残っているパックのうち、重さは

A「8・45グラム前後」
B「8・50グラム前後」
C「8・63グラム前後」

の3種類に分かれることがわかった。

一番重たいCのパックは数が少なく、6個しかなかった。Bが22個。なぜか2つだけやたら軽いAがあったが、これはよくわからない。

かくしてCのパック6つをすべて購入。なんか引っかかるから、一応Aの2つも買っておくか。

開けたら全部当たり！

…さあ、Cパックを開封するぞ。おっ！　1つ目からいきなりレアカードが出た！　2つ目もレア！　これはなんか装飾がすごくて高そうだ。3つ目もレア！　どれが強いとかは全くわからないが、開けたら全部当たりってのは楽しい！

結局、Cのパックはすべて当たり。引っかかりを感じて買ったAは共にハズレだった。ただの誤差だったの

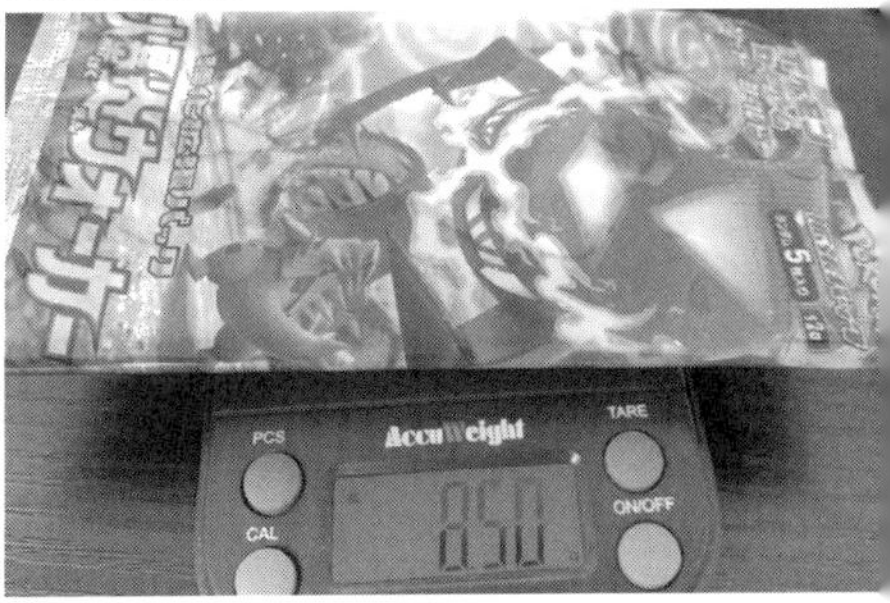

これは通常だな

このパックは重たい！

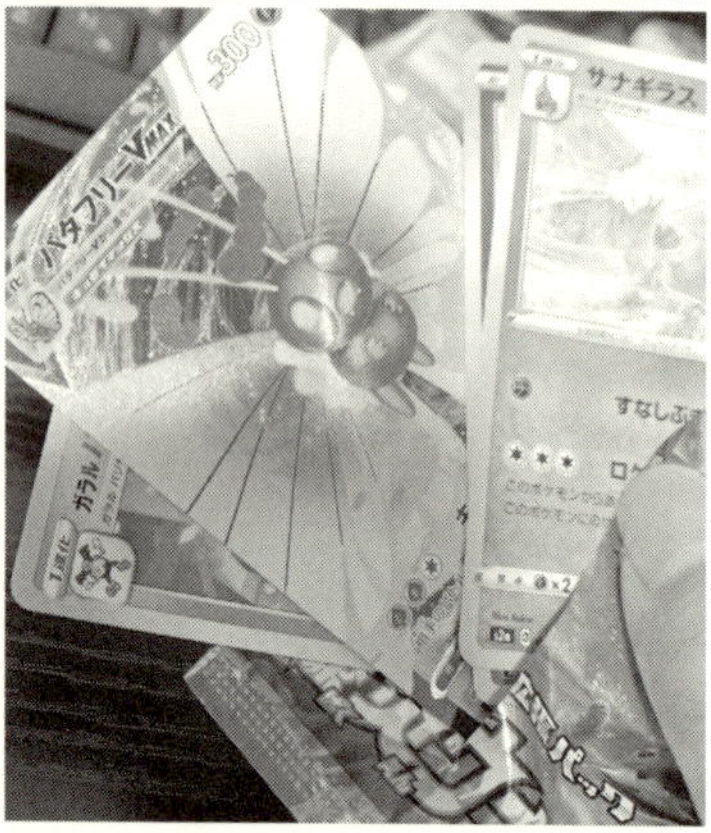

レアカードが出た！

Cパック全てからレアが

だろう。

出てきたレアカードの中には千円くらいで売れるカードが１枚と、５００円くらいのカードが２枚あった。総投資額は１２００円だから、普通に俺の勝ち！

★

手に取ってパックを選べる店があれば、精密ハカリ１つで無限にレアカードが狩り取れることがわかった。選べる店はそこまで多くはないし、店員の目の届くところでハカリを常習的に使ってたら店側に対策されたり、注意されたりする可能性もある。儲けたいなら、コンビニでバイトしたほうがマシかもしれないな…。

それから

カードゲームの自販機はほぼレアが抜かれている

この内容は、どちらかといえば「自分がレアカードを乱獲する」という方向よりも、「レアカードが出ないパックを買わないようにする」という自衛の方向で役に立つ内容ではないかと思う。それくらい、レアなしのパックは広く流通しているのだ。

例えば繁華街やドン・キホーテには、カードゲームの自動販売機があり、中にはパックがそのまま売られているものがある。自販機の業者がボックスを購入してそれを詰めているケースが多く、そのほとんどはレアを抜かれて販売されているので、まずレアは出ないだろう。

また原稿では紹介しなかったが、強力なライトを当てて中のカードを特定する手法もあるので、レア抜きが発覚しないように、価値のないレアカードだけ残されていることもある。自販機のパックだけでなく、購入時のシュリンクが剥がされているメルカリのボックスなども、基本的にレアが抜かれていると思ったほうがいい。

もっともこのレア抜きはかなり古くからある行為で、カードゲーム好きならほとんどの人が知っていることもあり、レアカードを抜いたあとのパックを「レア無しパック」として安く売っている良心的な人もいるくらいレア抜きは浸透している。

反対に、シュリンクがない＝レア抜きされている、という前提を逆手にとって、ポケモンカードに使われているシュリンクと同じものをわざわざ購入してレア抜きした後のボックスを再シュリンクする業者もいたりするので、基本的に二次流通市場に売っているカードはすべて疑ってかかったほうがいい。

今回の「モノによって重さが違う」というのは、カードゲームに限った話ではなく、様々なジャンルで応用が可能である。例えば、箱に入ったランダムフィギュアなども、重さによってある程度の目星をつけることができる。

キャラ単体のフィギュアと、ジオラマのような背景まで入っているフィギュアであれば当然後者のほうが重いので、封入パターンと重さから中身を推測して買うのも面白いし、一度重量を特定できれば欲しいフィギュアだけ乱獲することも可能ではないだろうか。……まあ、お店や他のお客さんに迷惑がかかるので、やれとは言わないが。

パチンコ金景品の値上がりで利ざやを得る

2023年12月6日、東京都内のパチンコ金景品の買取価格が上昇した。具体的には、小景品が千円から2千円に、中景品が4千円から6千円への値上がりだ。今回はそんな景品を巡る争いについて話したい。

…が、その前にパチンコをしない人向けに「金景品」とは何かを説明する。

日本では、法律で許可された競馬や競艇、競輪やオートレース、宝くじ以外の賭博行為は禁止されており、パチンコは許可された公営ギャンブルではない。にもかかわらず、事実上のギャンブルであるパチンコ店はそこかしこにあり、大っぴらに営業している。

これはなぜかというと、パチンコは「換金行為を行っていない」という建前があるからで、実際に店内で玉を現金には引き換えてもらえない。

謎(苦笑)の交換所

大当たりして出た玉を現金に換えたい場合はまず、「特殊景品」に換えることになる。これをパチンコ屋の近くにある謎の店に持っていくと、めでたく現金と換えてくれるわけだ。

実質的な賭博であるにもかかわらず、なぜ取り締まりを受けないのかという議論はよく行われており、国会でもたまに議題に上がるが、今でもこの方式は変わっていない。

この特殊景品は地域によってモノが異なり、埼玉県では純銀のペントップだったり、神奈川県ではよくわからない銀メッキのメダルだったりする。

金はどんな時代でも一定の価値がある

ポイントは、東京都内の特殊景品のプラケースの中に、価値の高い「純金」が使われている点だ。

金は「電気を通しやすい」「金箔のようにかなり薄く伸ばすことができる」「特殊な薬品以外では溶けず、サビない」という特性があって工業的に貴重な品であるほか、地中に埋蔵されている量が少ないこともあり、どんな時代でも一定の価値がある。一説では、既に地球に存在する金の75%程度が既に掘り尽くされているとも言われている。

そういう理由があって、金はどんな状況でも希少価値を持っているため、値動きの激しい通貨を持っているよりもはるかに安全な資産だとされている。

特に金が注目されるのは政治が不安定になったり、戦争が起こったときだ。

東京都内で流通している金景品

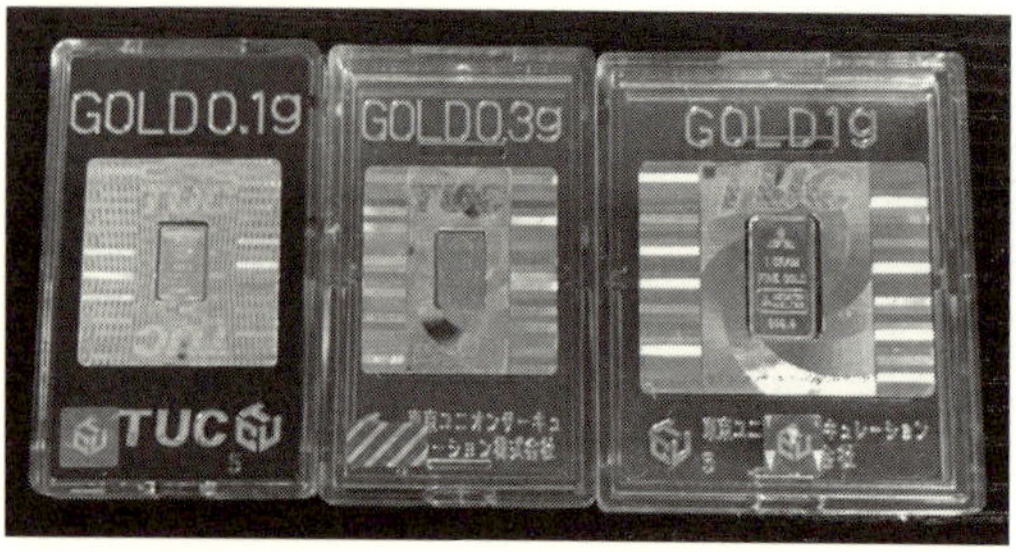

戦争が起こると通貨の価値が下がりやすくなるため、価値が動きづらい金がよく買われるようになる。

近年ではロシアとウクライナの戦争や、イスラエルとハマスの戦争などがあったことはニュースで報じられているとおりだ。

他の業者に売られると損失が大きい

…まあそんなわけで金の相場が上がりっぱなしで、2023年12月時点では1gあたり1万500円ほどになっていた。0・1gならその10分の1の1050円だ。

値上げ前のパチンコ屋では、0・1gの純金が使われた小景品は千円で、0・3gの純金が使われた中景品は4千円で買い取られていた。

つまり小景品はパチ屋の近くにある買取所に持っていかず、ケースをぶっ壊して貴金属買取の業者に持っていったほうが得する状況だったわけだ。

そういうヤツが増えると、当然ながらパチ屋は困る。謎の買取所で買い取られた景品は、いろいろな処理を経てパチ屋に戻り再利用されるので、ケースをぶっ壊して他の業者に売られると損失が大きくなるし、景品切れになるリス

金価格は5年でおよそ4倍に

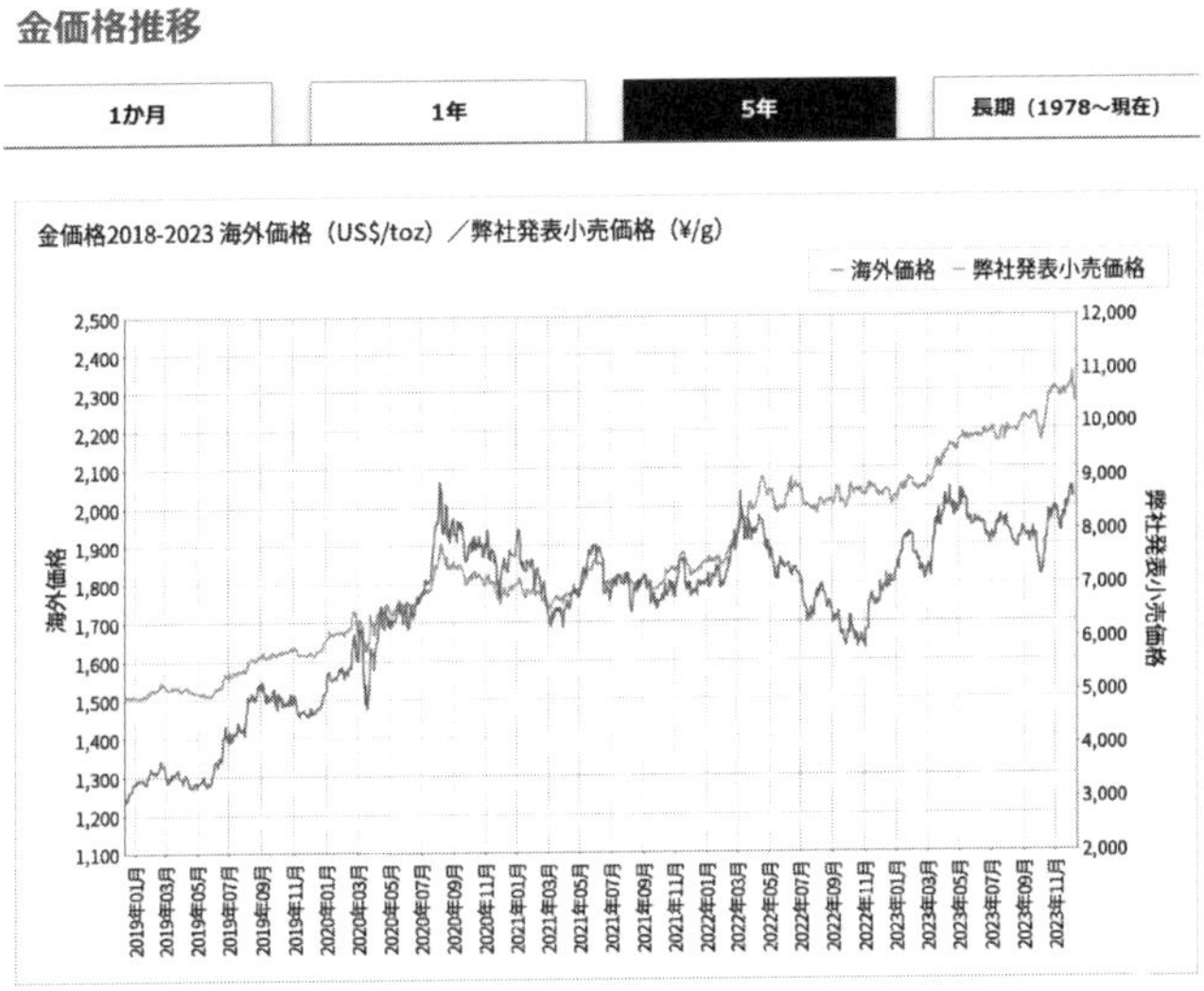
金価格推移
1か月
1年
5年
長期（1978～現在）
金価格2018-2023 海外価格（US$/toz）／弊社発表小売価格（¥/g）
海外価格
弊社発表小売価格
海外価格
弊社発表小売価格

ク も上がる。

そのため、買取所は景品の流出を避けるべく買取価格を上げるのだ。これまで千円で買い取っていた0・1g金景品を2千円で買い取れば、貴金属店に持ち込むヤツはいなくなる。そういうわけで都内では、こうした値上げ騒動が頻繁に起こるのだ。

都内ではもともと、1g景品が2千500円で買い取られていたのだが、4千円から5千円、5千500円、8千円、9千円と値上がりが続いてきた経緯がある。

俺は2年ほど前からパチンコで出した景品を交換せずに貯め込んでいたので、今回の値上がりではだいぶ儲けさせてもらった。

プロ グループは値上げを察知している

しかしこれ、パチンコを打たずに、ただ金の高騰だけを待って景品を貯めておくのは得策と言えない。

都内のパチンコ屋は等価交換ではないので、単純に「千円分の玉を借りて打たずに0・1gの金景品と交換する」ことはできない。

1玉4円で借りた玉は最高でも3・57円での交換になるため、0・1g=千円の金景品をもらうには最低でも1120円分の玉が必要になる。

本物の金なのでヤフオクでも値段がつく

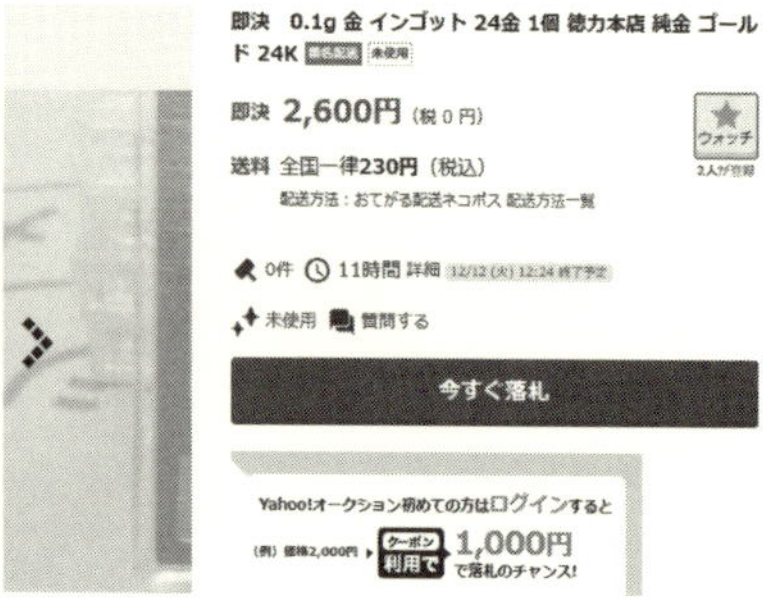

つまりただ玉を借りて流すだけでは、それ以上に金の価値が上がらなかった場合に損してしまうのだ。

しかし、大幅な値上げが事前にわかっていたとしたらどうだろうか？　その場合はリスクが一切なく、玉を借りて流すだけで勝ち確定のギャンブル（というよりは作業か？）になる。

交換玉数の変更は都内全域の店で一斉に行われるので、連絡事項としてはかなり大きなものになる。パチンコ屋のカウンターなんかでもレジの設定をいじらなければいけないわけで、当日の朝に電話して「今日から0・1gは2千円だから。じゃあよろしく」で済む話ではないのは想像がつく。

そうなると、何月何日から金景品の値段が変わる…ということは、ある程度事前に知らされているはずだ。

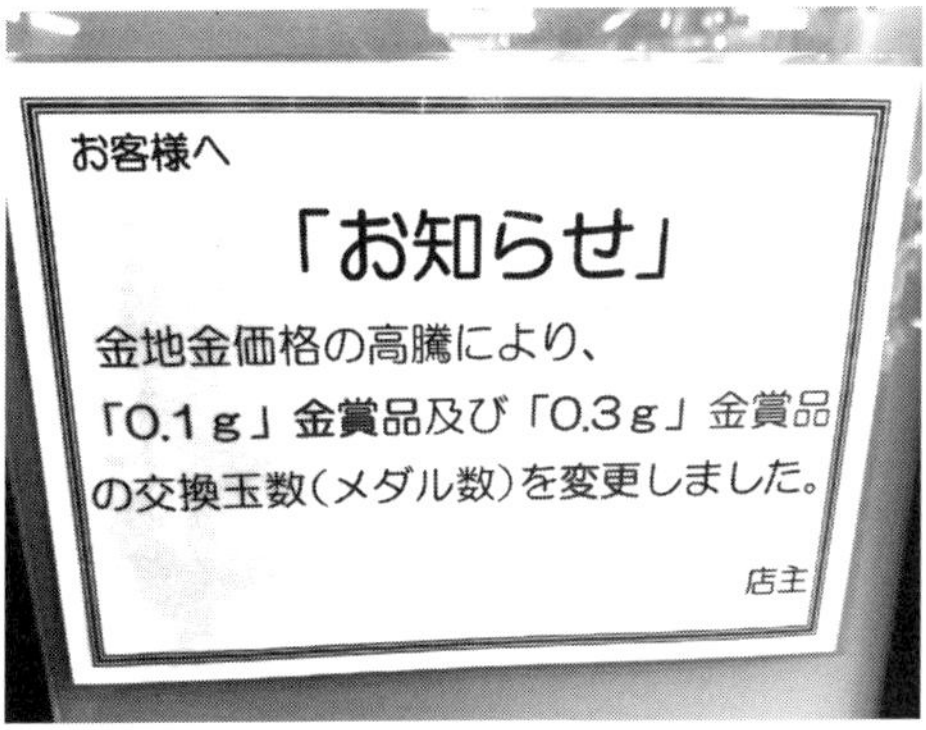

客に告知するのは当日だ

情報というのは漏れるもので、一部のプログループはこの値上げを察知しており、事前に景品をかき集めて儲けたようである。バイトが漏らしたのかインカムを盗聴したのかはわからないが。

現在は、ゲームセンターのように内部で玉が循環する方式のスマスロ・スマパチがあり、わざわざ玉を流さず、貸出ボタンを連打して返却ボタンを押すだけでいいので、昔よりも効率よく金景品を集められたことだろう。

一応、どの店でも遊技約款（店前に貼られている注意書き）では「打たないで流すのは禁止」と書かれているが、すべて取り締まれるわけではないし、アリバイ的にちょっと打ったりもできるので、あんまり効果がないように思える。

金景品が上がる兆候は

こういう内部漏洩はなかなか一般の立場ではわからないが、普通の客であっても金景品の値上げを察知する方法はいくつかある。

それは、パチ屋の対応をよく観察することだ。

仮に明日、金景品が倍になることを知っていたら、誰だって打たずに玉を流して景品に交換する。しかしパチ屋としてはそれをやられると大損なので、阻止せねばならない。

そのため、わざわざ「打たないで流したら出禁」みたいな張り紙を出す店がある。

同様に金景品が上がる兆候として「特殊景品を指定しての交換の禁止」「会員カードの引き出し制限」「自分で玉が流せたり、交換できたりするセルフカウンターの中止」などがある。どれも理由はわかるだろう。

こうした兆候がそこかしこの店であれば、それは買取価格が上がる直前である可能性が非常に高い。

実際、中景品が2千500円のときに上野界隈にこういう張り紙がそこかしこにあったので、玉を流して中景品を集めてみると翌日には4千円に上がってウハウハ……なんてこともあった。

最近は自分で交換できる店も

まあ、次に金景品の値上げがあるのは金が1g2万円になるかならないかくらいの地点だと思うので、都内ではしばらくこの情報が役立つことはなさそうではある。

ただし、純金の景品が使われているのは東京都内だけではない。東海や北関東の一部では金景品が使われているところもまだあるので、探せばお得に純金を調達できる場所はあるのかもしれない。

……なお俺は、一度神奈川で金景品をバラして質屋に持っていったら、実は純金ではなく金メッキされた鉄だったことがあり、大損をこいた経験がある。

★

それから　交換所へ持っていくより3割程度高く売れた

この原稿を書いた2024年1月の時点では都内のパチンコ屋でも9000円分の玉で交換できる1g金景品が提供されていた。その後も金価格は高騰を続け、1万5000円を超えたあたりで1g景品は提供終了となってしまった。自分は1g景品を95個握っており、金が1g＝13000円を超えたあたりで御徒町の貴金属買取業者にすべて売却した。

ただ、パチンコ屋の金景品はどの業者でも金地金として買取ができないようで、金のネックレスや金歯といった材料と同じカテゴリーの「金商品」として買取されることになり、金相場よりも3％程度安い買取価格になったことも書いておく。まあ、それでも普通にパチンコ屋の交換所へ持っていくより3割程度高く売れて、30万以上儲かったから文句はない。

本文にもあるが、東京都内の金景品は０・１g景品が2千円、０・３g景品が6千円となっているため、今から東京都内の金景品を握って儲けるには金が１g２万円に迫らないと買取価格の引き上げは起こらないと思うので、あまり現実的ではない。しかし、愛知県や静岡県の一部ではまだ金景品が使われているところもあるので、同じ考え方が通用する場所もあるかもしれない。

ギャンブルをしない賢明な方は「ギャンブルというのは胴元が必ず勝つようになっていて、長くやっていけば必ず負ける」と思っているかもしれないが、このように考え方を転換することで必勝になることもある。

自らを負けに導いてしまうのは、システムではなく「ギャンブルは必ず負ける」「パチンコで出した玉は交換所へ持っていくしかない」という先入観かもしれない。まあ、「そんな面倒なことをするくらいなら普通に働くよ」と言われたらぐうの音も出ないが。

「プレステ5」転売の利益で東北旅行してみよう

「裏モノJAPAN」2024年3月号掲載

近所のドンキ上野店で、プレステ５が売っていた。珍しいな。

プレステ５は２０２３年12月20日現在、売値（約６万７千円）と買取額がトントンくらいなので、転売して儲かるものではない。

しかしながら、ひとつだけ合法的に売値が下がる状況がある。

それは、外国人観光客が免税で買うときだ。免税なら消費税はかからないので、買値は10％引きの約６万円まで下がる。１台買って売るだけで数千円儲かるわけだ。

そのため都内の家電屋や量販店では、外国人の免税軍団がゲーム機を大量に買い付けてワゴン車で運搬している。ドンキでも在庫を見かけることはほとんどないのだ。

で、なぜ俺が転売しても儲からないプレステ５をチェックしていたのかというと、俺はドンキのプラチナ会員だからだ。

ドンキには年間の買い物額に応じて会員ランクが上がる制度があり、年間２００万円使ってプラチナランクになると、ポイントの還元率が５％になる。

6万7千円のプレステ5を買えば、買い取り額がトントンだとしても、3350ポイントは儲かるわけで、だいぶ美味しい。

ふと、あることに気が付いた。

免税軍団のテリトリーは基本的に首都圏だ。北関東や東北で免税軍団が暴れている話は聞いたことがない。田舎のドンキにはプレステ5の在庫がまだあるんじゃないか？

プラチナ会員である自分は、プレステ5を1台買えば3千円浮くわけで、遠征して買いまくればタダで旅行できるかも。

電車で北上し、ドンキのある駅で降りる。そしてプレステ5を買って得た利益でさらに北上。これを繰り返して、行けるところまで行く。下手すればタダで北海道まで旅行できたりして。

ただしドンキでのプレステ5の販売ルールは「1日につき1人1台」となっているので、何台売っていようが買えるのは1台のみだ。

つまり回る店舗の数を増やさないと、この計画は成り立たない。

この街だけで約1万円の利益

電車賃1980円 ▼▼ 13時40分 宇都宮駅（栃木県）

というわけで、上野のプレステ5で儲けた3350円を交通費の原資として、2時間かけて宇都宮までやってきた。

駅周辺にドンキは3店ある。とはいっても、都会のように歩いていける距離ではなく、駅前の店が1店と、そこから3キロくらい離れている店が2店だ。

まずは駅でレンタサイクルを借りて、少し離れた店に向かおう。チャリを漕いで15分程度で、宇都宮簗瀬店に到着。郊外型の店の割にはあまり広くないが、ゲーム売り場はちゃんとあり、プレステ5もしっかり在庫がある。もちろん購入し、佐川の無料配送で自宅に送ってもらう（ドンキのサービス）。これだけで3千円ゲットとは、かなりありがたい。

そこからさらにチャリを漕ぐこと15分で、アピタ宇都宮店へ到着。特に面白いものはなかったがプレステ5は在庫あり。やっぱり田舎には残ってるんだな。当然こちらも確保。

そして駅前に戻り、宇都宮店でもプレステ5を確保。この街だけで3台もツモり、約1万円の利益が出てしまった。

このぶんだと、もっと田舎にはほぼ間違いなく在庫があると思っていいだろうな。北上だ。

幸先よく宇都宮でゲット

当然この先の福島県にも行かねば

電車賃682円 ▼▼▼ 16時10分 野崎駅（栃木県）

宇都宮から電車で30分ほどかけて、野崎という無人駅で下車。ドンキ大田原店まで4キロあるが、バスもレンタサイクルもカーシェアもないので、40分ほど歩いて店に到着。当然のようにプレステ5は在庫があり、即購入。

帰りも4キロ歩くのはキツすぎるので、戻りはタクシーを使ってしまった。タクシー代が1600円かかったので、ほとんど利益は出なかった。

電車賃330円 ▼▼▼ 17時40分 黒磯駅（栃木県）

野崎駅から3駅の黒磯駅に到着。リゾート地として有名な那須塩原はこの辺りで、オシャレな店が並んでいる。が、ひたすらプレステだけを求める俺には関係ない話だ。

ここも駅とドンキがだいぶ離れており、片道15分ほど歩くはめに。ふう。

ゲーム売り場を見ると旧型のプレステ5が売っており、疲れが吹っ飛んだ。プレステ5は新型が出るタイミングで定価が1万円程度引き上げられたので、それに伴って旧型の取引相場も1万円程度上がった。しかし売価は据え置きのままなので、市場に残っている旧型のプレステは定価以上でさばけるのだ。安く見積もっても、現金で5千円の利益は堅い！　これにポイントまでつくんだから、1万円近い利益だ。たまらない。

黒磯では旧型が！

そして、プレミア価格で取引されているスパイダーマン2のコントローラーまで定価の約8千円で売っていた。これは2万円前後で取引されている。買わない理由がない。っていうか、店頭で売られてるの初めて見たよ。

黒磯店だけで約2万円の利益が出てしまった。こういう出会いがあると思うと、当然この先の福島県にも行かねば。

日帰りはやめてさらに北上しよう

電車賃990円 ▼▼▼ 19時00分 須賀川駅（福島県）

黒磯から電車に揺られること80分。福島県の須賀川駅へ。なにやら城跡があるそうだが、見物している暇はない。10分ほど歩き、ドンキへ向かう。

こちらは普通にプレステ5があるだけで、特にレアモノはなし。まあ3千円浮くだけでも儲けものだけど。

福島県に来ました

電車賃242円 ▼▼▼ 19時50分 郡山駅（福島県）

須賀川から10分ほどで、福島第2の都市である郡山駅へ到着。こちらも駅からドンキまで15分ほどかかる。

ゲーム売り場に当然のようにプレステ5があったので、購入してすぐ店をあとにする。

戻ってから、駅のフードコートで山形名物の鳥中華を食べた。麺とスープはそこそこうまいが、肉が変に固くて総合的には△か。

さて、今日中に東京へ帰るならここで引き返さなければならない。幸い、黒磯でツモった旧型とコントローラーが効いているので新幹線で帰ってもお釣りが来そうだ。

しかしこの先には福島と、まだ見ぬ仙台が待っている。やはり日帰りはやめてさらに北上しよう。

電車賃1740円 ▼▼▼ 20時50分 福島駅（福島県）

郡山から1駅だけ新幹線を使い、福島へ到着。

福島のドンキは駅からだいぶ離れており、最寄り駅はここから2駅先の東福島だ。在来線を30分ほど待つのもかったるいので、駅でレンタサイクルを借りることにした。

5キロ先のドンキまで20分で走破。言ったら悪いが田舎なので歩行者もいないし、道幅も広いので思う存分ぶっ飛ばせた。

店内はいろいろ在庫処分をやっていて気になるところだったが、必ず今日中に仙台に着きたい（理由は後述）ので、プレステ5のみを買い、急いで佐川の伝票を書いて退店。そして帰りも5キロをレンタサイクルだ。

仙台行き終電は22時01分。そして現在時刻は21時35分。間に合うのかよこれ！ 行き以上にチャリを飛ば

さらに郡山へ

す。もちろん常に立ち漕ぎだ。家から300キロ離れた場所で何やってんだ俺は。

……はぁ、はぁ。なんとか間に合った。

到着が明日になるとルールに引っかかる

電車賃1342円 ▼▼▼ 23時20分 太子堂駅（宮城県）

正直、もう何時間電車に乗っているかわからないし、精神的にも肉体的にもかなりヘトヘトだ。

しかもやったことといえばドンキで金を払って佐川急便の伝票を書くだけ。「タダで旅行できるかもしれない」とか言ったけど、ドンキしか見てないし旅行でもなんでもねえよこれ。

と、東北本線の車内で嘆きつつ、仙台駅の2つ手前、太子堂駅で降りることに。

ここでレンタサイクルを借りて最寄りの仙台南店に向かい、そのままチャリで仙台駅まで北上する計画だ。

ところでなぜ、本日中に仙台に着きたいのか。それは仙台周辺の3店で、今日中に1台ずつ買って、明日もまた1台ずつ買ってから帰京する計算だからだ。到着が明日になると、1日1台ルールに引っかかってしまう。

とりあえず駅前でレンタサイクルを借り、3キロ先の仙台南店に到着したのだが……なんと今日初の在庫なし。ここまで一度も空振りしてなかったからショックがでかい。

仙台南では空振り…

太子堂で降りてしまったのが悔やまれるが、もう無心でペダルを漕ぎ、仙台へ向かうしかない。

到着したのは深夜0時過ぎ。厳密には「明日」になってしまったが、これぐらいは許されるだろう。

幸い、駅前の仙台駅西口本店とそこから1キロほどの晩翠通り店にもプレステ5はあったので、へとへとになりながら購入。

ここまで来たら仙台名物を食べたいところだが、深夜2時をまわっているので普通に店がやっていない。仕方ないので、磯丸水産でミックスフライ定食を食べた。

そして1泊3500円の激安ビジネスホテルにチェックインし、タバコを1本吸って即爆睡。

翌朝、駅前のドンキ2店をまわってプレステを買ったところで、気力がゼロになった。

せっかくの仙台だが、観光する元気もない。伊達政宗像も松島も見ず、新宿行きの高速バスに乗り込んだ。

何してんだ俺

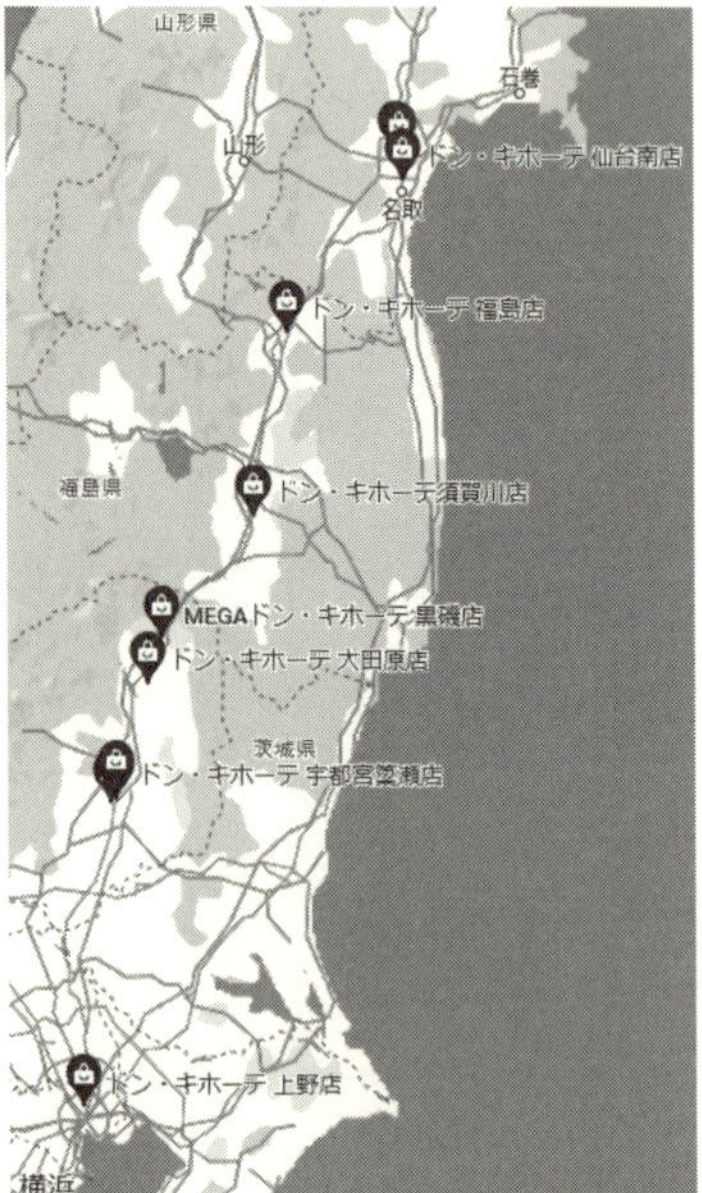

旅の軌跡です

ではこの旅の収支を（下）。

失敗したのが、当初はここまで北上するとは思っていなかったので、普通の切符で電車に乗ってしまったことだ。乗り放題の「青春18きっぷ」を使えばもう5千円は節約できたはずだ。

まあ、一切労働をせずに仙台まで行って2万円も儲かるというのは、これはこれで面白い経験だった。

もし興味があれば是非やってみてください。誰もやらないと思うけど。

収支発表

【支出】

新型プレステ5（66,980円）×12	80万3,760円
旧型プレステ5　ダブルパック	55,980円
スパイダーマン2　コントローラー	7,980円
電車賃	7,306円
タクシー	1,600円
レンタサイクル	1,150円
仙台−新宿　長距離バス	4,000円
ビジネスホテル	3,500円
	計 88万5,276円

【収入】

プレステ5　コントローラー売却代金	86万7,000円
5%ポイント還元	4万3,386ポイント
	計91万386円

利益　2万5,110円

それから　23区にも穴場はある

我ながらバカなことをやっていると原稿を見返して笑ってしまった。

今回のプレステ5のように、需要が高く品薄になっている品を探す際は、発売日や入荷日が特定されている場合を除いて、田舎の店舗のほうが見つかりやすい傾向がある。田舎にレアモノが残っているのは「ライバルが少ないから」であって、つまり供給以上の需要がないからである。それ自体は当たり前の話だが、かといって都会ではそうしたレアモノに巡り合えないのかというと、そういうわけでもない。

たとえば23年の11月末には、ローソン店頭で「JCB PREMO（プレモ）」というプリペイドカードを購入すると、7％のボーナスがつくというキャンペーンをやっていた。つまり1万円分のＪＣＢプレモを購入すると、1万700円ぶん使えるということだ。

ＪＣＢプレモはマニアックなプリペイドカードであるものの、アマゾンや大手の家電量販店、松坂屋や伊勢丹などの百貨店で使うことができるので、Amazon Pay経由で税金を払って実質7％オフにしたり、7％安く商品を買うことができるので、当然話題になった。

そんなわけでキャンペーン当日から、東京都内の繁華街はＪＣＢプレモを探すゾンビたち（俺含む）であふれ、昼過ぎの時点で山手線駅前のコンビニにはＪＣＢプレモが1枚もないという状態になっていた。俺は13時の時点で上野・御徒町・日暮里近辺のローソンをすべて回ったが、もう1枚も在庫はなかった。こうなると田舎に飛び、ローソンを巡ったほうが効率はよさそうに思えるが、俺は東京23区から出ず、17時から24時までの7時間ほどで200万円ぶんのＪＣＢプレモを購入した。交通手段はオール自転車だ。

さて、俺はどの地域をまわったのだろうか。時間があれば、一度本を閉じて考えてみてほしい。

正解は、竹芝〜天王洲アイル〜大井にかけての港湾地帯と、羽田空港周辺だ。東京の東側に住んでいる人ならわかると思うが、竹芝から天王洲アイルにかけての東京モノレール沿いの区間は地元住民と近隣のオフィスで働く人以外の人通りがほとんどなく、バイパス沿いであることから車でローソンをまわろうとするとかなり面倒な区間だ。

また、オフィスビルやタワマンの中にコンビニがあることも多く、車だと駐車ができず取りこぼしが出るし、そもそも用事がある人も少ないのでフラっと立ち寄った人に買われる可能性も少ない。つまり東京23区でありながら、かなりライバルが少ないエリアだといえる。羽田空港も同様で、新整備場駅や天空橋駅付近は空港関係者以外の利用が極端に少なく、電車での行き来もかなり面倒なことからライバルはまったくおらず、JCBプレモを独占できた。

キャンペーン2日目になると、組織的にコンビニをまわるグループでほとんど狩り尽くされたようなので、初日にこのエリアを選んだのは正解だったといえる。同じ考え方でいくと、大学や病院の中に入っているコンビニなんかもJCBプレモが大量に残っていたことだろう。

必ずしも田舎まで行く交通費と時間をかけなくても、ライバルが少ない地域を特定して有利に立ち回れることはある。多くのライバルがいる場所に飛び込んで根性で勝負する前に、一度冷静になってみると、何らかの抜け道が見つかるかもしれない。

まあ、300枚近いJCBプレモカードのパッケージを開封してカード裏面のスクラッチを剥がし、アマゾンに打ち込む作業は拷問レベルにきつく、相当な時間が掛かったので、時給換算するとローソンでバイトするのとあまり変わらなかったのだが……。

知識で差がつくパチスロの狙い機種と攻略法

書き下ろし

今回はパチスロ愛好家に向けた記事です。興味のない方は意味不明だと思うので別のページへ飛んで頂けると助かります。

２０２２年１月31日に、パチスロ５号機の設置期限が到来し、６号機の時代が幕を開けた。

６号機の大きな変更点といえば、「有利区間」と「出玉制限」の２つだ。

「有利区間」というのは表面上「大当たりを有利に抽選してよい区間」とされているのだが、99％の機種でそのような使われ方はしておらず、ほぼずっと有利区間に滞在している。そのため有利区間は「通常ゲーム」と考えてよい。

この有利区間は３０００ゲームが上限となっており、通常時の吸い込む区間やＡＴやＡＲＴといった大当たりをすべてひっくるめて３０００ゲーム以内に収めないといけない（２０２１年の機種には有利区間が１５００ゲームのものも存在する）。基本的に有利区間を消化したら疑似的なリセットがかかり、１～２ゲームの非有利区間を経て再度有利区間に戻るのだが、昨今の機種では非有利区間に何らかの優遇がされているケースも多い。

また、差枚数で2400枚までの出玉制限があり、たとえば2000ゲームで1500枚吸い込んでいる台であれば、吸い込んだ枚数と2400枚を足した3900枚を吐き出すと、そこでリセットがかかり通常時に戻る（2021年の機種は差枚ではなく純粋に2400枚の払い出しで終わるものも存在する）。

そして、2023年にメダルを使わないパチスロの「スマスロ」が登場するのだが……その前に現在のホールに残っている6号機の狙い台と立ち回りを紹介していこう。

真天下布武――秀吉・家康モードだけを狙い撃つ

まずは6・5号機の「真天下布武」が挙げられる。

この台は内部的に「信長モード」「秀吉モード」「家康モード」の3つのモードがあり、秀吉と家康モードは出玉性能が高く、信長モードは出玉性能が低い……という設計になっている。そして、この内部モードは「残りの有利区間が何ゲーム残っているか」「現在の差枚数が何枚か」によって完全に移行パターンが決まっており、公式HPでもこの振り分けが公開されている。

知識があれば空き台の情報から現在のモードを割り出し、秀吉・家

真天下布武のモード移行は超規則的になっており、知っているのと知らないのでは天地ほどの差がある（山佐公式HPより）

信長モード（A・B・SP）滞在時

1有利区間内G数／差枚数	1～149G	150～299G	300～449G	450～599G	600～749G	750～899G	900～1049G	1050～1199G	1200～1349G	1350～1499G
750～999枚	—	—	信長SP	信長SP	秀吉SP	秀吉SP	秀吉SP	秀吉SP	秀吉SP	秀吉SP
500～749枚	—	信長SP	信長SP	信長SP	信長B	秀吉SP	信長B	秀吉SP	信長B	秀吉SP
250～499枚	信長B	信長B	信長B	信長B	信長B	信長B	信長B	信長B	信長B	秀吉A
0～249枚	信長B	信長B	信長B	信長B	信長B	信長B	信長B	信長B	信長B	秀吉A
-250～-1枚	家康A	信長B	秀吉A	秀吉A	信長B	信長B	信長SP	信長SP	信長B	秀吉A
-500～-251枚	—	家康A	信長B	秀吉A	秀吉A	信長B	信長SP	信長SP	信長B	秀吉A
-750～-501枚	—	—	家康A	信長B	信長B	信長B	信長B	信長B	信長B	秀吉A
-1000～-751枚	—	—	—	—	信長B	信長B	信長B	信長B	家康A	家康SP
-1001枚以下	—	—	—	—	—	信長B	信長B	信長B	家康A	家康A

康モードだけを狙い撃つことも可能だが、全く知識がない状態だと出玉性能の低い信長モードだけを打って「あんまり出ない台だからヤメよう」と思ってしまうこともありうる。

まあ、真天下布武のようにパターンが公開されているものはまだいいほうで、多くの台はブラックボックスになっている部分が多く、実際にはどのような値で抽選されているのか発表されないものがほとんどだ。そのため、ユーザー同士の口コミや自分の経験から仮説を立て、実践してみて間違っていた部分を修正して正しい知識をつける……ということが非常に重要になってきている。

ネット上に公開されている天井期待値（天井に近い台を打ったときに、理論上どのくらいの収支が期待できるか）の記事なども、こうした不完全な情報を元に算出されていることがあるので、実際の数値とは乖離してしまっていることもある。情報を信じすぎず、自分で考えることがパチスロ史上最も大事な時代であると思う。

百花繚乱サムライガールズ――ミニキャラで天国滞在を見分ける

この台は6号機初期の台で、有利区間が1500ゲームで切れる類の台なのだが、まだバラエティコーナー等ではよく見かける。

個人的にはこの台が最も公開されている数字が信用ならない台だと感じている。

この台の天井は800ゲームでボーナス当選となっているのだが、ネット上の天井期待値は600ゲームで3000円、700ゲームで4000円前後となっているケースが多い。しかし自分の感覚では、この数字は全くの嘘というか、完全に机上の空論だと思う。

この台は有利区間がリセットされる条件が「高確率（百花メダルと表記される）が残っていない、かつ通常時を８００ゲーム以上消化した後のボーナス当選」となっており、この条件に当てはまると必ずレギュラーボーナスが出てきて有利区間がリセットされる。レギュラーは75枚しか取れないので、仮に７００ゲームの台を拾っても投資１５０枚で75枚が返ってきて負け…というパターンが９割以上を占めるはずだ。しかも有利区間がリセットされるので連チャンは絶対に起こらず、75枚以上は絶対に回収できない。おそらく、ネット上に転がっている天井期待値は実際にはその状態で捨てられることがまずない、大量に高確率ゲーム数が残っている台やボーナス当選が眼前の台なども含んだ数値になっているのだろう。

　とはいっても、ただひたすら回収しつづけるだけの仕様だと誰も打たないので、もちろん連チャンして出るパターンもある。この台で出るパターンというのは左の表の形のループになっている。この台はボーナス中の

サムライガールズはボーナス中に高確率ゲーム数を貯めないと絶対出ない。大量にゲーム数が貯まっている状態で捨てられることはまずないので、そういう意味でシミュレーション値との乖離が起こりやすい

「百花繚乱サムライガールズ」の連チャンパターン

❶まずボーナスを当てる

❷ボーナス中の抽選で高確率ゲーム数(台では「百花メダル」と表記される)を多く獲得する

❸高確率ゲーム数が残っている状態で再度ボーナスを当てる

❹高確率ゲーム数が溜まっていく

❺高確率ゲーム数が50ゲーム以上ある状態だと上位のボーナス抽選「ブライトロード」に突入しやすくなるので、高確率ゲーム数を貯めてブライトロードに突入させる

❻ブライトロードで大量にボーナスをストックする

❼高確率ゲーム数を獲得し、❸に戻る……

上乗せやＡＲＴなどはないので、どれだけ高確率ゲーム数が貯まっても一度通常時に戻ってボーナスを当てる必要があるので非常にかったるいが、それはまあ置いておこう。

つまり、この台で出すためには８００Ｇの有利区間を使い切る前に前述のループへ入れる必要がある。

そのため、天井以外、欲をいえばなるべく有利区間が残っている台でボーナスの当たりやすい状態を拾うことが重要になってくる。

具体的にどの状態が当たりやすいのかというと、この台は1～3周期目までの振り分けが濃い。そこを抜けるとどこで当たるかわからなくなってくるので、1～3周期目を狙うのが基本だ。もちろん、周期抽選のポイントは貯まっていれば貯まっているだけいい。

そして、ボーナス後に出てくるミニキャラがポイントだ。

ボーナス後の1周期目に画面右下に出てくるミニキャラは「十兵衛（ピンク髪のキャラ）」なのだが、2周期目までの当選が確定している場合は「幸村（黒髪のキャラ）」か「千（茶髪のキャラ）」が選ばれる確率が上がる。特に千は通常モードで選ばれる確率が非常に低いので、天国に滞在している可能性が非常に高くなる。

つまり、キャラが十兵衛ではない天国周期のキャラは非常に狙い目となる。

ちなみにキャラは周期ごとに十兵衛→幸村→千→十兵衛…とループするので、2周期目に千が表示されている台は1周期目に幸村が、2周期目に十兵衛が表示されている台は1周期目に千が表示されたことが濃厚になる。

また、通常時のミニキャラが「そろそろだね！」「いい感じだね！」というセリフを発すると天国が確定するので、打っている最中にこのセリフが出たら、ボーナスまで打ち切ろう。あとは単純に高確率が残っている台や、周期抽選のポイントが満タンに近い台なども狙い目となる。

キン肉マン 7人の悪魔超人編——上位ATに突入させれば一撃万枚も

2023年に登場した「スマスロ」では、有利区間の制限が撤廃された。有利区間に制限がないということは、逆に言えば無制限に吸い込むことができるということでもある。たとえばマイナス1万枚吸い込んでいる台であれば、12400枚吐き出すまでは有利区間がリセットされないうえ、非有利区間に落ちてもすぐ大当たりをセットできるようになったため、出玉制限のない時代に戻った感がある。

さて、スマスロのキン肉マンは天井が999G（短縮があるので到達することはまずないが）、大当たりのAT「7人の悪魔超人」は1セットで150枚ほど獲得できるつくりになっており、AT中にバジリスク絆のような指定小役を引くか、継続率をパスすると敵の悪魔超人に勝つ演出が入り次セットへ継続……というスタンダードな作りになっている。7セットを突破すると平均獲得枚数3500枚の上位AT「悪魔将軍バトル」「悪魔大行進」に突入し、終わっても約70％で引き戻しがあるため、一撃万枚もよく見かけるスペックだ。

この台は「セット継続率は必ず50％以上」と謳われてはいるものの、おそらく小役での書き換えを含む値なので、連チャンにはあまり期待できない。自力で4連チャンしてくれたらかなりいいほうで、単発や2連で終わることもザラ。かと

運命のバッファローマンSP。勝てば少なくとも2000枚は出るので、投資がかさんでいると胃が痛くなる

いって当たりが軽いタイプでもなく、700や800回転までは平気で連れていかれるのでかなりしんどい。おそらく、通常の当たりで7セットを突破する確率は紙のように薄いだろう。

天井期待値は300Gから4000円、500Gからだと8000円と出しているサイトもあるが、500からでも負けるパターンのほうが多いと思う。これは天井期待値が嘘なのではなく、初当たりの価値がモードによって全く異なるからだ。

この台は基本的にセット継続にはあまり期待できない作りになっている代わりに、「SPモード」と呼ばれる特殊なモードに入った際の期待出玉が非常に大きく、通常当たりの期待出玉が非常に小さいというメリハリのある設計になっているからだと思われる。

SPモードは指定小役の種類が増える「メシアSP」、継続率が最低85%になる「シナリオSP」、初戦のバッファローマンに勝てば7セット突破が約束される「バッファローマンSP」の3つがあり、このSPモードに入りさえすれば、上位ATに現実的な確率で突入する。

つまり、SPモードの可能性がないところを打つとほぼ負けて、SPモードを打っていけば確実に結果がついてくる台だといえる。

演出頻度を見ながらSPモードの近さを判別

雑誌などでも紹介されている、SPモードが確定する演出は54ページの表1の通りである。また、SPモードが5回以内に発動する演出として表2がある。

基本的に、これらの示唆が出た場合は時間さえ許せばSP発動まで打ち切るべきなのだが、都合よくこういった台が落ちていることは少ないし、終了画面などは基本的に一度自分で当てないと見ることができない。

これに加えて、SPモードを示唆する次の演出の出現率を加味しながら打っていき、SPの可能性が高ければ発動まで打ち切る、というのがSPを取りこぼさない基本になる。

●ステージチェンジのアイキャッチがオレンジor緑（期待度は緑のほうが高い）
●セリフ演出で青or緑（期待度は緑のほうが高い）
●メニュー画面がスプリングマンorミスターカーメンorアトランティスorザ・魔雲天

履歴を見てショボ連が続いている台や天井に近い台、リセット後（リセット後はSPモードが再抽選されるため、近い振り分けになっている可能性がある）などの台を回していき、演出頻度を見ながらSPモードの近さを判別するのが現実的な手法だ。

ただし、SPモードにも序列があり、指定小役が増えるだけの「メシアSP」は他2つのSPに比べてかなり弱く、単発～2連で終わることも結構ある。そのため、なるべくメシアSPを避けてシナリオSP、バッファローマンSPを狙っていくことが重要になってくるのだが、先に出したセリフ演出、メニュー画面、終了画面はそれぞれ55ページ表3の内容を示唆している。これらを複合的に見ながら狙っていくことが求められるので、難易度はかなり高めの台だと言える。

たとえば、終了画面でバッファローマンが出た台を回していて、次の当たりでシナリオSPが来た場合。この場合は示唆されたバッファローマンSPがまだ発動していないので、当然ヤメてはいけない。バッファローマンが来るまでは回し続ける必要がある。

また、「5回以内に発動」ということは、初当たりを5回取るまでヤメられない可能性があるので、時間も金も使うことも頭に入れておく必要がある。

4回初当たりを取って、それがすべて700や800Gで単発だったりすると平気で7~8万は飛んでいくし、4~5時間は溶ける。そこから連チャンすると、昼に打ち出したのにヤメるころには外が真っ暗……ということもザラにあるし、やっとたどり着いたSPでバッファローマンに負けたりすると本当に台を殴りたくなる。……まあ、いろいろと余裕がないと手を出しづらい台ではある。

★

パチンコで食っている人の中にはこの内容が完全に頭に入っている人がゴロゴロいるし、台の後ろに張り付いて終了画面を見ている人もいる。

ギャンブルは知識がものを言う世界なのは当たり前の話であるが、パチスロで必勝を期すためにはここまで複雑な知識と、ハイエナたちとの競争に勝つ素早い動きが必要になることも知っておくべきだろう。

表1「SPモードが確定する演出」

- メニュー画面のキャラが悪魔将軍
- AT終了画面が悪魔将軍
- AT終了画面がモンゴルマン → メニュー画面がナツコ・レフェリー以外のキャラ
- AT終了画面がモンゴルマン以外 → メニュー画面がモンゴルマン
- 液晶が150万パワーを超えてもキャラがキン肉マン
- ステージチェンジのアイキャッチがカラーの1枚絵
- ステージチェンジのアイキャッチがモノクロの1枚絵で、本前兆ではない
- セリフ演出が紫

表2「SPモードが5回以内に発動する演出」

●AT終了画面が正義超人集合 or 悪魔超人集合 or バッファローマン

●メニュー画面のキャラがミートくん or アシュラマン or サンシャイン or バッファローマン or ステカセキング or ブラックホール or ウォーズマン

表3「それぞれの示唆の意味」

セリフ演出	ウォーズマン →	バッファローマンSP
	ミートくん →	シナリオSP
	モンゴルマン →	メシアSP
	キン肉マン →	バッファローマン・シナリオSP
メニュー画面	バッファローマン →	バッファローマンSP
	ミートくん・ステカセキング →	シナリオSP
終了画面	バッファローマン →	バッファローマンSP
	正義超人集合 →	シナリオSP

正攻法じゃなく、スマホゲームで現金をもらう方法

プロゲーマーでもないのに「ゲームをしてお金がもらえる」世界がある。決められた広告を踏んで条件を満たすとポイントがもらえるサイトで、「スマホゲームを特定の地点まで進めると、報酬がもらえる」案件が増えているのだ。

もちろん、ゲーム会社も慈善事業ではないので、ゲームをやっているうちにハマって課金してほしいとか、途中までやって諦めるだろうとか、見せかけのユーザーを増やしたいとか、まあそういう事情が絡み合っているのだが、条件さえクリアすれば金がもらえるのは間違いないので、うまく攻略すればそれなりの稼ぎにはなる。

今回はそんなゲームの「攻略法」を書いていきたい。

俺は「コインカム」というサイトを使うことが多いが、ゲームによっては同じ条件でも報酬が違うことがよくあるので、プレイ前に「ゲーム名」

日替わり内室は条件の見極めが重要

「裏モノJAPAN」2023年7月号掲載

「どこ得」で検索し、どのサイトが最高値の報酬なのかを確認してからプレイしよう。

自動タップアプリで放置させると

【日替わり内室】

一時期よく広告に出てきたゲームだ。広告だと何をするゲームなのか全くわからないのだが、まあ要は「手持ちのキャラを強くして戦わせる」だけのゲームで、昔ながらのスマホゲームって感じだ。

このゲームは時期によって条件が変わり、「権勢2000万到達で5000〜7000円」みたいな時期と、「権勢4〜500万で1000〜2000円」みたいな時期がある。

「権勢」とは、ゲーム内で自分が持っているキャラクターの総能力値を指す。

一見、2000万で7000円のほうが良さそうに見えるが…2000万を目指すのはけっこうしんどい。ゲーム性をよく理解しないといけないのでゲーマー以外は500万前後の時期を狙ったほうがいいだろう。今回は500万を目標にする。

では「権勢」を上げるにはどうしたらいいのか。このゲームはシミュレーションゲームで、農地みたいなところで食料を収穫したり（変な話だが、農地から金や兵士も収穫される）、敵を倒したりすることで、ゲーム内のアイテムを手に入れていく。そして手に入った金を手持ちのキャラに使うと、キャラクターがレベルアップして「権勢」も上がっていく…という仕組みだ。

まあこれを権勢500万まで正攻法でやると、毎日農地をポチポチして、敵とバトルをして、ミニゲームをこなして…という作業を、1日1〜2時間やって1カ月くらいかかるのではないかと思う。時給にすると15円くらいなので、さすがに効率が悪い。

ではどうするのか。実際に触ってみないとわからないとは思うが、このゲームで権勢を500万まで上げるには、ゲーム内通貨である「銀両」が7～8億くらい必要になる。始めたばかりだと1回収穫をして100とか200くらいしか貯まらないので、まあ気が遠い話だ。

キャラクターを強化すれば収穫できる銀両も増えるので、地道にキャラクターを強くし、収穫した銀両でまたキャラクターを強化…というのが正攻法だ。

ただし、この正攻法に頼らなくても銀両を大量に貯める方法がある。突破口は、「収穫の回数」にある。

このゲームでは、キャラクターが強くなればなるほど「次の収穫までに待たないといけない時間」が増える。ゲームを始めた直後は30秒に1回収穫できるのだが、ある程度強くなると1時間に1回程度しか収穫ができなくなる。それでも収穫できる量は後者のほうが桁違いに多く、「収穫の回数」だけは前者のほうが圧倒的に多い。

そして、このゲームは「収穫の回数」に応じてボーナスがもらえる制度がある。これを最大限利用するのだ。

ゲーム直後のまったくキャラを育てていない状態だと、収穫は30秒に1回、つまり1日に2880回できる。少しゲームを進めると農場が2つに増えるので、1日に約6000回。

ひたすら「一括受取」ボタンを押し続けろ！

これを手動でやるのは過酷すぎるので、収穫ボタンを自動タップアプリで押し続ける。だいたい10日程度放置させると、約6万回の収穫回数になり、8億程度のボーナス銀両がもらえる。

あとはゲットした銀両を「石田三成」のレベルアップに使い、貯まっていた「巻物」と「薬」というアイテムも石田三成にすべて突っ込めば、５００万は達成できているはずだ。

仮に届かなくても圧倒的に有利な状況からゲームが始まるので、1~2日で終わるはず。

ただし注意点が2つある。まず、ゲームを開始した際に選べるサーバーは、なるべく古いもの（1~30くらい）を選ぶこと。古いサーバーはやっている人間が少ないので、ただログインしているだけで何らかのイベントにランクインして、大量のアイテムがもらえるからだ。これを取って石田三成の能力を上げないと、５００万に届かない可能性がある。

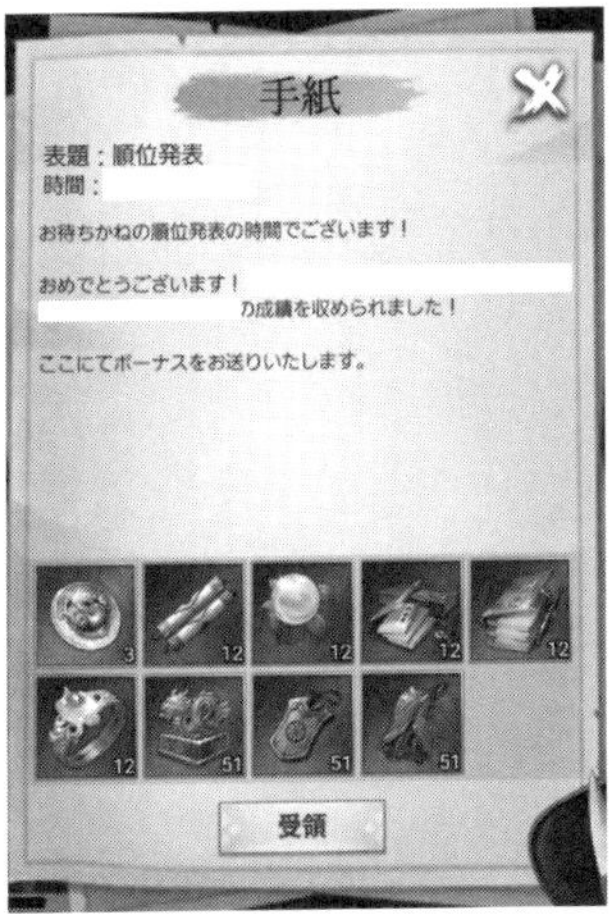

旧サーバーには人がいないので、
何もしなくても報酬が

そして2つめは、「キャラのレベルを上げない」こと。ゲームをインストールすると、最初のチュートリアルで「キャラのレベルを上げてみましょう」みたいな案内をされるのだが、強制される最初の1回以外はやらなくていい。キャラのレベルを上げてしまうと収穫の間隔が延びて、銀両が貯まらなくなるからだ。

農場を2つにするためには少しゲームを進めないといけないので、おすすめされるキャラはレベル上げせず、「蘇乞兒」だけをレベル上げしよう。蘇乞兒ひとりがレベル１００なら、収穫の間隔は伸びずに済む。

この方法だと、実質的な操作は1時間程度で権勢が５００

万まで届く。慣れていないと2～3時間かかるかもしれないが。
中華企業はこの「日替わり内室」のパチモンゲーを大量に出しているので、一度ゲーム性を理解すれば他のゲームでも応用が効く。

コツを覚えれば10日もかからない

【放置少女】

これはかなり楽で、おすすめのゲームだ。条件は「レベル80到達で2000円前後」のことが多い。

このゲームは平たく言えばドラクエのようなRPGゲームで、どんどん強くなっていく敵を倒してレベルを上げるゲームだ。

自分がゲームをやっていない間にも経験値が貯まってレベルが上がる「放置戦闘」というシステムが売りになっている。

なのでいつかはレベル80に届くのだが、一切操作せずにレベル80に届くには2年くらいかかりそうだ。

しかし、コツを覚えれば10日もかからない。

このゲームはレベル35になると「少女の調教」という、3人チームでバトルをするモードで遊べるようになる。開催されるのは毎日12時45分と、20時45分の2回。

この「少女の調教」で勝利すると、異常な桁の経験値が入るようになっており、これに毎日2回参加するだ

放置少女は2千円を超えてるとおいしい

強い人のいるチームに潜り込んでクリアしよう

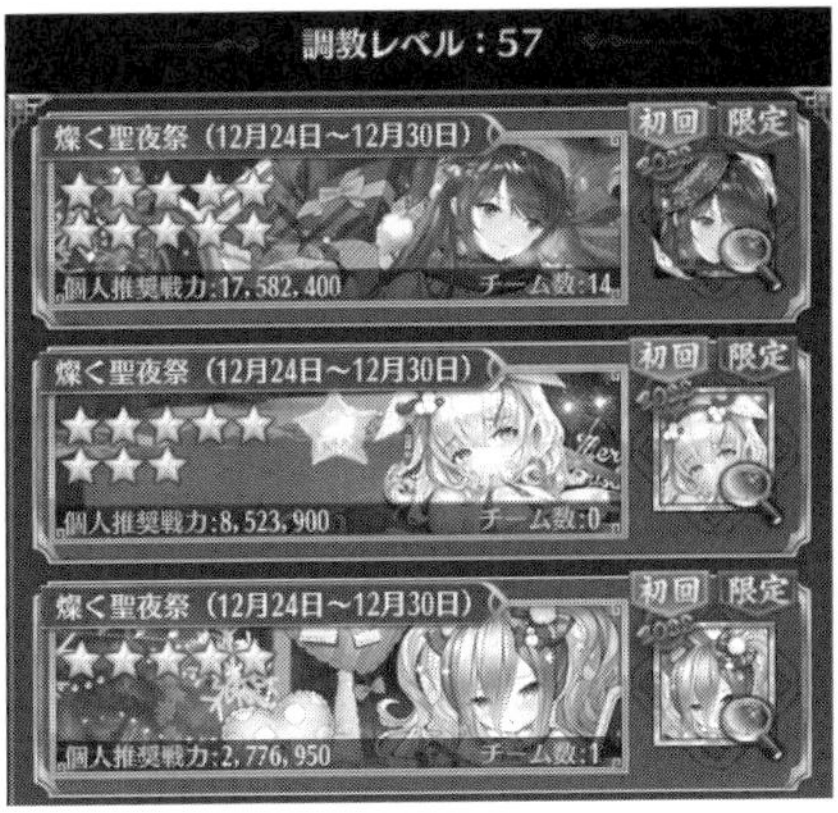

けで10日程度でレベル80まで到達できる。1度勝利すればレベル35から50まで一気に上がるので、「ああ、そういうことか」と納得するだろう。

とはいっても、「少女の調教」で出てくるボスを1人では倒せないので、強い人のいるチームに入って参加する必要がある。だいたい強い人は1人でもボスを倒せるので、初心者が入ってきても特に嫌われたりはしない。

気を付けることはただ1つ。日替わり内室と同じく「始めるときに、旧サーバーを選ぶこと」だけだ。新サーバーよりも旧サーバーのほうがもらえる経験値が多くなっているからだ。

レベル35までは自力で操作しないといけないので少しタルいが、それでも実操作は5時間かからないだろう。

ベッドでゴロゴロしながら数百円が浮く

【BIGO LIVE】

ツイキャスのようなライブ配信アプリだ。長いことやっているとレベルが上がっていく（レベルが上がっても特にメリットはない）のだが、なぜか「レベル3に上がると160～1000円」という案件がよく上がっている。

企業側からしてみると、アイドルの配信とかにハマって金払ってくれる人がいたらいいな…ということだろうか。

けっこう時期によって条件が変わるので、500円以上の時期を狙っていったほうがいい。

また、レベル3まで上げるのは超簡単だが、レベル5まで上げるのはかなりしんどいのでやらないほうがいい。

ログインして人の配信を視聴し、3分経ったら他の人へ移動…を5回程度繰り返してから、一度「動画をSNSにシェア」ボタンを押すと、経験値が貯まってレベル2まで上がる。ここまでは簡単だ。そもそも配信アプリで経験値って何だよって感じだが。

レベル3に上げるためには、課金をしないと1週間くらい毎日配信をしないといけないのだが…160円で買える投げ銭アイテム「ダイヤ35個」を買うと、すぐにレベル3まで上げることができる。

やり方は簡単で、「買ったダイヤ35個を、1個ずつ違う人に投げ銭していく」だけだ。同じ人に2個以上ダイヤを投げても、経験値は一定量しか貯まらないので注意。ただこれだけで、ダイヤを使い切るころにはレベル3になっているはずだ。

課金をしないと1週間程度かかるが、課金すれば1時間かからない。ベッドでゴロゴロしながら数百円が浮くのなら、まあ悪くはないアプリだ。

BIGO LIVEは簡単なので高いときを狙おう

500円
850円
無料インストールでキャッシュバック

支払いの確認
ダイヤ
35
合計
35
¥160の支払いを確認

160円でダイヤを買って投げるだけ

ノーリスクでボーナスだけをいただける

【ロードモバイル・原神・ウォーキングデッドサバイバー、恋するコーデペアリウム等】

ここまでは単純にゲームの進め方を解説していったが、もっとダイレクトな条件が提示されるゲームもある。「２４００円課金すると、２５００円プレゼント」みたいなもので、そのゲームに課金をすると使った分が戻ってくるというものだ。これに「レベル●●到達で●●円」のような条件が組み合わさって出てくることがある。

課金額と付与額がトントンなものもあれば、少し浮くもの、やや赤字なものまで幅広いので、条件をよく見てほしい。

特に「ロードモバイル」は「２４００円課金で３１００円」のように浮く案件がよく出るうえ、ゲーム自体も２４００円の課金をしていればアイテムでひたすらゴリ押しができる。レベル15までは楽にいけるので、おすすめだ。

逆に「ポケットカジノ」や「ゴールデンホイヤー」のようなカジノゲーム系のアプリは課金しても条件レベルまで届かないことがほとんどなので、熱くなって自腹課金をしないように気を付けよう。

そしてこういう課金案件と組み合わせると熱いのが、コンビニの「iTunesカード10％増量」のようなキャンペーンだ。

こういうのと組み合わせるとトントン条件でも浮く

GWにはセブンイレブンやウェルシアでiTunesカードを買うと、額面の10％ぶんTポイントやSuicaがボーナスとしてもらえるキャンペーンをやっていたが、これをトントンの課金案件で消費してしまえば、ノーリスクでボーナスだけをいただける。5万程度なら腐らず消化できるはずだ。

★

スマホゲームは単純作業の繰り返しなので、俺はあまり好きではないのだが、「特定の条件を満たすと、金がもらえる」というルールがつくと、格段に面白くなる。

基本的に、「どうやったら最短で条件ポイントまで到達できるか」という考え方でプレイする必要があるので、一般的なゲーマーとは違う動かし方や、アイテムの使い方が求められ、なかなかいい脳トレになっている感もある。

独自の攻略法を編み出していくというのも、趣味としては面白そうだ。もし見つかったらこっそり自分にだけ教えてください。

それから

報酬付きスマホゲーム案件のカラクリ

よくよく考えてみると、企業が「ゲームをやってもらうのにお金を払う」というのも凄い世界だ。本来ゲームはユーザーがお金を払って遊ぶものだと思うのだが、アプリ内課金や広告などによる運営が常識となった昨今では、企業もある程度、身銭を切る必要があるということなのだろう。そのぶん、俺のような小銭稼ぎのつけ入る隙が出てくるのでありがたいのだが。

　ところでこのような報酬付きのスマホゲーム案件は、企業側からしても設定が難しいようだ。達成が簡単すぎる条件の場合はすぐに目標数のユーザーが集まってしまって案件が消滅する、という光景をよく見かける。ずっと案件が続いているゲームはよほど儲かっている場合を除いて、「途中で脱落者が続出する前提でゲームが作られている」とか「報酬地点まで続けてくれた時点で、企業は損をしない仕組みが組まれている（途中で動画広告を読み込む必要があるタイプのゲーム等）」とか、何かしらのカラクリがあると考えたほうがいいだろう。

　記事に出てきた「日替わり内室」は、おそらく「よほど儲かっている」類のゲームで、ユーザー側が課金すればするほど有利になるシステムになっている。言い換えれば上に行くためには課金しないとお話にならないということで、トップランカーになろうとするには大量の課金が必要になり、平気で1000万円くらいの額がかかる。

　この手のゲームは課金額に応じて「VIPランク」というランクが上がっていくシステムとなっており、日替わり内室の場合はVIP10で約120万円、VIP12で約780万円、VIP14で2400万円ほどかかる。ゲーム内のランクを見てみると、VIP12や13の人がけっこういるので、大量に課金する少数の人がゲームを存続させていることがわかるし、こうした人に気持ちよくプレイしてもらうために運営が金を払って新規ユーザーを集めていることもわかる。

　わかるついでに言えば、やったことがある人はわかると思うが、日替わり内室は1000万あれば作れそうなくらいシンプルなゲームだ。そこまでするなら自分でゲーム作った方がよくないか？　と思わなくもない。

　ついでにもうひとつ言えば、日替わり内室の舞台は古代中国だとゲーム内で説明があるのだが、なぜ石田三成が出てくるのか。いまだにわからない。

投げ売りスーファミソフト「ジーコサッカー」の中にお宝が眠っている

昔、こんなクソゲーがあった

ワゴンセールなどで投げ売りされている安いレトロゲームのソフトの中には、実は密かな楽しみがある。

スーパーファミコン（以降スーファミ）のソフト「ジーコサッカー」だ。スーファミの全盛期はJリーグブームの真っ只中で、ブームに便乗したサッカーゲームが相当な数出ていた。有名なのは「プライムゴール」や「フォーメーションサッカー」なんかだが、これ以外にも便乗サッカーゲームは大量にある。

そんな便乗サッカーゲームのひとつが「ジーコサッカー」だ。名前のとおり、サッカーの神様と呼ばれるジーコが監修したゲームのようだ。

これが問題のゲーム

このゲームを通じて，もっとサッカーに興味を持ってもらいたい

4Gamer：
あの……，日本のゲームファンがとても気にしていることがあるので，教えてください。
かつて，ジーコさんの名前を冠したサッカーゲームがあったと思うんですが，それと今回の作品との大きな違いはなんでしょうか。

ジーコ氏：
いえ，今回が初めてですよ？

4Gamer：
えっ？　過去にあったと思うのですが……。

ジーコ氏：
ああ。そういった作品はあくまでプロモーションなどに少し協力しているだけで，“私のゲーム”ではないんです。これは私にとって初めての，“私のゲーム”であり，私の人生，私の技術が凝縮されているものなんです。なので，根本的に大きな違いがありますね。

本人も忘れたいらしい

だがこのジーコサッカー、サッカーゲームとしては遊び方がかなり特殊。普通のサッカーゲームのように「選手を直接操作する」という遊び方ではなく、「自分が監督となり、選手に指示を出す」という、シミュレーション要素の強いゲームだった。

今でこそシミュレーションのサッカーゲームは「サカつく」とか「ＷＣＣＦ」のようなゲームが出ているが、スーファミの性能ではこのコンセプトを活かしきることはできなかったようで、「カーソルの移動が遅すぎて、指示が試合進行に間に合わない」「イエローカードやレッドカードの概念が存在しない」「選手交代がなく、チームは11人固定」という残念要素の塊だった。早い話がクソゲーだ。

お宝はこうして生まれた

そんなジーコサッカーの発売日は１９９４年。スーファミの発売日は90年なので、だいぶ後期のゲームということになる。Ｊリーグブームの最初であればクソゲーでも売れたかもしれないが、小売店もクソゲーに対する免疫がついていたのだろう、小売店がジーコを仕入れせず、問屋の在庫が大量に余ったらしい。

そこで大量に余った問屋の在庫を買い占めたのが、任天堂非公式のエロゲーを作っていた会社だ。ここがジーコサッカーなど、売れなかったカセットを買い取って中身をエロゲーに書き換え、「SM調教師瞳」というシリーズを作って、任天堂に許可を取らず勝手に販売した。

ゲームはバリバリの18禁だったうえ、こうした経緯が面白がられてか一部のマニアには人気があり、今でも高いものは3万円くらいで取引されている。

「瞳」はかなりの人気シリーズだったようで、1～3までのシリーズに加え番外編が2本と、5種類の瞳がある。価値が高いのは1と番外編で、状態が悪くても2万円はするが、2と3は1万円でお釣りがくる。

瞳は箱や説明書までオリジナルのものを用意する凝りようだったにもかかわらず、ソフトに貼られているラベルはジーコサッカーの上からペラペラの紙を貼っただけのもので、剥がしてしまえば見た目はジーコサッカーだ。ソフトを書き換えるくらい頑張ってるなら、ラベルも頑張れよと思うが…。

まあ何にせよ20年以上の時が経っているので、ジーコサッカーとして中古屋で買い取られたカセットの中には、ラベルの剥がれた「SM調教師瞳」もあるに違いない。

今回のチャレンジは「中古でジーコを買うと、中身が瞳の可能性があるのではないか？」ということ。ジーコを安く買って、瞳として高く転売するわけだ。

こういう状態で売られていたそうだ

何をどこで買うべきか

現時点でわかっていることを整理しよう。

▼「瞳」に書き換えられたスーファミソフトは「ジーコサッカー」「スーパーメトロイド」「ヨッシーのロードハンティング」など

▼「瞳」のラベルはペラペラの紙が貼られているだけ

▼基板を丸ごと改造するのではなく、内部のＲＯＭ（チップ）だけをエロゲーに書き換えして出荷された

▼最初の販売時には「瞳」の箱や説明書もパッケージになっていた

こんなもんか。

スーパーメトロイドとかヨッシーは当時売れなくてワゴンセール常連だったみたいだけど、今はどっちもそこそこ人気があるソフトになってしまい、中古価格が千円くらいする。買うソフトはやはりジーコ一択だな。

また、「基板はそのままでＲＯＭだけ書き換えてある」ということは、端子部分はそのままということだ。つまり外見を見ただけでは、ジーコなのか瞳なのか判別できない。シールの剥がし跡なんかが露骨に残っていればいいけど。

あと、箱がついて売られていたってことは、買うべきなのはソフト単体で売ってるジーコのみだ。ジーコの箱や説明書がついているやつは間違いなく本物のジーコだろうから、箱付きのは買う意味がない。

あと気を付けなければいけないのは、どこで買うかだ。例えば「スーパーポテト」とか「まんだらけ」みたいに、レトロゲームの販売を専門にやっている店はきちんと起動チェックをやっているだろうし、そもそも瞳

の存在を知っているだろうから、価値のあるソフトを投げ売りするようなことはしないだろう。同じ理由でマニアの集まる秋葉原のショップもやめておこう。

メルカリなんかで出ているのも、だいたいは起動チェックの画面が載っているから瞳の可能性は限りなく低い。大量にソフトを売ってる業者なんかのは仕入れてもいいかもしれないけど。

そうなると狙うべきなのは、レトロゲームに強くないリサイクルショップとか、起動チェックすらしていないジャンク品か、いい加減な売り方をしているゲーム屋となる。

クレーム発生率の高いチェーンなんかでは「動作確認済みだと書いてあったのに、起動しなかった」みたいな口コミが書かれている。そういうチェーンのは検品もちゃんとしてないっぽいので、動作確認済みと書かれてあっても買ってもいいかもしれない。俺もいくつか思い当たるチェーンがある。

いざ、千葉へ

狙い目も定まったところで、出かけるとしよう。向かったのは千葉県だ。

千葉は比較的リサイクルショップ文化が発達しており、埼玉や神奈川なんかより大型リサイクルショップが多いので、中古を漁りにいくときは千葉に行くのがお決まりになっている。東京も数は多いけど、店が狭いからレトロゲームまで手の回ってない店も多く、無駄足が多そうだし。

適当なところで電車を降り、レンタサイクルに乗り換えて郊外のリサイクルショップをまわる。ジーコサッカーはたいてい十把一絡げのジャンク品コーナーにあるので、ホコリのかぶった箱の中から探す。

……うん、めんどくせえ。

スーファミは発売してから6年間後続機が出なかったうえ、かなり売れたゲーム機なので、ワゴン行きになるクソゲーの数も並大抵ではない。丁寧にジャンルで分けてくれている店もあるにはあるが、そもそもスポーツゲームのクソゲーが一番多いので焼け石に水だ。ずっとしゃがんで探してるから腰も痛いし。よけてもよけても出てくるプライムゴールとスーパーサッカーを避けつつジーコを探すが、発見率は1軒に1個あるかないか。在庫があっても箱アリだったりしてげんなりだ。千葉だから店と店も離れてるし、捜索ははかどらない。

それに、ジーコはどの店でも50～100円程度の値付けがされているのだが、たまに300円とか微妙に高いのもある。もしかしたら行動を読まれているのか?

…結局、昼ごろから夜8時まで探して見つかったジーコは10個。総投資額は1260円。まあ、1日で入手したにしてはまあまあだが、果たしてお目当ての瞳はあるのか。

瞳はあるのか

実家から持ってきたスーファミをモニターにつなぎ、1個ずつチェックをしていく。

1個目…ドキドキしながら起動するが、気の抜けたBGMとともに笑顔のジーコが表示された。はいハズレ。

2個目、3個目もハズレ。

さあ、瞳はあるのか

急に不安が襲ってきた。瞳が出なかったらこれまでの苦労が水の泡…。

気を取り直してチェックを続けること7個目…あっ、なんか違うBGMが流れた！ 強烈な違和感とともに、ときメモ風の画面が表示され、やけに強引なストーリーが解説される。これ、マジで瞳じゃん！

確かにつまんない…

おっ！

瞳は調教される側でした

興奮してタイトル画面を飛ばしてしまった。バージョンを確認すると……これは「SM調教師瞳2 Remix」だ。瞳シリーズの中では最も多く流通しているらしく、価値もそこまで高くない。箱や説明書がなく、ラベルも剥がれているから高くても5千円がいいところか。まあ儲けものだけど。

ちなみに、これは「起動チェック済み」と書いてあるゲームショップで200円で購入したジーコだ。チェックしてねえじゃん。俺の読みは当たっていた。

ゲームそのものは「SM調教師瞳」というタイトルとは裏腹に「借金のカタに瞳がさらわれて、主人公に調教をされる」という内容だった。詐欺だろ。しかもSMとは程遠い単なる暴力的描写が多く、あまり面白いゲームではなかったことも一応書いておこう。

しかし、レアモノをゴミの中から掘り出す作業はかなり面白かったな。ハードオフに行ったら必ずジーコを買って帰ることにしよう。

それから　自分でジーコサッカーをSM調教師瞳に改造すれば…

原稿では触れなかったが、この「SM調教師瞳」は基板にロムを直付けしている関係で、ジャンパと呼ばれる配線が基板上を這っている。そのため、本体がなくても三角ドライバー（スーファミのソフトはプラスマイナスではなく、三角型の特殊なネジが使われている）を使ってソフトを分解することでもジーコと瞳を判別することができる。

……まあそれはそれとして、この「SM調教師瞳」は、正規品のロムを載せ替えて全く別物のゲームにしてしまうという、グレー極まりない製作方法がなされたゲームである。ソフトは「西武企画」という会社から販売されたのだが、現在は解散している。経緯やゲーム内容を考えると、コレの権利を侵害したところで訴えてくる人はいないのではないかと思う。

にもかかわらず「SM調教師瞳」は高額で販売されているので、自分でジーコサッカーをSM調教師瞳に改造してしまって販売、つまり瞳の海賊版を作ればそれなりに儲かるのではないかと妄想することがある。まあ、もちろん実行に移すのはNGだが。

パチンコ屋の一般景品にまぎれたお宝を探せ

「裏モノJAPAN」2023年12月号掲載

パチンコで玉を出したときにもらえる謎の板（特殊景品）は、地域によっては純金や純銀が使われているところがあり、中身の相場が変動することによって、買取所での価格より貴金属の買取店で買ってもらったほうが高くなることがある。

代表的な例では、東京都内では1gの金景品が9千円分の玉で交換できるのだが、この金景品は本物の金が使われており、現在は金相場が高騰している関係で貴金属業者に持っていったほうが千円ほど高く売れる。なので、交換所に持っていかないことで10%勝ちを上乗せできたり、負けを10%帳消しにできる。

純金や純銀の景品は都内だけでなく、東海地方や北関東に行くと見かけるので、バカ出ししたときは一度冷静になって景品を観察してみると、いいことがあるかもしれない。

レアモノが平気で放置されている

そして、パチ屋で玉を出したときは特殊景品だけでなく、もう一つ勝ちを上積みするチャンスがある。

それは現金と交換できない普通の景品、つまりお菓子とかおもちゃなどの一般景品の中にある。サザエさんでたまに出てくる、マスオさんが紙袋を抱えているアレだ。

ほとんどの人は、余り玉でタバコやライター、お菓子や飲み物をもらう程度で、そもそも一般景品に注目することはないだろう。

ただ、パチ屋は「出た玉を景品に交換するお店である」という建前がある以上、誰も取らないことが確定的であっても、ある程度は一般景品を置かないといけないようになっているようだ。

もちろん誰も興味を持たないので、基本的にはホコリを被ったまま長期間放置されることになる。

俺が初めて一般景品の穴に気付いたのは、旅行で行った伊豆のパチ屋（現在はもう潰れている）で、やけに古いトミカを見つけたときだ。確か千円分の玉で交換できた気がする。

ミニカーには全く興味がないので価値はわからなかったのだが、箱や文字の感じからして相当古いもののようだったので、もしかしたらレアモノかもしれないと思いヤフオクで検索してみると、なんと中古でも1万円、新品だと2〜3万円くらいの値段がつくプレミアものだった。もちろん、即交換したのは言うまでもない。パチンコは5千円くらい負けたが、これのおかげで勝って帰ることができた。

8千円分の玉で取れるが

【即日発送可】うまれて！ウーモ　ピンク　新品未使用品

¥23,800 送料込み

売るとこの値段になる

このトミカがいつの商品だったのかはよくわからないが、１９８８年のＦ１選手権で使われた車のトミカなので、おそらく販売されたのは１９９０年ごろだろう。実に2～30年の間、プレミアものの商品が誰からも興味を向けられず放置されていたことになる。しかもほぼ定価で。

パチ屋の景品が中古品であることはまずないので、考えようによっては、パチ屋以上に状態のいいレアモノが平気で放置されている場所は他にないだろう。しかも定価で売られているなんて、夢みたいな話だ。

そのあとも、絶版になったレアモノのおもちゃ「うまれて！ウーモ」を都内のパチ屋で見つけたこともある（これはXでも自慢した）。

……というわけで、今回はパチ屋の一般景品に眠る宝を発掘していく。

郊外の古い店舗を探すのが正解か

さて、どう目星をつけていくか。まあ普通に考えて、レアモノっていうのはもう手に入らないからレアモノなわけで、古い商品であることが多い。なので、最近できたパチ屋にレアものがある可能性は低いだろう。

そして、大手チェーン店はけっこう頻繁にリニューアルをするので、その際に古い景品を捨ててしまうケースが多い気がする。実際、古くからあるマルハンなんかに行っても、箱が日焼けしたり色褪せている商品が置いてあることはほとんどないし。

また、店の規模はほとんど関係がないはずだ。郊外の大型店とかで台数が１０００台を超えているような大型店でも、景品自体の数が少ない店はけっこう多いので、店がデカければ景品が多くて狙い目ということは言えないと思う。

そうなると、東京23区なんかは昔ながらの中小店舗が潰れまくっているので、郊外の古い店舗を探すのが正解か。適当に下り電車に乗って、古い店があったら下車して探すことにしよう。

というわけで上野から常磐線に乗り、茨城方面へ。スマホで停車駅周辺を調べつつ、パチ屋があったら降りて探していくのだが……。都心部を過ぎると、駅前にパチンコ屋がない駅も多く、けっこうな勢いで東京から離れていく。駅から徒歩10分も歩くケースもあったりして、なかなか探すのはハードだ。

そしてわざわざ下車しても、たいした景品がないと本当にガックリくる。今風の小奇麗なパチ屋は一般景品が本当に少なく、誰も絶対に取らなそうなアクセサリーなんかが数点置いてあるだけの店もある。

検査員か何かだと思われている？

しかしいくつか店を回ったところで、いい感じに歴史のある店を見つけた。これは期待できそうだ。ドキドキしながら景品コーナーを見て回る。置いてあったのは古いＤＶＤ。２０１０年に開催されたサッカー南アフリカＷ杯のドキュメンタリーやタイタニックなんかで、確かにレアなことはレアなんだろうけど、市場的な価値はほぼゼロ。

南アフリカＷ杯のＤＶＤはアマゾンだと2千円くらいの値段がついているものの、パチ屋の一般景品は基本的にメーカー希望小売価格分の球数が必要なので、1万円近い値段だった。こんなもん、誰も取ら

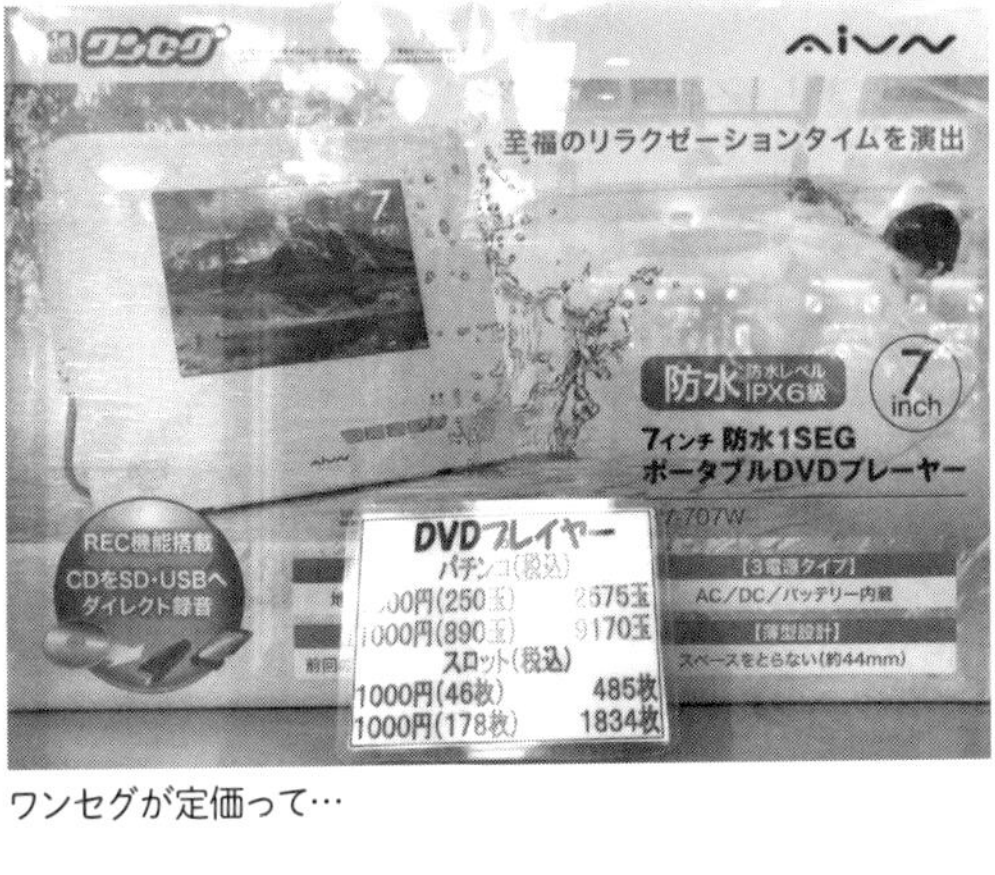

ワンセグが定価って…

ねえだろ。

その後もめげずに捜索を続けていくが、正直いらねえもんしかない。

中でも笑えたのはワンセグ機能のついたＤＶＤプレイヤーが1万円分の玉で出ていたことだ。現在はネット放送や見逃し配信が充実しているので、ワンセグを見るメリットはほとんどない。単純に古くてショボいＤＶＤプレイヤーとしてしか使えない。ヤフオクだと３００円で落ちていたりして、なんだか悲しくなる。世界のどこかにはこれを欲しがるマニアがいるのかもしれないが、残念ながら巡り合えそうにない。

そしてもう一つ面白かったのが、一般景品のコーナーで立ち止まっていると、高確率で店員に声をかけられることだ。しかも「何か欲しいものがありましたか？」と聞かれるのではなく、「どうかしましたか？」という、非常に抽象的な質問をされる。

いや、あんたらが景品として出してるから見てるんだろうが。まあ、この反応も一般景品を気にする人がいないという証拠ではある。消防関連の検査員か何かだと思われているのだろうか。

本当に欲しがる人がいると思わなかった

上野を出てから3時間ほどで、ようやく面白そうなものを見つけた。サントリーが10年ほど前に出していた「無頼派」というウイスキーが一般景品の棚に置かれていたのだ。誰も取れなさそうな高所に置いてあるものの、一応交換玉数が出ているので景品なんだろう。

交換数は46枚（９２０円分）だが、ヤフオクなんかだと4千円くらいの値段がついている。味はあんまり評判がよくないので、恐らくコレクション需要だろう。

さっそくメダル50枚で交換を頼んだものの、なんと断られてしまった。店員曰く「賞味期限が確実に切れているので、トラブルになったら困る」とのことだ。こんなもん本気で飲むやついないだろ。その後も粘ったものの

山野「コレクション目的だから飲まないので譲ってくれ」
店員「いや、それでもウチが責任を取ることになったら困る。保健所とか」
山野「飲まないのに保健所もなにもないでしょ」
店員「万が一があるから」
山野「そもそも景品として出してるんだから、交換できないのはおかしい」
店員「半分ディスプレイみたいなもんで、本当に欲しがる人がいると思わなかった」

と、なぜか強硬な態度を取られてあえなく撤退。だったら並べるんじゃねえよ!! ムカついたので通報しようと思ったが、これ以上世の中からパチ屋が減るのも困るのでやめておいた。

その後も、「完全に色褪せたポケット将棋や囲碁」「誰も欲しがらなそうなダサいGショック」「全くプレミアがついていないアンパンマンのおもちゃ」など、古いけど価値がないものばかりを見せつけられて時間が過ぎる。

景品なのに取らせてくれなかった

歩いては駅に戻るの繰り返しで、かなり疲れたんですけど。日も暮れてきたし、もうやめたい。そして気付けば、東京から50キロ以上離れた土浦まで来てしまった。まっすぐ帰っても1時間かかるんだが。

棚の下段にレゴの「ニンジャゴー」シリーズが！

とりあえず、疲れたから座って休みたい。ちょうど「緋弾のアリア」の天井に近い台を見つけたので、これを打ちながら休憩しよう。景品とはまったく関係ないが、これが大当たり中の上乗せゾーンでベルを10連続で引いて一気に上乗せし、4千枚出た。7万以上勝ったし、疲れも吹き飛んだ。編集長には適当に別の企画を提案してごまかそう。もう9時過ぎてるし、交換して帰ろ。

カウンターへ向かうと、この店にもおもちゃコーナーがあった。トミカやキャラもののおもちゃはレアモノがなかったものの、棚の下段にレゴの「ニンジャゴー」シリーズが！

これはレゴをモチーフにした忍者のアニメが原作となっているシリーズで、国内では大人気とはいえないものの、海外やマニア人気は高い。2011年からやっているアニメなので商品数も多く、絶版になっているものも多い。

ニンジャゴーに遭遇！

取らない理由がない

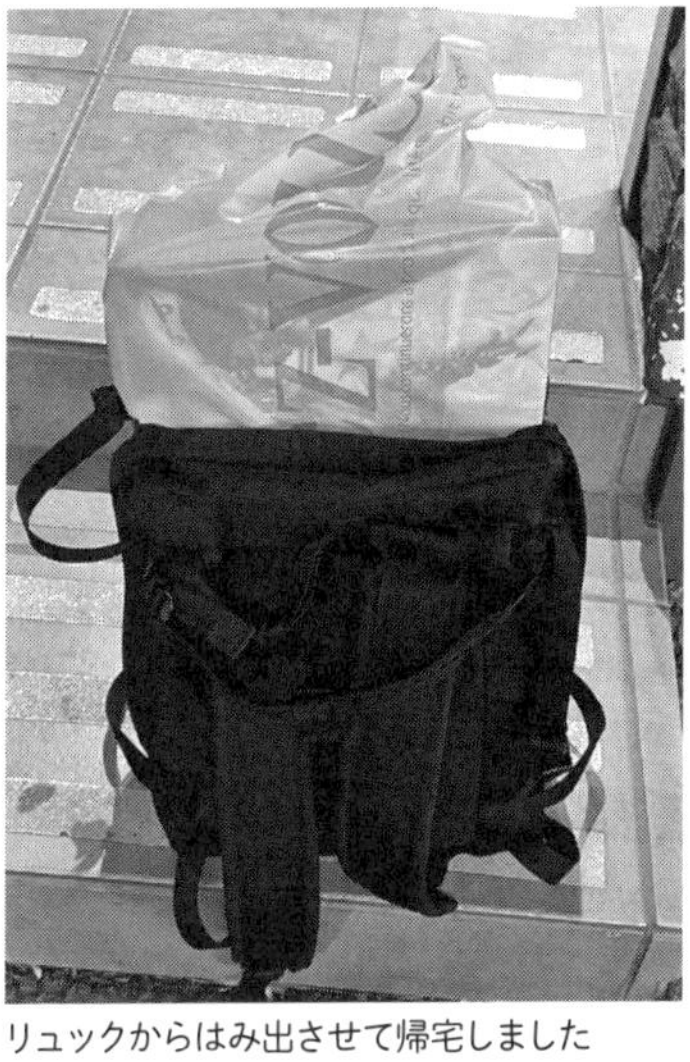
リュックからはみ出させて帰宅しました

景品としてあった「ロイドのメカドラゴン」「ジェイのライトニングジェット」も両方絶版で、どちらも約8000円分の玉で取れる。アマゾンでは2万円以上の値段がついているので、迷わずゲット！　将来の値上がりも考えると、取らない理由がない。帰りはグリーン車で帰ろっと。

はからずも、7万勝ちがレゴのおかげで10万近い勝ちになって帰れることになった。こういうことがあるので、パチ屋に行った際は一般景品を見てから帰ることを強くオススメする。

ちなみに、古い一般景品の中には、ヤフオクやアマゾンでここ数年の流通が一切ないトランシーバーとか、よくわからないバブル時代のパーティーグッズのようなものが置いていることもある。目利きの効く人であれば面白いことになるだろう。

それから

一般景品の中で〝レア物〟の可能性が高いのは

パチンコをしない人にはさっぱりな話で申し訳ないが、一般景品はかなり奥が深くて面白い世界だ。東京23区でも、京成線しか通っていないような駅前のパチンコ屋に行くと、「おもちゃの嘘発見器」や「(テレビ番組『トリビアの泉』で流行った)へぇボタン」なんかが景品にあって、変な脳内物質が出ることがある。まあ、ヤフオクに出してもたいした値段はつかないのだが、こうしたモノを買ってさらに寝かせておいて価値を上げたり、「なんでも鑑定団」みたいな番組に出すと、さらに面白いことになるかもしれない。

原稿の最後でも軽く触れた通り、古くて新品であることに価値がつきやすいものと、そうでないものがある。価値がつきづらいものは

✖CDやDVD、書籍や雑誌など(パチンコ屋には「吉宗」のDVDが多いが、残念ながら価値はほとんどない)
✖アニメ系のグッズ(中には価値があるものもあるが、大抵は人気のないもの)
✖アンパンマンやキティちゃんなどの、版権ものの玩具(例外として、シルバニアファミリーはプレミアがつく可能性が高い)
✖ジッポ、ライター等の喫煙具
✖アクセサリー類(ただし金や銀が使われている場合、原材料としての価値は高い可能性がある)
✖バッグや服などのアパレル商品(たいてい、よくわからないメーカーの商品なのでゴミ同然)
✖家電類

逆に、レア物である可能性が高いのは

- フィギュアやトミカなどのコレクターが多い商品
- 時計
- おもちゃ類（ファービー等）
- ゲーム機本体（ゲームボーイなどは新品であればとんでもない値段がつく）

などだろうか。

ただし注意点として、パチンコ屋の遊技約款には「遊戯を目的としない玉貸しの禁止」という規則がほとんどの店で定められている。景品を取るために玉を出してそのまま交換すると交換を断られたり、出禁になったりすることがあるので気を付けたほうがいい。まあ、これは一般景品の交換抑止が目的ではなく、先のページにあったような特殊景品を乱獲されることを防止することが目的だと思うので、実際に怒られることは少なそうだが。

ずっと新品で持っていたら価値が高騰しそうなモノ

２０２３年２月、アメリカで初代iPhoneの新品未開封品がオークションに出品され、約８５０万円の値段がついた……というニュースがあった。発売時の定価は約８万円だったので、実に１００倍の値段がついたことになる。

初代iPhoneの発売は約16年前。たまに経済誌や投資雑誌なんかで「●年前にファーストリテイリング（ユニクロ）の株を買っていたら１００倍になっていた」みたいなページが組まれることがあるが、それと同じくらい羨ましい話だ。

しかし、株とモノでは明確に違いがある。株は最悪ゼロになるリスクがあるが、モノは自分が紛失しない限りは絶対になくならないのでゼロにはならないし、再販さえされなければ、新品で持っている限り絶対に価値は上がっていく。

このようにビンテージ狙いで商品をずっと持っておくことは、それなりに堅い投資だといえるのではないか。

未開封の初代iPhone、オークションで850万円で落札

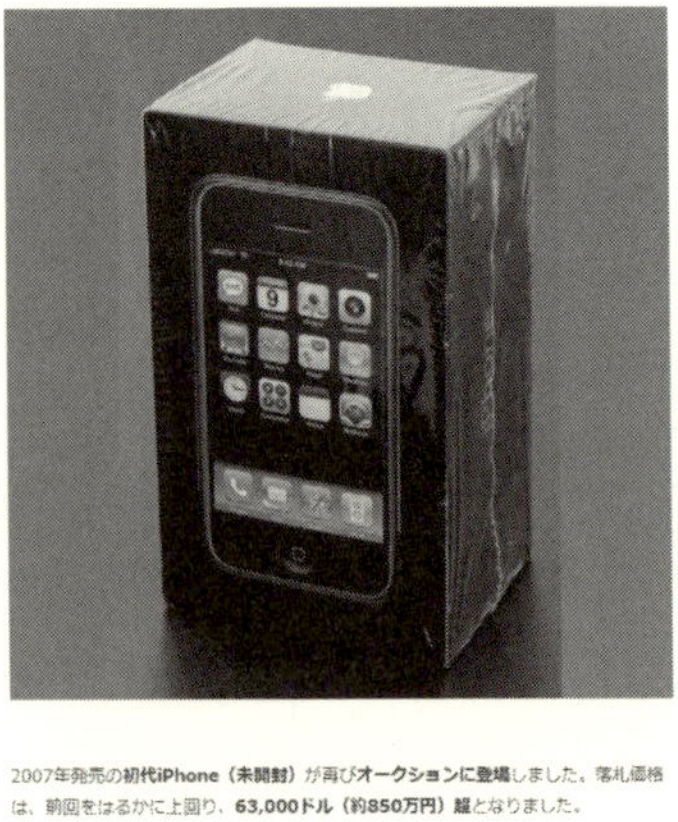

2007年発売の初代iPhone（未開封）が再びオークションに登場しました。落札価格は、前回をはるかに上回り、63,000ドル（約850万円）超となりました。

夢のある話だ

「裏モノJAPAN」2023年9月号掲載

というわけで、今回は今後持っていたら大化けしそうな商品を挙げていこうと思う。

狙い目はヤマダ電機だ【iPhone】

最初のニュースにもあったとおり、iPhoneに限らずApple製品は世界中にファンやコレクターがいるので、新品を十数年持っておくだけで莫大な価値になる可能性を秘めている。

…というか、初代iPhoneだけでなく他の型番も、すでにやや高値になってきているのが現状だ。

例えば、２０１５年に発売された６Ｓや２０１６年に発売されたＳＥ（第１世代）なんかも、現在は未開封品だと３万円前後で落札されているし、５Ｓまで遡ると５万以下では手に入らない。

現役機種である「ＳＥの第2世代」が買える値段で、過去の未開封品が取引されているのは、ある程度、希少価値が見込まれているからだ。

しかし、そんな希少価値がつきそうなiPhoneはどこで買えばいいのか。すでに６やＳＥも、ヤフオクに新品が出るのは半年に１回程度だし、５以前の機種に至っては年１クラスだ。もちろん家電屋には売っているはずがない。

だが、まだときおり古いiPhoneの新品に遭遇できる場所はある。「ヤマダ電機」だ。

普通、家電屋は捌ききれなかった商品をその手の業者などにまとめ売りして処分

【新品未使用】apple iPhone5s 16gb
【softbank】
未使用
現在 49,800円 (税 0 円)
即決 50,000円 (税 0 円)
終了 3/2 (木) 20:37 終了予定
未使用 質問する
出品者
さん +フォロー
99.0% 総合評価
本人確認済 発送元の地域：神奈川

5Sでも5万円に

してしまうものだが、ヤマダ電機はこれをほとんどしないらしい。これは、ヤマダ電機のゲームコーナーにＰＳ３や３ＤＳなどのゲームソフトがいまだに売られていることからもわかる。

そのため、新店のオープン時や年度初めのセールなどで、こうした不良在庫がいきなり出てくることがあるのだ。

俺は今年の頭に埼玉のヤマダでiPhone 7の新品（これはちょっと割高だったので買わなかったが）と、昨年の夏に仙台のヤマダで２０１４年発売のＬＧのスマホなどを実際に見つけている。特に大々的に宣伝はせず、ショーケースの隅にブチ込まれていたので、携帯コーナーのショーケースを隅々まで見ると、意外と新しい発見があるかもしれない。ちょっと前には、北海道のヤマダで新品の6が売られていることもあったようだ。

ちなみに、同じApple製品の「iPod touch（第7世代）」は既に生産停止となっており、これは後続製品がないことからも既にほんのりプレミアがついている。店頭で見かけたことはないのだが、どこかで見かけたら即買いでいいだろう。

ほぼ10年前の機種が定価で売られるヤマダ

ゴミになる可能性が少ないので安心感は高い【ニンテンドー３ＤＳ】

Apple製品と同じく、任天堂のゲーム機も世界中にファンがいるので寝かせておけば高騰が期待できる。

現実的に定価で入手できる3DSはこれ

iPhoneは時間が経てば使い物にならなくなるが、昔のゲームは普通に楽しめる点でも、ゴミになる可能性が少ないので安心感は高い。

まだ任天堂のゲーム機で新品がギリギリ手に入るのは、「ニンテンドー3DS」「ニンテンドー2DS」シリーズだ。

既に通常モデルはプレミアがついているが、田舎の家電屋なんかに行くとまだ「マインクラフトモデル」なんかの不人気シリーズが置かれていることがあるので、探してみるといいだろう。

そしてブッチギリで遭遇率が高いのは「NEWラブプラス＋ ネネデラックスコンプリートセット（3DS LL同梱版）」だ。

これは初代DSの時に流行ったギャルゲー「ラブプラス」のソフトやCDなんかが一緒についているやつで、本体にもこのギャルゲーの装飾が入っている。思ったより売れなかったためかかなり余っているようで、ヤマダ電機に行くと高確率でコレが残っている。

現状ヤフオクの相場はトントンくらいなので、買ってもほぼ負けはない。あったら買って寝かせるのも悪くないだろう。

販社が激減して中古代が高騰【パチンコ台】

客が減った結果、パチンコ屋がつぶれまくっている…というのは色々なニュースで言われているとおりだ。

パチンコ屋の周辺産業もかなり厳しい状況となっており、家で遊ぶ用にパチンコ台を販売している「販社」という業種も激減してしまった。

結果、中古台があまり一般ユーザーの間で出回らなくなり、どうしても中古台が欲しい人たちはかなり高値で台を買うハメになっている。

例えば、2014年の台「スーパーストリートファイター」なんかは以前はあまり人気がなく、ヤフオクだと5千円くらいで取引されることも珍しくなかったのだが、現在だとなんと30万くらいの値段がついている。

「花の慶次」や「ルパン三世」といった、かなりパチンコ屋に導入されていて本来なら相当な台数が市場にあるはずの台すら20万円になっている状況を見ると、販社がつぶれたことにより、こうした台は即廃棄の運命になっているのだろう。

俺も広い家に引っ越したらブルースリーが出ていた「燃えよドラゴン」を買おうと思っていたが、2万円くらいで買えた台が10万円くらいになってしまい、もはや手が出なくなってしまった。

……ただ、パチンコ台は普通の人からしたらデカくてうるさいだけのおもちゃなのも事実ではある。リサイクルショップなんかだと、こうしたパチンコ台が持ち込まれていても売り場を圧迫するからか、かなり安く売られることがあるので探してみると面白いだろう。

とんでもない価格に

これは俺の単なる憶測なのだが、台湾やベトナムのカジノでは日本のパチンコ台が普通に使われているらしい。そして、今現在で高騰しているパチンコ台は旧基準のマックスタイプや出玉規制前の5号機スロットのような、いわゆる「荒い台」ばかりだ。こうしたカジノ向けに昔の台が買い漁られているから、中古相場が高騰していると考えられなくもない。

ユーチューバーにより再びスポットが当たる【ゲームソフト】

ネット上には、いわゆる「クソゲー」をあえてプレイしてそのひどさを笑う……という文化がある。一時期は「クソゲーオブザイヤー」という賞が作られたりしたほどだ。

こうしたゲームは、確かにクソだクソだと言いながら遊ぶ分にはけっこう楽しかったりする。ひどすぎるシューティングゲームの「デスクリムゾン」なんかはその典型だ。

この文化はもともと一部のオタクだけで共有されてきたものだったが、最近はYouTuberが実況するためにこういうゲームを漁っていることもあり、再びスポットライトが当たっている。中古ソフトがこれによって枯渇して高騰することもあるわけだ。

しかし、「すごいクソゲーならなんでも値段が上がる」というわけではない。

たとえば「たけしの挑戦状」なんかは名の知れたクソゲーだが、プレミアがつくことはまずない。これはファミコンブームの初期に作られたソフトで、かなりの本数が市場に出回っていることと、アプリなどでダウンロード版が販売されているので普通に誰でも遊べてしまうからだ。

クソゲーであっても値段が上がらないゲームの法則は……。

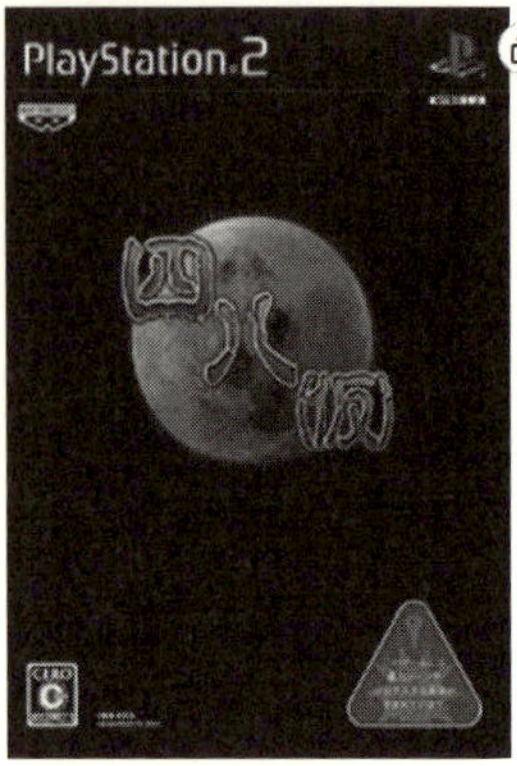
PlayStation 2
四八(仮)

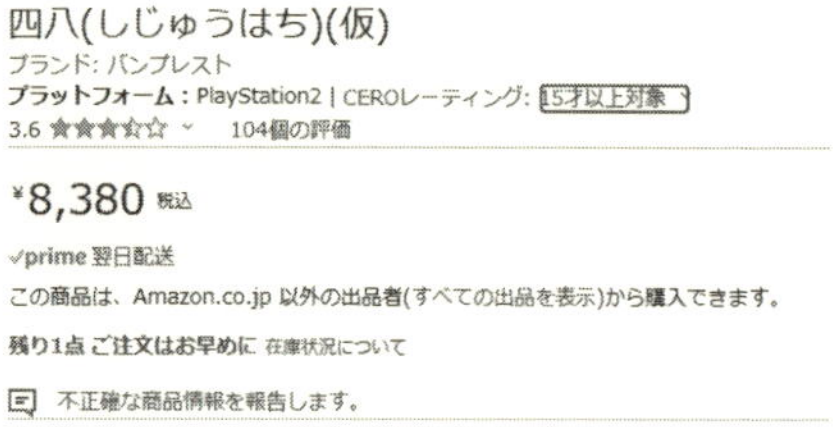
四八(しじゅうはち)(仮)
ブランド: バンプレスト
プラットフォーム : PlayStation2 | CEROレーティング: 15才以上対象
3.6 104個の評価
¥8,380 税込
prime 翌日配送
この商品は、Amazon.co.jp 以外の出品者(すべての出品を表示)から購入できます。
残り1点 ご注文はお早めに 在庫状況について
不正確な商品情報を報告します。

再販がないクソゲーは高値がつきがち

✖ダウンロード版が販売されている（戦極姫など）
✖人気アニメとのタイアップ等で、かなりの数が市場に出回っている（仮面ライダーサモンライドなど）
✖XboxやWiiUの専用ソフトで、そのゲームをプレイできる本体を持っている人がそもそも少ない（WiiUファミリーパーティーなど）
✖「クソゲー」として派手なバグなどがなく、見ていて笑えない（Newガンダムブレイカーなど）

こんなところだろうか。こういうのは集めても上がり目がほとんどない。Newガンダムブレイカーとかもクソゲークソゲーと言われているが、いつまでもビックカメラで100円で売られているし、アマゾンの中古は1円で張り付いている。

逆に、生産数が少なく、会社が倒産しているなどでダウンロード版が販売されていないゲームは、持っていればどんどん上がっていく可能性がある。それにあてはまるゲームは……。

〇大奥記（PS2）
〇メジャーWii　パーフェクト　クローザー（Wii）

○ラブルートゼロ Kisskiss☆ラビリンス（PS2）
○プロゴルファー猿（Wii）
○ジャンライン（Xbox 360）
○黄金の絆（Wii）
○四八（仮）（PS2）

あたりだろうか。特にWiiのゲームは専用のコントローラーがないとできないので、次世代機でダウンロード版が出る可能性も低く、狙い目だと考える。

この中だと「ラブルートゼロ」は中古なら数百円で買えるので、いま中古で流れている千円以下のソフトをすべて買い占めても4～5万円くらいの投資で済みそうだ。「メジャーWii」「ジャンライン」は見た目的に派手なクソゲーなので、再度ブームになって高騰することもありそうな気がする。2千円もあれば買えるので気楽に投資していいのでは。

★

DVDやブルーレイなどの映像作品、CDのような音楽系の作品は、売れたら再生産が容易なので、古いものがプレミア化することはほとんどない。

また、カメラやパソコン類なども、年々性能が向上していくので、よほどのマニア向け商品以外は高騰しない。

今回は俺が好きなジャンルの商品が多かったが、こうした傾向を吟味して商品を探していくと、自分だけの得意ジャンルが見つかるかもしれない。

それから

多くの買取店はビンテージ的な価値を考慮しないが…

一般的に、この手の商品は新品と中古の間にかなり大きな差があるため、値上がりすると見込んだものは新品未開封で握っておくのが正解だ。

一例を挙げると、文中に出てきたiPhone 5Sの新品は5万円を割ることはまずないものの、これが一度でも通電されていると「中古良品」の扱いになってしまい、1万円程度の価値になってしまう。そのため、こうしたモノを買う際は未開封なのか、通電されていないかを確認したほうがいいと思う。

そして気を付けたいのが、多くの買取店はこうしたビンテージ的な価値を考慮してくれない点だ。たとえば、中古でゲームを買取している大手企業といえば「ゲオ」や「ソフマップ」が挙げられる。残念ながらこうした店に新品のゲームボーイ等を持っていっても、おそらくゴミ同然の買取価格になるだろう。リユース品を買い取る企業の多くは本部の付けた値段に沿って買取をしているだけで、古いから価値があるとか、状態がいいからレアだとか、そういうことは考慮してもらえないため、基本的にはヤフオクやメルカリ等の個人間取引に自分で出す必要がある。いざ売るとなった際には少し注意が必要だ。

しかしこの「多くの買取店はビンテージ的な価値を考慮しない」という点は、こちらが買う側のときは有利に働く。単に古い商品としてしかモノを見ない店は、売る際も高値をつけないことがほとんどなので、市場価格より大幅に安く買えることがある。服や時計などのアパレルがメインで、ゲーム機や家電をオマケで買い取っているようなリサイクルショップでは、レアモノを安価で買えることもあるので、覚えておくと役に立つことがあるかもしれない。

リコール商品で一儲け

中古品が好きだ。

ここまで読んでくれている方ならわかると思うが、リサイクルショップやメルカリで相場より安く売られているものとか、価値のわからない人が安価で売っていたものとか、そういうものが死ぬほど好きなのだ。

うちで使っている圧力鍋は、未使用品なのに箱がつぶれているだけで、リサイクルショップで半額になっていたものだし、ふだんつけているGショックも、下位モデルと間違えて安く売られていたのをメルカリで買ったものだ。

…で、中古品を漁るときには「欲しいもの」「買値より高く売れそうなもの」以外にも探したいものがある。それはズバリ、リコール品だ。

メーカーが不備を認め、回収を発表した品のことをリコール品と呼ぶのだが、たいていのリコール品は定価での返金か、新型のモデルと交換対応となる。

一部、取り外し可能な部品（バッテリーとか）がリコール対象だった場合はその部品だけが交換となるので注意しないといけないのだが、たいていのものは買ってもまず損はないので見つけたら即買いが基本だ。


「裏モノJAPAN」2022年10月号掲載

欲を言えば、粗大ゴミとかで拾えたら一番ラッキーなのだが…粗大ゴミを持ち去るのは違法なのでやってはいけない。

それでは、中古市場で拾えたらうれしいリコール品を紹介していこう。

親も原価が2千円だとは思うまい

ダイソン　HOT&COOL　AM04&AM05

有名なダイソンの羽なし扇風機だ。これは単なる扇風機ではなく、温風と冷風が出るので机まわりとか、風呂場の脱衣所なんかに置くとなんとなくセレブな気分になれる。

人気商品なので定期的に新モデルが出ているのだが、2011年～2013年にかけて発売されたモデル「AM04」「AM05」は基板が発熱して発火の危険があるとかで、一部ロットの商品をリコール対象に認定し回収を行っている。

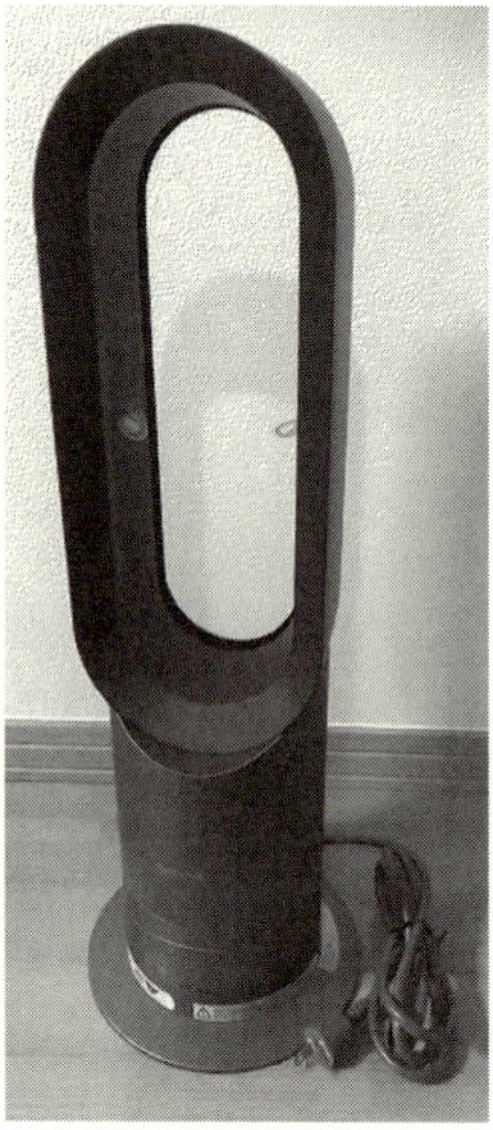

汚いダイソンが……

その商品がリコール対象ロットかどうかは製造番号をメールで送って確認しないとわからないのだが、やってみる価値はある。

リコール対象ロットと認定されると新品と交換になるのだが、もちろん2013年モデルはもう生産なんかしていないので、最新モデルが送られてくる。

最新機種に化けて、母の日のプレゼントになりました

Dyson Hot+Cool™（ダイソン ホット アンド クール）AM04、AM05 自主回収のご案内

2014年3月17日
2018年9月1日改訂

ダイソン株式会社は、Dyson Hot+Cool™AM04およびAM05について、発売初期の製品の一部において、製品の安全に関わる事象が数件報告されたことから、お客様の安全に考慮し、2014年3月頃より自主的に対象製品の回収を行っております。

【対象製品】
Dyson Hot+Cool™ AM04およびAM05（発売初期の一部の製品）
*その他のダイソン空調製品（AM01、AM02、AM09、HP03など）に問題はございません。安心してご使用ください。

【経緯】
Dyson Hot+Cool™ AM04およびAM05の発売初期の製品の一部において、製品本体内で小さな発火を生じた事象を数件確認いたしました。この事象による人への健康被害や物 への損傷被害などの報告は、弊社が認識する限りございません。弊社は、お客様の安全を第一に考え、全世界においてDyson Hot+Cool™AM04およびAM05の対象製品につき、自主的に回収を行い、安全対策を実施しております。

【対応】
対象製品は、弊社にて引き取り、安全対策を行い返却または製品の交換を無償にて行います。

- 予防措置として、可能性のある製品のご使用を中止し、電源プラグをコンセントから抜いてください。
- 以下ウェブサイトで、お手元の製品のシリアル番号を入力いただくことで、対象製品かどうかの確認と対象製品であった場合の対応を申し込みいただけます。

専用ウェブサイト：www.dysonrecall.com
製品のシリアル番号：製品本体の底面に記載された13ケタの英数字の組み合わせ

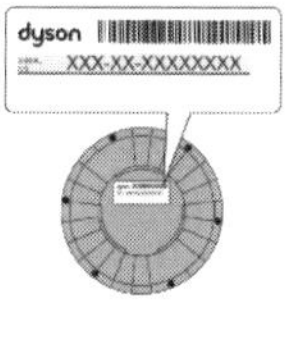

俺はハードオフで一度リコール対象ロットのAM04を発見したのだが、排気口にホコリが詰まっており超汚いうえにリモコンもなくなっていたので、なんと2千円で買えてしまった。これをダイソンに送ると、定価4万4千円の新型モデルになって返ってきたので笑いが止まらなかった。母の日に親に送ったらとても喜ばれたが、まさか親も原価が2千円だとは思うまい。

製造番号は本体の底に記載されているので、メルカリなどでは対象品が見つからないことも多い。どちらかといえば、リサイクルショップで探すほうが向いている商品だといえるだろう。

アップル AirPods Pro

こちらも有名なアップルのワイヤレスイヤホンだ。ケースから出すだけで自動的に接続され、音質もそこそこ。通話もつけたままできて、雑音をカットするノイズキャンセリング機能も良好。すべてがハイレベルなところでまとまっていて、誰にでもおすすめできる一品となっている。

以前は定価が約3万だったのだが、値上げして約4万になってしまい、割高感が強い。それに4万だとほかのイヤホンも選択肢に入ってくるしで、今買うとなんか負けた気がする。

しかし、このAirPods Proも一部製品がリコール対象となっており、通話時やノイズキャンセリング機能をオンにした際に「ザーッ…」というテレビの砂嵐みたいな雑音が入るものがある。これはアップル側が不具合だと認めており、対象商品は新品との交換になる。

こちらは「雑音が入る」というジャンク品を買えばいいので、割と探すのは簡単だ。メルカリでもリサイクルショップでも探せるだろう。

残念ながらアップルのリコール品は新品交換でも専用の段ボール箱に入ったものが届き、売られているパッケージではないので、転売しても少し安くなるのだが、それでもお値打ちだ。だいたい1万〜2万で手に入れられたら万々歳だろう。俺は「じゃんぱら」と「メルカリ」で1台ずつゲットしたことがある。

新品バッテリーは常に高額で売れる

電チャリのバッテリー

コロナ禍で需要を伸ばしたのが、電チャリ（電動アシスト自転車）だ。

興味のない人向けに説明しておくと、国内で売られている電チャリはパナソニック、ヤマハ、ブリヂストン、ミヤタ、あさひあたりのメーカーが多い。

ヤマハとブリヂストンは基本的に同じ部品が使われているため、同一メーカーだと思っていい。そして国内

高級イヤホンも格安で！

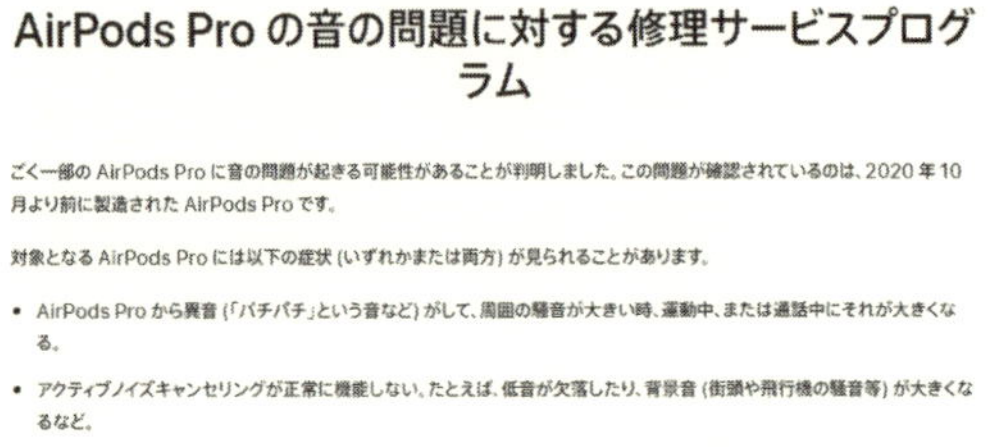
AirPods Pro の音の問題に対する修理サービスプログラム

ごく一部の AirPods Pro に音の問題が起きる可能性があることが判明しました。この問題が確認されているのは、2020 年 10 月より前に製造された AirPods Pro です。

対象となる AirPods Pro には以下の症状 (いずれかまたは両方) が見られることがあります。

- AirPods Pro から異音 (「バチバチ」という音など) がして、周囲の騒音が大きい時、運動中、または通話中にそれが大きくなる。
- アクティブノイズキャンセリングが正常に機能しない。たとえば、低音が欠落したり、背景音 (街頭や飛行機の騒音等) が大きくなるなど。

【無償修理】2016～2018年に製造された一部のPASバッテリー（X0T型及びX0U型）無償交換のお知らせ

2016年8月から2018年12月までに製造された電動アシスト自転車「PAS」用バッテリー（X0T型及びX0U型）の一部製品（以下対象製品）について、バッテリー内部劣化等により、バッテリー内部より発火する可能性があることが判明した為、無償交換を実施します。

対象製品は、2017～2021年モデルの一部の電動アシスト自転車「PAS」の新車時に装着されていたバッテリーに含まれている可能性があります。また、2016年8月以降に販売した補修用バッテリーに含まれている可能性があります。

下記手順に沿って、お客様所有のバッテリーが対象製品か否かのご確認いただき、対象製品に該当した場合は、ご使用を中止いただき、弊社HPもしくは弊社相談窓口へのバッテリー交換の手続きをお願い申し上げます。

お客様には、ご不安と多大なご迷惑をお掛けいたします事を心よりお詫び申し上げますとともに、ご理解とご協力を賜りますようお願いいたします。

1．対象製品：

	バッテリー型式	容量	製造期間
PASリチウムイオンバッテリー	X0T	12.3Ah	2016/8/9～2018/12/29
	X0U	15.4Ah	2016/11/10～2017/12/19

電チャリのバッテリーは対象商品がかなり多い

の電チャリはパナソニックとヤマハ（ブリヂストン）の2強状態だ。

この電チャリに絶対必要なのがバッテリーだ。15Ahの大容量バッテリーだと100キロくらいは走れるのだが、大容量のバッテリーは値段がかなり高い。15Ahのものは定価5万円オーバーで、ママチャリが2～3台買えてしまう値段だ。

このバッテリーも発火の危険があるとかでパナソニック、ヤマハともにリコールが出されている。種類は小容量～大容量までいろいろで、新型、旧型のバッテリー共に対象だ。

どれが対象かは多すぎて説明しきれないので、「パナソニック（ヤマハ）バッテリー　リコール」で調べて対象のバッテリーを探してほしい。

リコール品のバッテリーはすべて新品と交換してもらえるのだが、そもそも電チャリのバッテリーは1～2年使えば必ず消耗していくので、新品バッテリーは常に需要があり高額で売れる。メルカリの相場を見れば、どういうことかわかるだろう。また、パナソニックよりもヤマハ製バッテリーのほうが高い傾向にある。

メルカリの場合、バッテリー専門の業者（なぜか中東系の外国人が多い）が血眼でリコール品を探しているのでバッテリー単品はあまり見つからない。リサイクルショップだとまだ見つけられるので、実店舗で探していったほうがいいだろう。

ベビーカーはリサイクルショップで

初代iPod nano

これは割と有名なので知っている人も多いと思うが、一応書いておく。音楽プレイヤーのiPod初代はバッテリーに発火の危険があり、以前は新型のiPodと無償で交換になっていた。しかしこれはリコール期間がすでに過ぎており、現在ではすでに2千円のアップルギフトカードと交換という対応になっている。

時間が経ちすぎてバッテリーが消耗し、電源が入らなくなったジャンク品とかだとリサイクルショップで100円とかで売られているので、もし見かけたら買っておくのも悪くない。何台か集めれば、新品のiPodになるだろう。

ピジョンのベビーカー

ピジョン製の「ビングル」のベビーカーだ。2017年4〜9月に生産されたものので、前輪の動きが悪いため新品との交換がアナウンスされている。だいたい1万台くらいが世の中に出回っており、ハンドルについているシリアルナンバーが対象のものであればOK。

初代iPodも狙い目

iPod nano (第1世代) 交換プログラム

Apple では、ごく稀に iPod nano (第 1 世代) のバッテリーが過熱して安全上の問題を引き起こす可能性があることを確認しております。対象となる iPod nano は 2005 年 9 月から 2006 年 12 月の間に販売されたものです。

この問題は、製造上の欠陥があるバッテリーを生産した特定のバッテリーメーカーに原因があることがわかっています。実際に過熱事故が発生する可能性はきわめて低いとはいえ、バッテリーの経年に伴ってその可能性は高くなります。

iPod nano (第 1 世代) をお持ちのお客様は使用を中止し、下記の要領で電子的な Apple ギフトカードとの交換手続きをしていただきますようお願いいたします。

実際に交換したことはないのだが、現実的に考えればダイソンと同じく新型との交換になるだろう。

ただし、ネットで売られているものはシリアルナンバーが確認できないし、いちいち問い合わせをするのも手間を考えれば現実的ではないのでリサイクルショップにあればラッキーというところか。

スニッカーズは翌日には消えていた

おまけ　食品関係

お菓子とかアイスのような食品関係でも、ゴム片とかアレルギー物質が入っていたとかでリコールされることがたまにある。

アレルギー物質の混入なんかは、アレルギーがなければ特にビビることはないし、ゴムの欠片を食ったところで命に別条もなさそうなので、割とたいしたことないのにリコールがかかる。

たいていの場合、商品を食ってしまってもパッケージを送るだけで新品と交換になったり、商品代金相当のクオカードと交換になるので見かけたら買ってもいい。特にクオカードは最低金額が３００円なので、１００円のものを送っても３００円になって返ってくるので少しうれしい。

ただ見つけるのはけっこう難しい。誰もが思いつくコンビニ

チョコレート菓子「スニッカーズ」にガラス片混入　300万個回収へ

田幸香純　2022年5月13日 15時00分

シェア　ツイート list　ブックマーク 0　メール　印刷

一部商品にガラス片が混入していた「スニッカーズ ピーナッツ　シングル」＝マースジャパン提供

食品会社マースジャパンは13日、チョコレート菓子「スニッカーズ　ピーナッツ シングル」の一部商品にガラス片が入っていたとして自主回収すると発表した。製造ラインが同じ関連商品を含め、回収対象は約300万個になるという。

購入客から異物が入っているという連絡が4月28日以降に計4件あった。うち1件は歯が欠けたという。異物はガラス片で混入

食べ物は店頭からの回収が早い
（「朝日新聞デジタル」より。2022年5月13日配信）

やスーパーの場合、リコール発表とほぼ同時に販売網にファックスが送られて、売り場のものはすぐに下げられてしまう。

2022年の5月にはお菓子の「スニッカーズ」にガラス片が混じったとかで、自主回収が平日の昼間に発表された。その日は雨が降っていたので、とりあえず近所のコンビニでスニッカーズを数本買っただけで捜索を中止した。

翌日には雨が止んだので、10～20軒ほどコンビニをまわったものの、もう回収対象のスニッカーズは1本も見つからなかった。

食品系は店側の回収が早く、リターンが小さい割には電光石火で動かないといけないので、あまり割に合っている感じはしない。まあ、たまにリコール品のサイトを覗いてみて、タイムリーにブツが見つかって、その日に暇を持て余していたら探して集めてもいいだろう。

★

これであなたも、休日にリサイクルショップを回ってわけのわからない中古品を漁ったり、異物が入っている菓子を集めたりする生活に導かれるはずだ。…それが幸せなのか、不幸なことなのかはわからない。

それから

リコール商品でまとまった額を稼ぐには

リコール品の情報は、消費者庁の「リコール情報サイト」に一括でまとめられているので、見てみると新しい発見があるのではないかと思う。食料品から家電、車まで、ありとあらゆる問題ありの商品が各メーカーの対応とともに掲載されているのだ。

基本的に食品は返金、家電などは最新モデルとの交換か返金が一般的な対応だが、発火や爆発のような重大事故につながる欠陥があった場合、回収に出すだけで定価よりも高い金額がもらえることもあるので、見ていると西部劇の賞金稼ぎになった気分になれる。リコール品を集めて、返金対応してもらうことで、ゴールドラッシュならぬリコールラッシュを巻き起こせるかもしれない。

ただ、リコール品をわざわざ集めて回るのはそこまで効率がいい行為とは思えないので、大きく儲けたいなら頭を使わないとダメな感じはする。

たとえば、回収品の型番をメルカリで検索し、該当商品が見つかったら自動で購入するか、ライン等で通知してくれるようなプログラムを組んで根こそぎ買い占めるとか、そういうことをしないとまとまった額を稼ぐのは難しいだろう。当然プログラムは自分で作らねばならないが、ただ、今はChatGPTのような対話型AIがかなり進化しているので、プログラミングの知識がなくてもこうしたプログラムを作るのは簡単になった。

1冊プログラミングの入門書を読んでChatGPTに聞きながら進めるだけで、リコール品通知プログラムは作れるだろう。健闘を祈る。

クレジットカード現金化の手法を考える

運動不足解消のために埼玉でサイクリングをしていたところ、国道沿いにこんな看板があった。

「クレジットカード現金化　業界ナンバーワンの高還元率」

ふーん。こんな業者あるんだ。誰が利用するのかあんまり想像つかないけど、お金が借りられないがどうしても現金が必要な人とかだろうか？　業者も慈善事業でやってるわけじゃないから、手数料としてだいぶ中抜きされるんだろうなぁ。

でも、手数料が1〜2％なら儲けられるチャンスがある。還元率の高い（3％）「タカシマヤプラチナデビット」みたいなクレジットカードを使えば、ポイントとの差引でプラスになるかもしれないしな。一応電話して確かめてみようか。

「もしもし」

「はい、●●クレジットです！」

「裏モノJAPAN」2022年6月号掲載

「すみません、カードの現金化をお願いしたいんですけど。アメックスとＶＩＳＡを持ってます」

「了解しました。営業時間内にお店に来ていただければ、その日にお金を持って帰れますよ。ご利用の流れはですね……」

要約すると、現金化業者というのはこういう仕組みになっているようだ。

まず、現金化業者のお店でダミーの鞄とか、ネックレスのような商品を購入する。

そしてそのネックレスやら何やらをその場で業者が買い取り、現金にしてくれる。

とはいえ、10万円の決済をしても渡されるのは10万円ではなく、業者の取り分を抜いた額だ。

業者が持って行く手数料はカードの種類や決済額によってバラツキがあるようだが、少額の場合は30％、１００万円単位の場合は15％～20％が相場だという。

…いや、ふざけんなよ。手数料取りすぎだろ。

クレジットの現金化はカード会社の規約に違反しているから、日本の決済システム（カードを読み取る端末）では許可がおりない。そのため、手数料が高額な海外の決済システムを利用していて、こうなってしまうんだろう。

しかし、30％も持って行かれたらどうにもならないだろ。７万円の現金を手にしても、来月には10万円の請求がくるわけで…闇金から借りるのと同じくらいブが悪い。

まあ、別に現金化を奨励するわけではないけど、生きていれば急に現金が必要になることもあるとは思う。

そんな緊急時に、傷口を最小限にしてカードを現金化するアイデアを今回は出してみよう。やるかやらないかは別にして、知っていて損はないだろうし。

…ただし、ほぼすべてのクレジットカードで、ショッピング枠を現金化する行為は規約違反とされている。

これから紹介するのはあくまで「アイデア」であって、現金化を推奨するものではない。

新幹線回数券は今もまだポピュラー

マンガ「ナニワ金融道」でも紹介された最もポピュラーな方法だ。

大手金券ショップ「アクセスチケット」では、東京—小田原の新幹線回数券の買取レートが92％になっている。つまり、この回数券をカードで買って金券ショップに持ち込めば、92％で買い取ってくれるわけだ。

…とはいえ、今まで鉄道関連の決済をしたことがないカードでいきなり回数券を何枚も買ったら、何をしようとしているのかカード会社から見ればバレバレだ。加えて、例えば北海道に住んでいる人がいきなり東京—小田原の回数券を大量に買ったりすればさらに疑われやすい。

回数券は決済額がでかくなる傾向にあるのでモニタリング（監視）にひっかかり、カードが止められる可能性も高いので、何度もやれないだろう。

まあ、8％も手数料を取られる時点で、どんなに困っても俺はやらないだろうな…。

新幹線回数券　東京発着

商品名	買取価格	備考
東京—新横浜(自由) 6枚綴	75.0%	※お一人様2冊まで 発券より10日以内 店頭買取のレートとは異なります。 【見合わせ】の券は買取不可。
東京—小田原(自由) 6枚綴り	92.0%	※お一人様2冊まで 発券より10日以内 店頭買取のレートとは異なります。 【見合わせ】の券は買取不可。
東京—熱海(自由) 6枚綴り	90.0%	※お一人様2冊まで 発券より10日以内 店頭買取のレートとは異なります。 【見合わせ】の券は買取不可。
東京—三島(自由) 6枚綴り	88.0%	※お一人様2冊まで 発券より10日以内 店頭買取のレートとは異なります。 【見合わせ】の券は買取不可。
東京—新富士(自由) 6枚綴り	85.0%	※お一人様2冊まで 発券より10日以内 店頭買取のレートとは異なります。 【見合わせ】の券は買取不可。
東京—静岡(自由) 6枚綴り	85.0%	※お一人様2冊まで ※指定席は買取不可です。 発券より10日以内 店頭買取のレートとは異なります。 【見合わせ】の券は買取不可。

新幹線回数券は90％前後で買い取りされている

ニンテンドースイッチの在庫がダダ余りに

もはや説明不要の、転売屋なら一度は絶対に買っている鉄板商材だ。最近は画面がややでかくなって綺麗になった「有機ＥＬモデル」が出ており、人気を博しているのだが、近ごろは生産が追い付いてきた感もあり、だいぶ店頭在庫も見かけるようになっている。

そのため中華系買取業者の買取価格も落ち着いてきており、定価３万７９８０円に対して買取価格は３万７千～３万８５００円をずっとウロウロしている。

こうした商品は通販サイトで買い、楽天やヤフーのポイントをもらって利益にするのが常道だが、考えようによってはカードの現金化に使えなくもない。人気のあるネオンカラーは３万７５００～３万８千円をずっとウロウロしているから、98・5％～１００％くらいのレートで現金化できるともいえる。クレジットカードの決済でポイントがつくことを考えれば、若干のプラスも見込めるだろう。

¥38,000
商品番号: 8501
Nintendo Switch (有機ELモデル) [ネオンブルー・ネオンレッド]
JANコード: 4902370548501
¥38,000
商品番号: 8495
Nintendo Switch (有機ELモデル) [ホワイト]
JANコード: 4902370548495
¥78,000
商品番号: 5026
PlayStation5 CFI-1000A01
JANコード: 4948872415026
¥78,000
商品番号: 5200
PlayStation5 CFI-1100A01
JANコード: 4948872415200
¥70,000
商品番号: 5002
PlayStation5 デジタル・エディション CFI-1000B01
JANコード: 4948872415002
¥70,000
商品番号: 5217
PlayStation5 デジタル・エディション CFI-1100B01
JANコード: 4948872415217
高値でさばけるスイッチは最強

ヨドバシカメラなどの家電量販店ではまだ転売対策に１人１台の制限を設けていたりするが、町のゲーム屋とかでは在庫がダダ余りになっており、以前のような警戒態勢ではなくなっているお店も多い。

…だが、最近は転売に対して風当たりが強いのも事実。三井住友カードは規約改定で、「現金化のために商品を何度も購入した場合、カード会員資格を剥奪することがあります（要約）」というような文言が追加されている。今のところは強制退会になったという話は聞かないが、注意するに越したことはないだろう。

コロナで生まれた競輪の鉄板レース

実は、本当に困ったときは競輪も割とアリなのではないかと思っている。クレカで1倍返しのガチガチの車券を買い、現金化するのだ。

競輪は「ライン」と呼ばれるグループ戦が基本となっている（女子は別）。2〜5人程度が縦に並んだひとつの集団をラインと呼び、ゴール直前まではこのラインを維持して走ったほうが、後ろの選手が受ける空気抵抗が少なくなり体力が温存される。

そのうえ、後ろから誰かが追い上げてきた際も、ラインの選手全員を抜かなければいけない（競輪のコースはすり鉢状になっているため、外側の傾斜がキツい。そのため競馬のように並走することが難しく、抜ききれなかったら後退するしかない）から、ライン対ラインの戦いになる。

5車立て1ラインのレース

このライン同士の力関係を予想するのが競輪の醍醐味であり、面白さなのだが…コロナの関係でどうしようもないクソレースが組まれ始めたのだ。

コロナ禍になってから、競輪は感染拡大を防ぐために、欠場があっても補充を行わない方針になっており、本来7人で行われるはずのレースが5人で行われることがある（5車立て）。こうなれば当然、買い目が少なくなるため当たりやすくなる。

そして、欠場によって「ライン対ラインの戦い」という前提が崩れ、ラインが1つしかないレースが組まれることがある。つまり5人の選手が1列になって走るレースだ。

こうなると、ゴール前まで誰も本気で走らずに、ゴール直前になって本気を入れるだけ、という味気ないレースになる。

そして、2番手3番手の選手はゴール直前で先頭の選手を追い抜くために横に広がって走るので、4番手や5番手の選手は前が詰まってしまい、ほぼノーチャンスになるのだ。そのため、1、2番手の選手はほぼ3着以内に入れる。

この、レースとして見るとクソつまらない「5車立て1ライン」のレースの場合、先頭と2番手の選手が3着以内に入る確率（つまり、1、2番手選手のワイドが当たる確率）は今のところ100％になっている。

2021年10月6日の高知1レースなどがこの条件に当てはまるレースで、YouTubeにも動画が上がっている。一度見てみれば「これはどうしようもないな…」と思うことだろう。

まあ、こういうクソレースが組まれる頻度は半年に1回程度だし、人間がやる競技なので絶対当たる保証もないのだが、こういう観点でギャンブルを見てみるのもなかなか面白い。

電子マネーの購入キャンセルは現金で戻される

クレジットカードからSuicaやPayPay、au PAYなどの電子マネーに金をチャージできるのは常識だ。

では、逆はどうか？　電子マネーから金をクレジットカードにチャージすることはできるのか。当たり前だが、答えはNOだ。

　仮に電子マネーの運営が終了したりして電子マネーが返金される場合でも、クレジットカードに返金が行われることはなく、銀行口座などへ現金での返金となる。

　そう、「一度電子マネーにしてしまったら、クレジットカードに戻すことはできない」のだ。

　購入した商品に問題があった場合、クレジットカードの場合はその決済がキャンセルになるだけなのだが、電子マネーの場合は返金対応になるのだ。

　なのでクレジットチャージした電子マネーで、コストコやユニクロのような返品条件が緩い店で買い物をして返品……という作業を行えば、クレカ現金化が成立しそうではあるが、店側から詐欺で訴えられる可能性も高く、推奨はしない。

　また経験談として、こうした話がある。高校の同級生たちと集まりがあった際、なぜか「松屋のプルコギがうまい」という話で盛り上がった。そこで誰かが「じゃあ買ってみんなで食ってみよう」と言い出した。

　そして自分が松屋までプルコギを買いに行き、プルコギ弁当20人分の食券を買って店員に出したのだが、期間限定メニューを大量に頼んだため「肉が足りないので20人分は作れない」と言われ、Suicaで払ったにもかかわらず現金で払い戻しになってしまった。

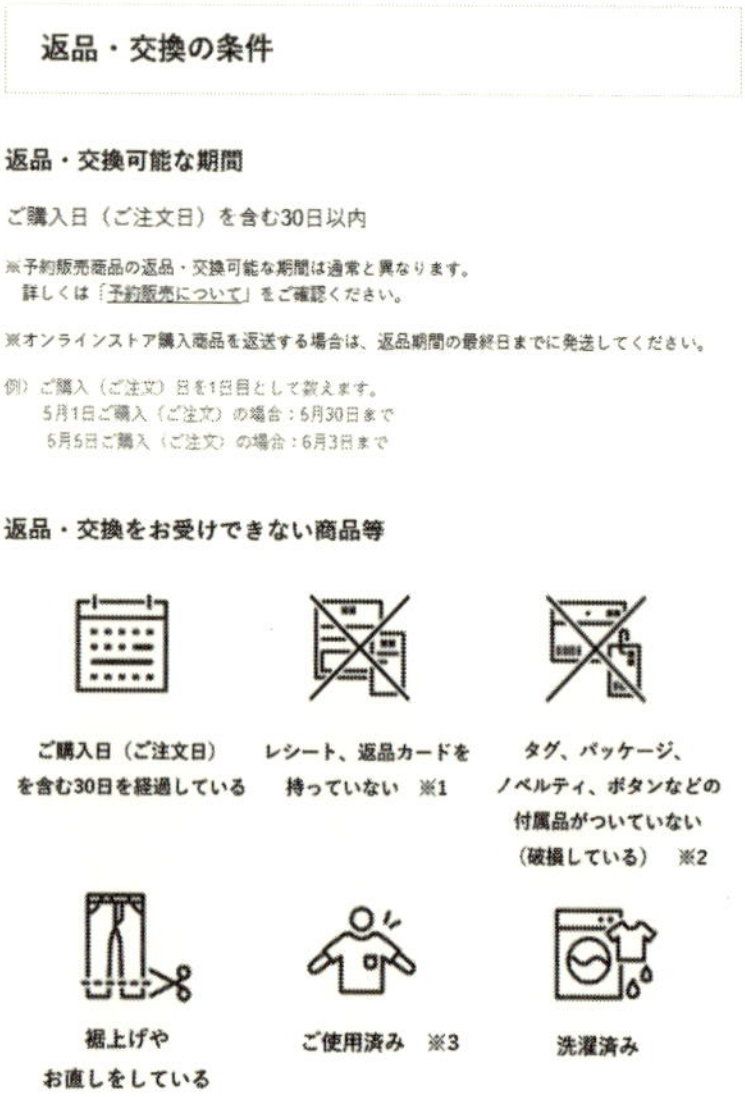
返品・交換の条件
返品・交換可能な期間
ご購入日（ご注文日）を含む30日以内
※予約販売商品の返品・交換可能な期間は通常と異なります。
詳しくは「予約販売について」をご確認ください。
※オンラインストア購入商品を返送する場合は、返品期間の最終日までに発送してください。
例）ご購入（ご注文）日を1日目として数えます。
5月1日ご購入（ご注文）の場合：5月30日まで
5月5日ご購入（ご注文）の場合：6月3日まで
返品・交換をお受けできない商品等
ご購入日（ご注文日）を含む30日を経過している
レシート、返品カードを持っていない　※1
タグ、パッケージ、ノベルティ、ボタンなどの付属品がついていない（破損している）　※2
裾上げやお直しをしている
ご使用済み　※3
洗濯済み

ユニクロの返品要件

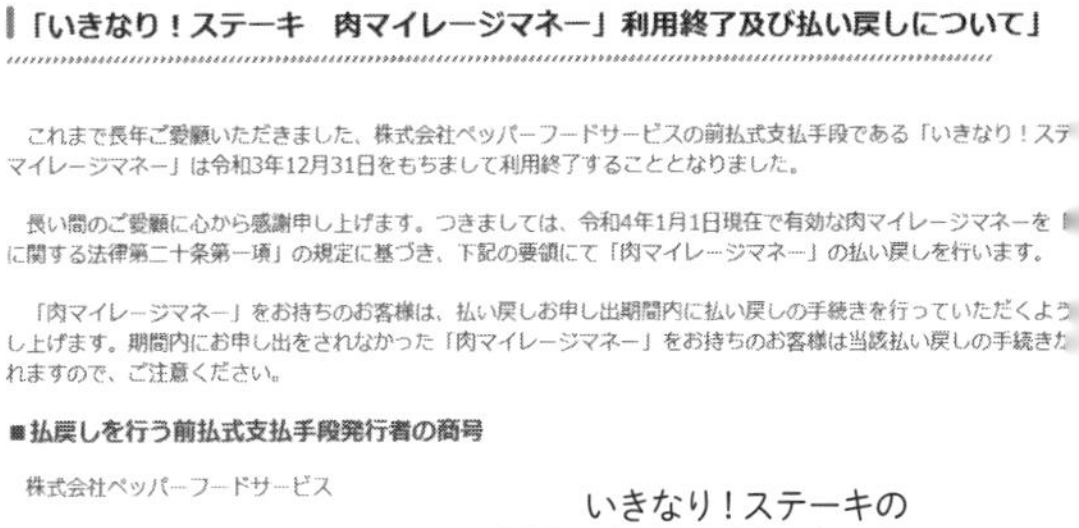
「いきなり！ステーキ　肉マイレージマネー」利用終了及び払い戻しについて」

これまで長年ご愛顧いただきました、株式会社ペッパーフードサービスの前払式支払手段である「いきなり！ステ
マイレージマネー」は令和3年12月31日をもちまして利用終了することとなりました。

長い間のご愛顧に心から感謝申し上げます。つきましては、令和4年1月1日現在で有効な肉マイレージマネーを
に関する法律第二十条第一項」の規定に基づき、下記の要領にて「肉マイレージマネー」の払い戻しを行います。

「肉マイレージマネー」をお持ちのお客様は、払い戻しお申し出期間内に払い戻しの手続きを行っていただくよう
し上げます。期間内にお申し出をされなかった「肉マイレージマネー」をお持ちのお客様は当該払い戻しの手続きな
れますので、ご注意ください。

■払戻しを行う前払式支払手段発行者の商号

株式会社ペッパーフードサービス

いきなり！ステーキの
電子マネーは返金になった

…ということは、食券制の飲食店で絶対に処理できない量のオーダーをクレジットチャージしたSuicaで支払えば、クレジットをノーリスクで現金化できるかもしれないが…、本気を出されてオーダーを処理されたら大損だし、何より店に迷惑がかかるのでやめておいたほうがいいだろう。

また、前払い式の電子マネー（Suicaのような交通系電子マネーや、飲食店のチャージ式カードとか）には、面白い特性がある。資金決済法という法律で、こうした前払い式の決済手段がサービスを終了する際「1000万円以上使われていない残高が世間に残っている場合、サービス終了時には返金しないといけない」と決まっている。

ステーキ屋の「いきなり！ステーキ」で販売していた電子マネーの「肉マネー」なんかも、最近サービスを終了したが、この法律に従って現金での払い戻しが行われた。

いきなり！ステーキはヘビーユーザーも多く、大量にチャージしていた人も多かったと思われる。仮に100万円チャージしていたとしたら、100万円が返ってきて、さらにクレジットカードのポイントぶん美味しい思いができたことになる。他にもそういうのがあれば…と探すのも楽しそうだ。

PayPayジャンボ1等が出るまでレンタサイクルを取り消し続けると…

これは厳密には現金化ではないのだが、知識として書いておく。レンタサイクルの「ハローサイクリング」

と電子マネーPayPayの組み合わせの話だ。

　レンタサイクルはレンタカーなんかと同じく、使っている人がどのくらいの時間（もしくは距離）、利用したかによって料金が変わる。そのため、予約の際に料金は確定せず、利用終了時に料金が確定する。

　そのためPayPayは「24時間借りた場合の上限料金である2千円を先に引き落とし、利用額を差し引いて返金する」という形を取った。

　しかしPayPayには「PayPayジャンボ」というキャンペーンがあり、金を払った際にガラガラ抽選が行われる。1等が出れば全額キャッシュバック、2等なら10％、3等なら1％という内容になっている。

…そう、「先に2千円が引き落とされる」という仕様上、キャンペーンの当否が自転車に乗る前からわかってしまうのだ。

　そのため、1等に当選するまで予約のキャンセルを繰り返すだけで、実質的にタダで自転車が借りられてしまう。

　PayPayジャンボに当選した場合も通常のポイント付与は行われるため、やればやるほど金が増えていくことになる。

　こうしたサービスを自分はレンタサイクルしか知らないが、利用前に料金が確定しないサービスはこの仕様で提供されるだろうから、他にも探してみるとおいしい思いができることだろう。

ハローサイクリングは金を払う前に
抽選結果がわかる

クレジットカードは非常に複雑で奥の深い世界で、カード会社やブランドによって制度が違ったり、カード会社の人間でもどうなるかわからないようなイレギュラーが起こることもあるようだ。

それを楽しめるかどうかは人によるだろうが、趣味として考えれば金もかからないし、意外に楽しい世界かもしれない。

★

それから　カード会社の調査を回避できる方法も

クレジットカードの現金化はそもそもカード会社の規約に違反しているため、「やれ」とは口が裂けても言えない。しかし手数料と称して3割もピンハネしてくる会社に依頼してさらに苦しくなるくらいなら、自分でやったほうがマシだといえるが、そうした発想も持ちえぬほど追いつめられた人間が多いということなのだろう。「貧すれば鈍する」とはこのことで、悲しい気持ちになる。

話を戻すと、インターネット上で「現金化」という言葉が使われる際は、「借金返済などの急場をしのぐためにショッピング枠を換金する」という文脈で語られるときと、「クレジット決済した金額を何らかの方法でロスなく現金化して、決済時のポイントだけを取得する」という、2つの文脈がある。5chの借金返済板などで現金化が語られる場合は前者、ポイント・クレジット板やXで語られる場合は、後者の意味合いのことが多い。

個人的にも、知的好奇心がそそられるのは後者の方で、原稿にも出てきた還元率3%の「タカシマヤプラチナデビッド」あたりを使って換金性の高いiPhoneやゲーム機本体などの物品を買い、97％以上で売却できれば差額が懐に入ることになる。カード会社が警告を発しているのはこの行為で、同じ店舗で同じ金額の決済を繰り返すと、だいたい途中でカードが止まって調査が入るため、乱発するのは控えたい。

……まあ、一度カードからプリペイドカード・電子マネーにチャージして決済を行ったりすることでこの調査も回避できるので、「どのカードからどのプリペイドカード・電子マネーにチャージできるか」ということを知っておくと、役立つ場面が来るかもしれない。もちろん、これも推奨しているわけではなく、あくまで可能性だけの話だ。

これは余談だが、キャバクラやガールズバーなどのいわゆる「夜のお店」では、カードを使って会計を支払うと「カード利用手数料」という謎の手数料が上乗せされる。日本のカード会社の規約では、カード払いの際に手数料を上乗せする行為は禁止となっているため、ランチでクレジットカードを使った場合に手数料を徴収するような店は規約違反なのだが、海外の決済業者を利用した際はこの限りではないため、このような上乗せ請求がまかり通るようになっている。ここを理解せずにキャバクラで「カード払いの上乗せ請求は加盟店規約違反だろ。通報しようか？」などと言ってしまうと、自分が恥をかくことになるので注意しよう。僕は一度恥をかいたことがあります。ええ。

2章

お得になる裏技

放送大学に安く在籍し最大のメリットを得る方法

もう一度、大学生に！

先月号の「裏モノJAPAN」の特集に、「国際信州学院大学」という架空大学の学生証が紹介されていた。

冗談で作られたネタ的な大学で、実際に認可されている大学ではない（そもそもキャンパスも実在しない）のだが、「発行してくれる学生証がけっこうよくできており、メシ屋の学割くらいだったら余裕でいける」というような体験談だった。

まあ、公的な大学ではないのでちゃんとした場所で使ったら一発で捕まるだろうし、（そもそもやってはいけないが）ラーメン屋の学割なんか、たいした得にはならない。やはり、大手を振って「俺は学生だ」というには、ちゃんとした大学に入学するほかかない。

「裏モノJAPAN」2022年1月号掲載

そこで今回はれっきとした大学である通信制大学、「放送大学」に入学し、学生の身分をいかに安くゲットするかを解説していく。

もちろん俺も現役の在学生だ。

入学の方法は?

まず、放送大学には2種類の入学形態がある。

ひとつは「科目履修生」というもの。カルチャースクール感覚で、受けたい授業だけを受ける形で、学生としては認められない。

学生の身分をゲットするためには、もうひとつの形態、通常の大学と同じように卒業を目指す「全科履修生」で入学する必要がある。

とはいえ、授業に出なくても怒られることはないし、普通の大学のように必修の授業を自動的にブチ込まれることもない。自分で取りたい授業を取る方式になっている(詳細は後述)。

全科履修生は入学試験がないため、高卒の人であれば誰でも入学できる。高校から卒業証明書を取り寄せ、願書と一緒に送ればめでたく入学は完了だ。

大卒の人ならば大学の単位証明書を提出して3年次からの編入もできるが、別途で単位認定料が1万円かかるので、卒業を目指さないのであれば高校の卒業証明書で入ったほうがいい。

ただし、今年の出願期間は終わっているため、最短の入学は11月26日から願書を受け付ける来年4月入学となる。

入学すると、放送大学の学生証や専用のメールアドレスが発行され、めでたく大学生となる。

学生生活をのんびり続けるためには、この身分をどれだけ長く維持できるかが問題になってくる。

放送大学は通信制のため、卒業まで時間がかかる生徒も多くいる。そのため、4年間で卒業までの単位を取得できなくても追加6年までは除籍されない。つまり、10年間までは学生でいられる。

そして、通常の大学と同じように休学制度も設けられている。全科履修生の場合、4年間までの休学が認められているので、在籍期間と合わせて14年間、学生でいられるわけだ。

授業料を最安にするには

気になる費用のほうを解説していこう。

まず、入学金が2万4千円。大学としてはかなり安いと言っていいだろう。

そして、授業を受けるための授業料が1単位の科目は5500円、2単位の科目は1万1000円かかる。

「学生の身分が欲しいだけだから、授業は受けなくていいや」と思うかもしれないが、除籍要件に「4学期（つまり2年間）の学費納入がなかった場合、除籍となる」旨が記載されているので、2年に1度は授業を受ける必要がある。

休学中は授業を受けなくても心配しなくていいが、これに気を付けないとうっかり除籍になりかねない。

最長の10年間在籍する場合、5回は授業を取らねばならない。最安の1単位講座だけを受講する場合でも、この5500×5で2万7500円が必要となる。2年に1度授業登録をするのはけっこう忘れそうなので、

10年もいれるなんて

全科履修生

卒業をめざす学生です。1つのコースに所属し、4年以上在学して所定の124単位を修得すれば、「学士（教養）」の学位が得られます。

在学できる期間
最長10年間

（4）除籍

全科履修生が次のいずれかの事由に該当するときは、除籍されます。

①在学年限を超えたとき（詳細については、修業年限および在学年限（2　履修計画のたて方

②休学期間を除き学費納入がない期間が4学期続くとき。

4学期とは2年。気をつけよう

管理だけはシビアにやったほうがいい。

授業のほうはちゃんとした大学だけあって、中国語やプログラミング、哲学など、割と役立つ授業がそろっており、ユーキャンみたいなところに行くよりもはるかに安く学べるので、俺は気になった授業を普通に取っている。

授業を追加で取らなければこれ以外に費用はかからないため、費用は全部で5万1500円だ。

学生期間を延長するためには、4年まで認められている休学を挟む（入学後のマイページから申請可能）必要があるのだが、休学中はもちろん授業を取れず、図書館で本を借りることもできなくなるため、勉強に飽きたタイミングで休学するのがいいだろう。また、残りの在籍期間が残っていないと休学はできないため、10年目の後期になってしまうと休学はできない。忘れないうちに早めに休学は使っておいたほうがいい。

以上まとめると、放送大学は「14年間の学生身分を5万1500円で買える」大学だと言えることになる。

いったいどれほど得するのか

5万1500円を14年で割ると、1年あたり3678円。ではその元は取れるのか？

まず多くの人に有用なのが、アマゾンのプライム会員。学生の場合、「プライムスチューデント」という学生会員があり、年会費が4年まで半額+半年無料になる。通常会員と比べ

て約１万２５００円の得だ（４年半で）。また、本を買うと無条件で10％ポイント還元されるのもでかい。

YouTubeプレミアムも学割プランなら月額１１８０円が６８０円になるので年間６千円、14年で８万４千円得する。

そしてWordやパワーポイントが使える最新版のoffice365は、現在月額制で１２８４円なのだが、学生だと学割版の「office365 A3」が月額２７０円で使えてしまう。そのため、月に約１０００円、年間で１万２千円お得になる。14年引っ張れば16万８千円。

マイクロソフトのパソコンは残念ながら学割をやめてしまったが、Appleは学生にまだ優しい。iPadやMacを買うときはモデルにもよるが、３千〜１万円程度割引になるのでお買い得だ。富士通とかはパソコンの学割をやっていたりするが、そもそもの値段が割高なのであまりオススメはできない。

最近増えているカーシェアも、「タイムズカーシェア」「オリックスカーシェア」は学割がきき、それぞれ４年と５年基本料金の約９００円が無料になるため、使う人なら９万円程度得になる。

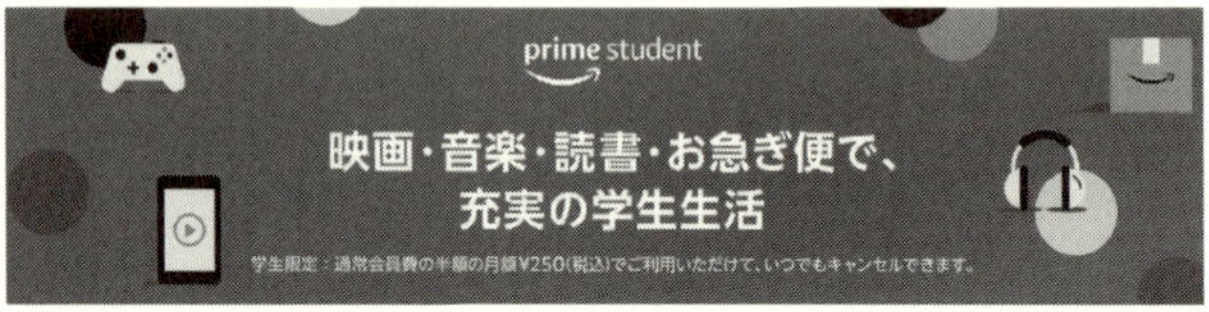

アマゾンだけでもだいぶん得だ

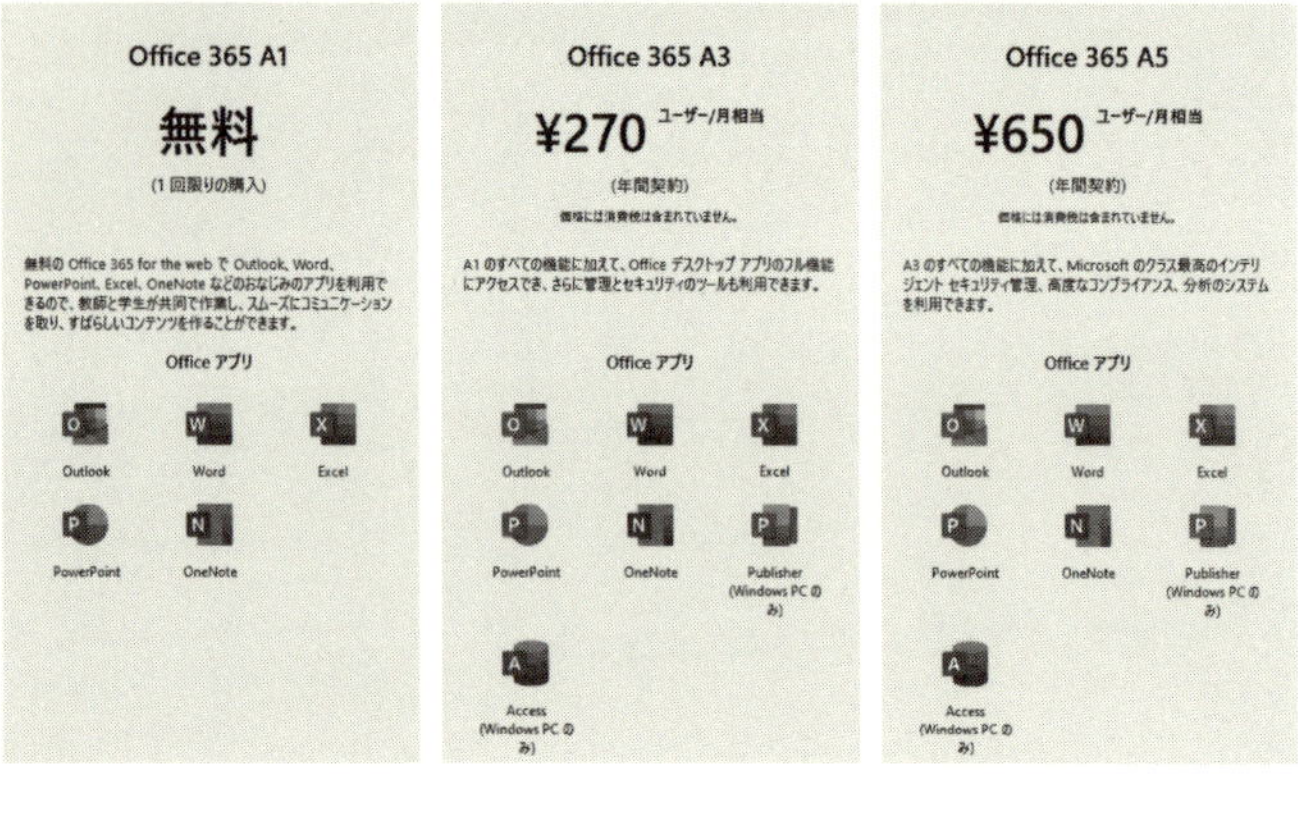

学生って優遇されてるなー

熱いのが、電車の学割だ。定期券はキャンパスのある場所（入学時に選んだ学習センター）が目的地に指定されてしまうので、会社やよく通う場所とモロ被りになる場合以外あまりメリットはないのだが、１００km以上を電車で移動する場合、運賃が2割引になるＪＲの学割が強力だ。

私用での移動は学割に認められないため、うまく授業を選んで「地方の学習センターで対面の授業を受けるため」とか、所属学習センターを意図的に地方にして「所属する学習センターの図書室が使いたい」という理由をつければ学割証が発行される。

例えば大阪在住の人であれば所属センターを東京キャンパスにしてしまえば、「東京キャンパスで図書館を使う」という理由で新大阪―東京の学割が下りる。

こんなところで、間違いなく元は取れるだろう。

あとは学生証を携帯し、カラオケだとか映画館だとか雀荘、遊園地とかで細かい割引を積み重ねていけばいい。ではみなさん、幕張キャンパスで会いましょう。

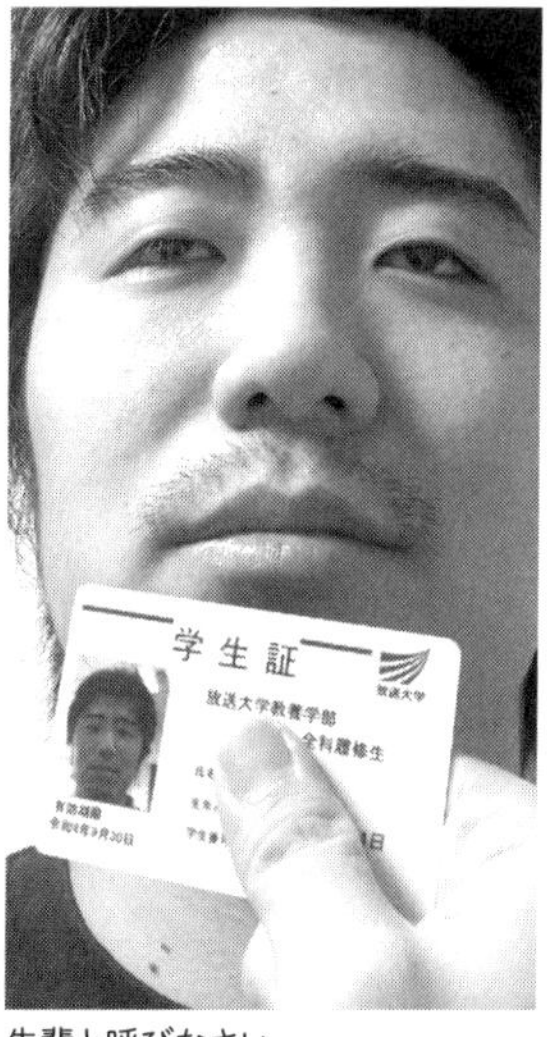

先輩と呼びなさい

それから 放送大学の学生には他にも多くのメリットが

現在は放送大学の授業料が1単位6000円に値上がりし、ややコストが上がっているが、トータルのコストは5万4000円。まだまだ許容範囲だと思う。

「5万4000円で14年間学生でいられる」という情報に価値を見出せるかは読む人次第だと思うが、自分はカーシェアとアマゾン、PCソフトの学割だけで完全に元が取れたので、入ってよかったと思っている。

この原稿で紹介したもの以外にも、色々と使える場所があるので自分でチェックしてみると面白い。たとえば、ビジネスホテルの「ルートイン」や「東横イン」は学生向けのプランを出しているため、旅行に行くたびにお得になる。ホテルは現在、外国人観光客が増えた関係で料金が高止まりしている傾向にあるので学割を使うことの有効性は上がっている。

また、面白いところでは雑誌も学割が効くものがある。週刊誌の「東洋経済」や「日経ビジネス」などは学割が効き、通常価格よりも4割以上安くなるので普段読んでいる人は放送大学に入って損はない。

さらに、PCソフトは学生向けに無料でライセンスを提供する事業者も多い。たとえば、3Dアニメーション作成ソフトの「Autodesk」などは1年間のライセンスが28万6000円（!）もするが、学生ならこれが1年間無料。同じく、SOLIDWORKSという3D設計ソフトは正規品の価格が100万円を超えるが、学生版なら買い切りで1万円程度。ただし、こうした学生向けライセンスは商用利用が認められていないことも多いため、購入前に規約をよくチェックしたほうがいい。

そして個人的にかなりありがたいのが、Googleストアの学割だ。新機種が出るたびに学割のクーポンがもらえるため、毎年Pixelシリーズの新作をお得に買うことができている。

これは余談だが、放送大学の幕張キャンパスには「セミナーハウス」という学校関係者向けの宿泊施設があり、シングルなら1泊2200円で宿泊ができる。千葉方面に用事がある際は格安で泊まれるので、これも使い方によってはQOLを上げてくれること間違いなしだ。

YouTubeプレミアムを月額135円にする

「裏モノJAPAN」2021年10月号掲載

YouTubeプレミアムは高すぎじゃないか

猫も杓子もYouTubeの時代がやってきた。今やネット上の有名人だけでなく、芸能人や芸人までもがYouTubeに参戦し、せっせと動画を上げている。

対抗馬だった動画サイトの「ニコニコ動画」は完全に競争に負けた感があり、再生数やコメント数は激減。ニコニコで有名だった配信者なんかもこぞってYouTubeに移住したことで、ニコニコは廃墟のような状態になっている。

…まあ、それ自体は別に構わないのだが、競争がなくなった場所で何が起こるか。街にスーパーが1軒しかなくなれば値段が高くなり、パチ屋が1軒だけになれば釘が渋くなるのと同じように、競争相手がいなくなるとサービスの値段は高くなる。

YouTubeでは広告が大量に挿入できるようになり、ゴールデンタイムのバラエティよりひどい間隔で広告が出てくる動画も増えた。

かといって広告のカット機能がある有料のYouTube Premium（以後プレミアム）は月額1180円とけっこう高い。しかし、現状では入らないと不便すぎてどうにも…というのが正直なところ。

今回はこのプレミアム高すぎ問題に対して答えを出していきたい。

アプリからの契約は完全にムダ

まず前提として知っておいて欲しいことだが、プレミアムは「仮に正規の値段を払っていいと思っていても、スマホアプリから入ってはいけない」ということ。

プレミアムはご存知の通り、Googleアカウントに課金情報を紐付けするのだが、アプリ経由で課金した場合はこの課金とは別にアプリストアに払う手数料がある。そのため、ブラウザから登録した場合は1180円なのに、iPhoneのアプリからだと1550円かかる。これは完全にムダ金なので、すぐに解約してブラウザから再契約するように。

改造系アプリはおすすめできない

まず一つめの対策が、「改造系アプリを使う」ということ。これは裏モノの特集でもたまに出てくるが、iPhoneなら「YouTube++」や「Cercube」、Androidなら「YouTube Vanced」など、アプリに改造を施して広告が出ないようにしたものがある。これは言うまでもなく公式のものではなく、ハッカーの外人が改造を施したものだ。

だが、これはこれで問題がある。YouTube側の仕様変更があった場合に広告カットが機能しなくなったり、ハッカー側が仕込んでいる広告が出てきたり（これが正規の広告に負けず劣らずウザかったりする）。

そもそも正規のアプリストアで配信できるシロモノではないためウイルスやスパイウェアが入っていても文句が言えないし、iPhoneの場合はアプリの署名が潰されていきなり使えなくなったりもする。リスク承知で使うならいいが、手放しでオススメできるものではない。

ブラウザからだとこの値段

アプリからだとこうなる

学割のための放送大学は現実的でない

二つめの対策は、学割を使うこと。学割であればプレミアムの価格は月額680円まで下がるので、割と現実的だが、言うまでもなく学生しか使えない。

俺は通信制の放送大学に入っているのだが、何一つウソをついていないのに学生証の写真を送るまで学割はきかなかった。そのため、デタラメに学生情報を入れて学割を適用することは難しいのではないかと思う。

子どものいる読者なら名義を借りて学割で使えばいいが、YouTubeのためだけに放送大学へ入るのは完全に本末転倒だ。

アクセスしてる国を偽装できる

そして三つめの対策が、「VPNを使う」こと。

VPNの細かい説明は難しいうえに面白くないので省くが、簡単に言うと「ネットにつないでいる物理的な場所を、偽装して接続できる仕組み」のことだ。

これがどういうときに役立つかというと、たとえばナイキなどの国際的に展開しているブランドの場合、同じアドレスにアクセスしてもアクセス場所によって表示される内容が自動で振り分けられてしまう。ここでアメリカのVPNを使って日本からではなくアメリカからのアクセスに偽装すれば、日本版のHPに振り分けられずアメリカ版ナイキのHPにアクセスできる。日本よりも品揃えが多く、先行で販売される商品もあるため、日本のHPだけを見ていては気付かない情報を得られる。あとは、スポーツ配信サービスの「DAZN」なんかはアクセスできる国がかなり厳しく制限されており、海外在住者の中にはJリーグが見たくても見られない人がいる。そうした人がVPNで日本からのアクセスに偽装してDAZNにアクセスすれば、めでたくJリーグが見られるようになる。

②アルゼンチンを選択

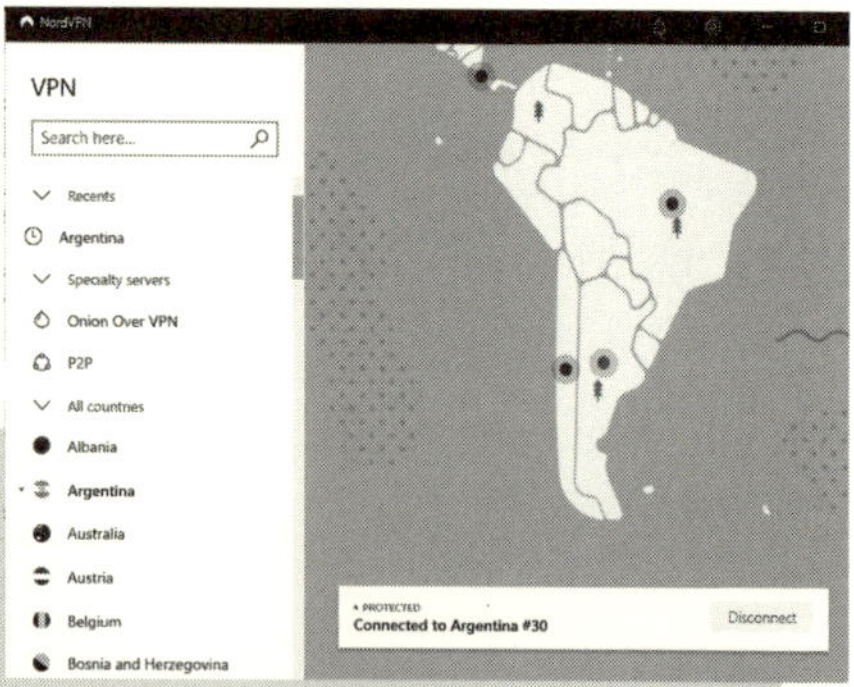

①まずはNordVPNに登録

日本は平和なためあまり使う機会がないが、ネットが検閲されている中国なんかでは、国内で規制が入っているサイトを見るために割と使われているようだ。

アルゼンチンのプレミアムは月額135円

で、これがプレミアムとどう関係するのか。

YouTubeのように全世界を相手に展開しているサイトは、同じサービスであっても国ごとに価格が違う。そのため、物価の安い国からのアクセスに偽装して、安い価格で登録してしまおうというわけだ。

YouTubeが展開する国で、一番物価の安い国はトルコだとかインドだとか、ネット上ではいろいろ議論があるようだが、俺の調べで最も安い国はアルゼンチンだ。いろいろな国から繋いで調べたので、これは間違っていないと思う。

どのくらい安いのかというと、アルゼンチンのプレミアムは月額119アルゼンチンペソ。1アルゼンチンペソは約1・14円なので、なんと月額135円。この値段なら払ってもいいよと思う人は多いのではないか。

ちなみにインドだと約300円、トルコだと約250円なので、アルゼンチンが最強だと思う。

つまり135円です

119 アルゼンチン・ペソ は
135.36 円
8月9日 21:04 UTC · 免責事項
119
アルゼンチン・ペソ
135.36
円

YouTube Premium
広告なしの YouTube と YouTube Music
をオフライン環境やバックグラウンドで再生。
YOUTUBE PREMIUM に登録
ARS 119.00/月
定期請求・いつでもキャンセル可能

契約の手順を解説

では、どうやってアルゼンチン価格でプレミアムを契約するか解説していこう。

まず、パソコンからＶＰＮサービスの「NordVPN」に登録する。サイトは日本語だしそこまで困らないはずだ。

登録したら、１か月限定の有料会員に登録。１２５６円かかるが2カ月で元が取れるので割り切ろう。ちなみに継続課金ではないため、解約の心配はしなくていい。

有料会員に登録したら、NordVPNのソフトをパソコンにインストールして起動。

起動すると地図と国旗の画面が出てくるので、上から2番目の「Argentina」をクリック。地図の下に「Connected to Argentina」と出れば成功。アルゼンチンからのアクセスに偽装されている。手順は簡単なので、パソコン音痴の人でもやればできると思う。

あとは普通にYouTubeにアクセスし、プレミアムに登録するだけ。サイトは外国語にならないので迷うことはないはずだ。

右上のアイコンから「購入とメンバーシップ」→「個人用メンバーシップ」→「YouTube Premiumに登録」と進み、月額の表示が「１１９ＡＲＳ／月」になっていれば成功。クレジットカード情報を入れ（日本のクレジットカードで大丈夫）、適当な住所を入れれば登録は完了。毎月１１９アルゼンチンペソ分の請求がカードに来る。

登録さえ済ましてしまえば、あとはNordVPNの「Disconnect」ボタンを押し、偽装をやめれば元通り。再生動画が少ないとアルゼンチンの動画がおすすめに出てくるが、普通に日本の動画を見続けるうちに出てこなくなる。

YouTube Musicなども、アルゼンチン経由の登録だからといって日本の曲が再生されないということはない。

スポティファイやネットフリックスは？

ゲーム配信サービスの「Steam」などではこうしたＶＰＮ経由の登録が禁止されているのだが、現状ではYouTube側の規約には「接続場所を偽装して支払いを安くしてはならない」という警告などはなく、しばらくはこの手法が使えると思われる。

もちろん、世界的に展開しているサービスであればYouTube以外でもＶＰＮは使える。

たとえば、音楽配信サービスの「Spotify」は、インド経由で登録することで月額９８０円が９カ月７１９ルピー（約１０６５円）になる。ただしSpotifyは海外経由で登録すると、日本のクレジットカードが使えず現地の支払い手段が必要になる。その国の電子マネー口座を用意しないと登録できず、これがかなり面倒だし、定期的にＶＰＮでアクセスしないと不正扱いされてアカウントが使えなくなるため、あまり現実的ではない。

また映画サービスの「Netflix」も、日本のクレ

Spotifyは現地の支払い手段が必要

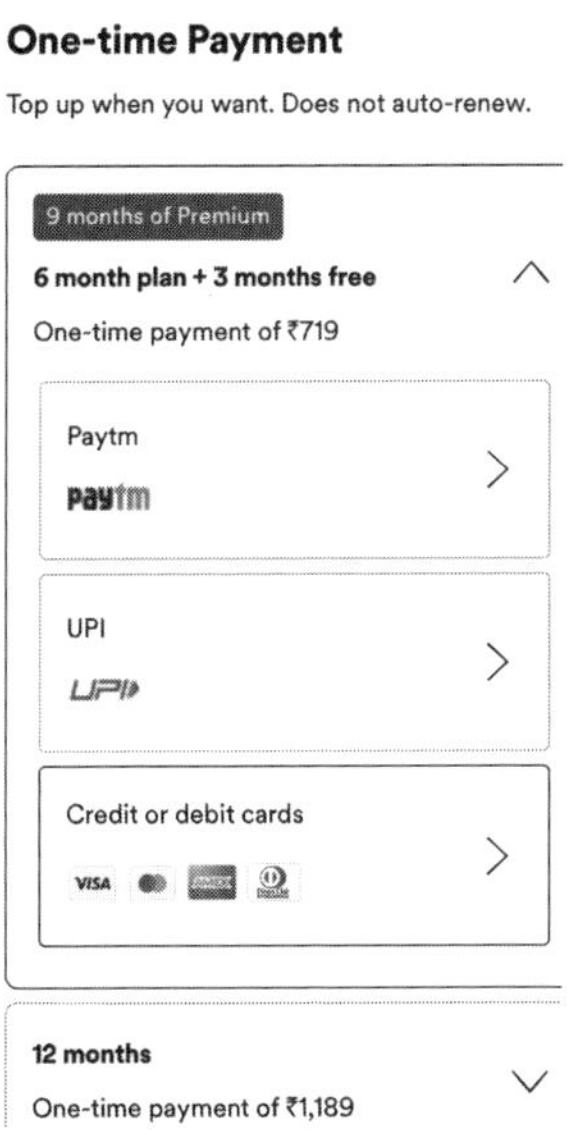

ジットカードは弾かれる。ただし、Netflixは登録用のプリペイドカード（といってもカードが送られてくるわけではなく、裏面の番号だけがメールで来る）が各国で売っているため、「G2A」という海外のギフトカード売買サイトでプリペイドカードを買うことで支払いは可能。

最安国はブラジルの26レアル（約550円）で、日本の月額990円より4割くらい安いし、日本の映画も普通にあるので使える。字幕や音声も日本語に設定可能だ。

…ただし、言語は英語から変更できなかった。映画を日本語で検索しても引っかからないためいちいち洋画タイトルを調べてから検索する必要がある。それにおすすめ作品がブラジルの作品ばっかで、なんとなく落ち着かない。

★

何にせよ、VPNによる購入を身につけて損はない。YouTubeだけで年間1万円の節約になるのだから、今後も増えるであろう月額制サービスを安くすることで、大きな得になるはずだ。

それから YouTubeは黙認のような状況

このVPNを使ったYouTubeの登録には、いくつか注意点がある。

ネットフリックスはブラジルが最安だ

この追記を書いている2024年9月現在でもアルゼンチンが月869ペソ（約150円）で最安なのだが、時期や支払いに使うカードの相性によって登録できないことがある。

その場合、候補になってくるのがトルコ（月57・99リラ／約170円）やインド（月129ルピー／約230円）だ。登録できなくても諦めずに、他の国経由で登録を試してみてほしい。

また、使うVPNによっても登録が通るか通らないかも変わってくるので、ある程度は試行錯誤が必要になるかもしれないが、無料プランのある「GhostVPN」や「TunnelBear」などをいくつか試せば、問題なく登録できるだろう。

YouTubeの場合は登録時さえVPNを噛ませれば、その後はVPNを使わず、普通にアクセスができるのでかなりの節約になる。これ自体はかなり昔からあるネタで、俺自身も4年くらいアルゼンチンペソで支払いをしている。「VPNを使って接続場所を偽装してはならない」というような規約が追加される気配もないし、アカウントが止められることもないので、半ば黙認に近いような状況である。

ただし、YouTubeは黙認のような状況が続いているものの、サイトによってはVPNを使っての登録・購入を明確に禁止しているサービスもあるので、試す際には必ず規約を読み込んでほしい。

スマホの賢い買い方

今回は「賢いスマホの買い方」についてだ。一般的には「スマホは携帯ショップで買うもの」というイメージがあるかもしれないが、２０１９年に改正され、現在も整備が続いている電気通信事業法によって「携帯ショップで携帯を買ったほうが安い」という状況はだいぶ減ってきている。

たとえば、Appleの最新機種、iPhone 15Pro 128GB（以後「128GB」は省略する）を例に挙げて解説してみる。Appleで売られているSIMフリー版15Proの定価は15万９８００円。なかなかの値段だが、これをドコモやソフトバンクなどのキャリアで買うと、キャリアの利益分が料金に乗ってApple版よりも高額になる。例えばソフトバンク版15Proは18万５７６０円。機能的には一切差がないにもかかわらず、キャリア版のiPhoneは2万円以上高い価格設定となっている。

「出張」は安売りの隠語

書き下ろし

電気通信事業法の改正前は、端末を買うと「毎月割」や「月々サポート」という名称で通信料金の割引が行われたので、トータルのコストを考えるとキャリアで買ったほうがお得……ということもあったのだが、法改正によって契約のオマケに月々の割引をつけることが難しくなってしまい、キャリアで端末を買うメリットが薄くなってしまったのが現状だ。そこで、このご時世にどうすればスマホをお得に買えるのかをレクチャーしよう。

❶キャリアで買う

「キャリアで買うメリットが薄くなった」という話のあとにいきなり「キャリアで買う」というのはどういうことか、と思うかもしれないが、キャリアの割引自体は今もまだ残っている。現在は割引の上限が4万円までとなっているため、キャリア版の定価からマイナス4万円までは安く買える可能性が残る。

とはいっても、なんでもかんでも4万円割引してくれるわけではなく、4万円引いてくれるのはキャリアが在庫を処分したい端末だったり、あまり人気のない端末だったりするので、目当ての端末が安く買えるという保証はない。「本当に使えればなんでもいい」という人であれば、ショップに行って買ってもいいかもしれないが、満足いくものが買えるかは微妙なところだ。家電量販店の入り口付近には、その日行っている施策をまとめたポップが高確率で置いてあるので、チェックして妥協できる端末だったら買うといいだろう。

また、法改正で禁止されたのはあくまで「契約のオマケに割引をつける」という点なのがポイントだ。「契約のオマケに割引」は禁止されているものの、「端末の定価自体を引き下げる」という行為自体は禁止されていない。

……なんだか一休さんみたいな話ではあるが、月末や決算月などの商戦期には、本気で契約を取りたいショップがこうした手法で実質的に4万円以下の割引をかけることがあるので、狙ってみるのも悪くない。

ただ、なかなかこうした安売りの情報をキャッチするのは難しい。携帯ショップへ行っても、割引をしているかどうかは店内のＰＯＰなどに書かれていないことがほとんどなので、いちいち店頭へ行って確かめるのもかなりの手間だ。

実は、ショッピングモールやスーパーマーケットなどの催事場やイベントスペースで携帯ショップが出張販売を行う際は、販売奨励金という名の予算がおりていて、普段よりも割引販売されていることが多い。近所のスーパーマーケットやショッピングモールへ「携帯ショップの出張販売の予定はありますか」と聞いたり、Ｘで「ドコモショップ（ａｕショップ）出張」などと調べて出張の予定をチェックするという形でリサーチをするといいだろう。まあ、この場合も端末を選ぶことはほぼできないので、「お得なら機種に拘りはない」という人向けになってしまうが。

また最近では、端末を購入せずにＳＩＭカードだけ契約するという契約方法も増えてきており、乗り換え契約の場合は2～3万円程度の商品券やポイントがもらえる場合も多い。これを狙っている端末の原資に充てるのも有効な方法だろう。

❷デモ機を狙う

自分のように中古品でも気にならないという人には、「デモ機」がおすすめだ。これは店頭で展示機として使われていた端末なのだが、販売される際は展示機モードが解除されているので普通に中古端末として使える。デモ機は一般ユーザーから敬遠されがちなこともあるので安く買えることが多く、中古品に抵抗のない人であればかなりの狙い目だと思われる。

例えば、ビックカメラグループの中古スマホ店「じゃんぱら」ではセールの目玉品としてデモ機がよく出品されており、仙台駅東口店のセール時はiPhone12 128GBのデモ機が2万2980円で販売されていた。12の中古品相場は4万円前後なので、非常にお得に買えることになる。バッテリー残量や傷の具合をよく見れば、悪い買い物にはならないだろう。

ただし、デモ機にはひとつ注意点がある。それは「SIMロックの解除ができない」という点で、SIMロック自由化以前に販売されたiPhone12・iPhone SE2以前のデモ機は販売元キャリアのSIMカードしか読むことができない。そのため、ソフトバンク版のデモ機ならソフトバンクのSIMカード、au版ならauのSIMカードしか読み込まないので、取り回しは悪い。逆に言えば、キャリアが合致しているデモ機ならとてもお得に買える。チャレンジしてみる価値はある。

iPhone13・SE3以降の端末に関してはSIMロック自由化以降に販売された端末なので、どのキャリアのSIMでも読み込み、普通の中古端末として運用ができる。そのため「通常の中古品よりもちょっと割安」程度の価格設定になっていることもある。購入前には相場をよくチェックしてほしい。

ちなみに中古市場に出回るデモ機はiPhoneが99％を占めており、Androidのデモ機はほとんど見かけない。

じゃんぱら高崎店のオープニングチラシ。
デモ機が目玉商品で、結構安い

❸中古市場の「未使用品」を狙う

Androidの場合、ほとんどの端末が中古市場で買ったほうが安くなる。これは最初に解説したようなキャリアの安売りで売られた端末が転売されていることも関係しており、iPhoneよりも需要の少ないAndroidは、多少市場に放出されただけで相場が大きく下がる傾向にある。

たとえば、よく安売りの対象になるドコモの「Galaxy A54 5G」の定価は6万9850円。約7万円だが、アマゾンやヤフオクなどでは未使用品の相場は4万5000円前後になっており、キャリアから買うより2万5000円程度安い。もちろん、正規に買ったものではないので保証が受けられないなどのリスクはあるが、そもそも昨今のスマホは滅多に自然故障しない。基本的に壊れる際は保証も何もない自損がメインなので、保証の有無が価格差に見合ったものだとは自分には思えない。

加えて、現在はクロネコヤマトやSBI少額短期保険などが自分の持っている端末を持ち込みで保険加入できるサービスを提供しているため、保証が欲しければ浮いた額でこういったものに入った方がいいと思う。

ちなみにiPhoneの場合は販売店で保証が受けられず、すべてAppleへの持ち込み修理になり、サービスの面では店頭で買うメリットはほとんどない。

また、iPhoneの保証は最初に電源を入れた日（厳密にはAppleIDを入力してインターネットにつないだ日）から保証がカウントされるので、未開封品であれば保証面でのデメリットもないと思っていい。

❹ギフトカードの積み立て

こちらもiPhone限定になってしまうが、コンビニなどで売っているApple Gift Cardはゲームや音楽の課金だけではなく、iPhoneの購入にも使うことができる。

そして、コンビニでは定期的に「購入額の10％分チャージ量を増額」とか「購入額の10％分のSuica残高をプレゼント」というようなキャンペーンを行っている。こうしたキャンペーンは10万円か5万円がプレゼントの上限になることが多いので、こうしたキャンペーンが行われるごとに買いだめしておき、貯まったギフトカードで買えば実質的に10％オフで買えてしまう。

基本的にApple製品は家電量販店で買ってもポイントがつかないか、1％しか付与されないため、こちらの購入方法のほうが賢い。

定期的にこういうキャンペーンがあるので、
やってるときに買い溜めしましょう

おまけとして、先の日付のセール告知も
条件がいいことが多い

★

こういう話を人にすると「面倒くさい」「そこまでするくらいなら、働いて差額を得たほうがマシだ」というリアクションをされることがほとんどだが、そもそも買う場所を変えるだけで4万円、家族で行えば10万円以上も差がつく行為をどうして面倒くさがるのかと思ってしまう。しかも買い替えのたびにお得になっていくのだから、生涯収支でいうとかなりの差がつくと思うので、ぜひ戦ってみて欲しい。

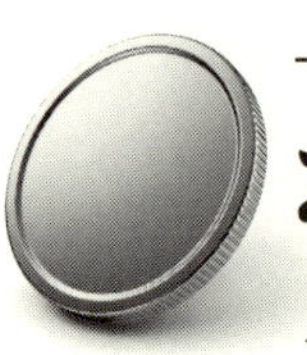

「ポイ活」プランで携帯料金はどこまでお得になるか

ポイントを貯めたり、貯めたポイントを活用してお得に生活することを意味する「ポイ活」という言葉は、本来ポイントや各種施策を活用するユーザー同士の符丁のような言葉だった。企業のスキームの裏を付く方法も多いことから、隠語の方がしっくりくる「後ろめたい行為」でもあったのだ。

しかし、近年ではそうしたニーズが大きいことを察知した企業が、ポイ活を行うユーザー向けの施策を提供することもある。

大手携帯キャリアのａｕが出した「ａｕマネ活プラン」と、ソフトバンクが出した「ペイトク無制限」、そしてドコモのサブブランドであるahamoが出した「ahamoポイ活」は、まさにその最たるものといえる。

どちらもスマホ向けプランに関連サービスでのポイント還元率アップが付帯したもので、うまく使うことでお得になることを示唆した内容が両者の公式ＨＰで告知されている。

しかしながら、元々複雑なスマホのプランに複雑なポイント還元率の施策を合わせているので、非常に難解なものになってしまっているのが現状だ。

特に、「ａｕマネ活プラン」の告知ページ下部にある注意書きはスペース込みで1万６０３７字、３４４行

文字数カウント
テキストボックスに入力された文字数をリアルタイムにカウントします。X（Twitter）投稿やレポート作成など、文字数制限のある文章を作成すると
原稿用紙の枚数も計算できます。
入力した文字はインターネットに一切送信されないため、安心してご利用いただけます。
あった場合、その月は特典加算されません。また、特典が加算されない月があった場合でも12ヵ月経過時点で終了します。
【注意事項】
※本特典の内容につきましては、予告なく変更になることもございますのでご了承ください。
※本特典の対象可否についてご案内はございません。Pontaポイントの加算をもってお知らせとさせていただきます。
※NISA口座の開設には、税務署の審査に通常1～2週間程度のお時間がかかります。お早めのお手続きをおすすめします。
※法人口座のお客さまは本特典の対象外となります。
※不正な手段等が使用されたと判断した場合は、本特典の対象外とさせていただきます。
※au PAY カード決済による投資信託の積立は、毎月1回、1日を指定日（休業日の場合は翌営業日）として設定することができます。
カウント
リセット
リアルタイムにカウントする
原稿用紙表示
文字数
16037
文字
改行を除いた文字数
15747
文字

マネ活プランの注意書き。確実に理解させる気がない。つまり消費者をナメてます

にわたってしまっており、試しにA4で公式サイトを印刷してみると27ページの長さになった。なんだよこれ、普通なら最初から挫折しちゃうじゃん。

というわけで、今回は、ポイ活プランに興味がある人のため、私・山野が難解な3社のプランに向いているのはどんな人か、どれくらいお得なプランなのか、読み解いていこうと思う。果たして、結果やいかに。

au「マネ活プラン5G／4G」
一見「使い放題MAX」の方がお得なようだが

まずはauの「マネ活プラン 5G／4G」から。公式HPでは「ポイント還元率が上がってお得です」という話がアピールされているが、プラン自体はデータ容量が使い放題で月額7238円とシンプルな構成だ。これは既存のデータ容量使い放題プランである「使い放題MAX 5G／4G」と同額で、通信まわりの仕様もこちらと変わらない。

しかし、割引関連の仕様はやや異なっており、「マネ活

プラン」では「使い放題MAX」で適用可能な、家族2人契約で月550円、3人契約で月1100円が割引になる「家族割プラス」が適用できないというデメリットがある。また、au PAYカードで料金を支払った際の月110円割引も適用されない。

「マネ活プラン」で適用できる割引はau系インターネット回線を契約時に適用可能な「auスマートバリュー」の月1100円引きのみ。ただし、au PAYカードの所持・回線とauじぶん銀行口座の紐付け・au PAYカードでの通信費支払いの3条件を満たすと、月に800円がau PAY残高でキャッシュバックされるため、「家族割の代わりに800円割引がある」と考えてもいいだろう。

で……従来の「使い放題MAX」で、スマートバリュー・家族割（3人以上）・au PAYカード支払い割をすべて適用した場合の料金は月4928円となる。

一方で、「マネ活プラン」でスマートバリューとキャッシュバック特典を適用した場合の実質支払いは月5338円（**6138円－au PAY還元800円**）。

理論上の最安価格は350円ほど高くなるが、家族割が適用できない単身者や、2人家族の場合は「マネ活」を一切しなくても少し安くなる。

カードの年会費を差し引いても15000ポイントほどのプラス

では、このプランで一体どのような「マネ活」ができるのか？

このプランには5つの特典があるが、下記に記載したすべての特典適用にはau PAYゴールドカード（以降ゴールドカード。年会費1万1000円）の所持が必要となっている点には注意が必要だ。

❶ゴールドカード所持時、利用料金の20％がPontaポイントで還元（1年間限定）

これはプランの施策告知ページ最上部に記載されている特典で、このプランの目玉施策だと考えられるが、この特典は純粋に「料金の20％ぶんお得だ」とはいえない点に注意する必要がある。

なぜなら、ゴールドカードの所持時は、マネ活プランでなくても利用料金の10％が還元されるからだ。つまり、マネ活プランの特典は「1年限定で、利用料金還元に10％の上乗せ」と言い換えられる。

また、この10％の上乗せ分は月500ポイントが上限になっている。マネ活プランの最安支払い額は月6138円なので、どのみち月に500ポイントまでしか受け取ることはできない。年間にすると6000ポイントだ。

つまり「ゴールドカード所持ユーザーは、1年間のみ6000ポイントが受け取れる」ということになる。

確かに嬉しい特典ではあるが、ゴールドカードの年会費が11000円かかるうえ、特典が1年間で切れてしまうことを考えると、これだけを目当てにゴールドカードに加入してしまうと赤字になる。

❷ゴールドカード決済時の還元率が0・5％上乗せされる

マネ活プランのユーザーは、ゴールドカード決済時に付与されるPontaポイントが0・5％上乗せされ、1・5％還元となる。

しかし、付与上限ポイントは月間250ポイントと低く、5万円の決済で上限に到達してしまうためあまり魅力はない。また、常に「今月はいくらカードで決済したか」を把握しておく必要があるので、精神的な疲弊を招くおそれもある。

❸ゴールドカードから残高チャージしたauPAY利用時、還元ポイントが0・5％上乗せされる

こちらは、QR決済の「au PAY」利用時のポイントアップ施策だ。しかし付与上限ポイントはカード決済よりさらに低く、月間150ポイントが上限となっているため、月3万円の決済で上限に到達してしまう。年会費1万1000円のゴールドカード所有が条件となっていることを考えると、あまり魅力は感じられない。また、カード還元率アップと同様に決済額の把握をする必要がある。

❹ゴールドカード加入時、「auじぶん銀行」の普通預金金利が0・1％優遇される

auじぶん銀行は、au PAYと口座の連携、au PAYカードの引き落とし口座に設定、auカブコム証券との連動を達成すると普通預金金利が通常0・001％のところ、0・2％まで優遇される施策がある。マネ活プランの契約者はこれに加えて金利がプラス0・1％され、普通預金金利が0・3％になる（税引前）。

確かに、普通預金金利が0・3％というのは定期預金にも匹敵するトップクラスの金利の高さだ。しかし年会費11000円のゴールドカード所持が条件であることを考えると、金利だけで年会費を取り戻すには約370万円の預金が必要になる。

金利の高さは確かに魅力的ではあるものの、資産運用先としては投資信託や債券などのライバルも多く、魅力を感じるかどうかはユーザー次第といえるだろう。

❺auカブコム証券のNISA口座・ゴールドカード所持時のポイント還元率が3％に（1年間限定）

こちらは、auカブコム証券のNISA口座所持者限定の施策だ。他の証券会社でNISA口座を所持している場合、口座の乗り換えが必要になる。

一般的に、積立投資時のポイント付与は1%を超えれば高還元率といわれており、積立投資時のポイント付与率が3%になるのは確かに強力ではある。

ただし、この特典は1年間限定のものであり、2年目からは特典ポイントが0・5%に減少し、トータルの還元率は2%となる。

この特典は月5万円の積立までがポイントの付与対象となっており、積立でもらえるポイントは最大で月750ポイント（新NISAスタート後。旧NISAの積立上限は月33333円までのため、これよりも少なくなる）。年間に直すと9000ポイント。2年目以降は還元率が1%下がるため、月500ポイント、年間6000ポイントが上限となる。

このauマネ活プランが難解になってしまっている理由のひとつが、「プランに加入しなくても還元されるポイント」と「プランに加入したことで還元されるポイント」が見出しで合算されてしまっており、「結局、auマネ活プランに加入するといくらお得になるのか」を確認するのが非常に面倒になっている点だ。

前記の❶～❺のうち、預金額が人によって変動してしまう❹の金利に関するものを除外すると、auマネ活プランに加入したことで得られる理論上の最大ポイントは次のようになる。

❶年6000ポイント
❷年30000ポイント（毎月5万円以上のカード利用時）

3年1800ポイント（毎月3万円以上のau PAY利用時）
5年9000ポイント（毎月5万円以上の積立投資時）

合計で、年間に19800ポイントが還元される計算になる。条件となるau PAYゴールドカードの年会費を差し引いても、8800ポイントはお得になる計算だ。ここでは1のゴールドカード所持時にどのプランでも付与される10％ポイント還元を除外しているが、これを含めると年に約26000ポイントの還元となり、カードの年会費を差し引いても15000ポイントほどのプラスになる。

ただし、これは1と5の初年度限定特典が適用された場合の理論値だ。

2年目以降は料金還元ポイントの10％と積立投資時の1・5％は付与されないため、マネ活プランに入ることによって還元される施策の最大値は次の通りとなる。

1年0ポイント
2年3000ポイント
3年1800ポイント
5年3000ポイント

合計すると、7800ポイントとなる。これにゴールドカードの特典である利用料金の10％ポイント還元がつくので、特典をフルに使い倒せば年間トータルで14000ポイントほどの還元が期待できる。なんとかゴールドカードの年会費はペイしたうえで、3000～4000ポイント程度は浮きが出そうだ。

ただし、これは一切の無駄なく還元ポイントを取りきった場合の数値であり、取りこぼしが発生したり、還元ポイントを取るためにムダな買い物をしたりということがほぼ間違いなく起こるので、手放しで「3000円お得になる」とはいえない。

むしろ、これだけ煩雑な決済を行って年3000円しか得にならないのは完全に時間のムダであり、総評すると「入る価値のない、しょうもないプラン」だといえる。

一応、家族割がきかなくても割引の最大値が得られるというメリットはあるので、家族割が適用できない単身世帯の人が「あえてゴールドカードを作らずにマネ活プランに入り、マネ活は一切しない」という裏技的な使い道はあるかもしれない。

ソフトバンク「ペイトク無制限」PayPayの還元率がアップ

一方、ソフトバンクが打ち出した「ペイトク無制限」は、回線と連携したPayPayの還元率がアップするという、比較的シンプルな形態だ。こちらもデータ通信量は使い放題でデータシェアの条件など、通信関連の仕様はソフトバンクの「メリハリ無制限プラス」と変わらない。

ａｕのマネ活プランとは異なり、こちらはベースとなる料金が月額9625円と高額。ただし、3回線以上の家族割（月1210円）とインターネットとの連携である「おうち割光セット（月1100円）」、PayPayカードで支払った際の割引である「PayPayカード割（月187円）」を適用すると月額は7128円となる。

割引が最大適用されたあとも、一般的な使い放題プランより高額だ。

気になる内容は、PayPay決済時のポイント還元率が5％アップするというシンプルな構成。24年の1月20日までに申し込むと、加入から3か月は還元率が15％にアップする施策がとられているが、どちらの場合も上限は4000ポイントだ。

つまり、最大まで還元を享受した場合は **7128円－4000ポイント** の実質3128円で使い放題プランが運用できることになる。

5％の還元率で4000ポイントを得るためには、月に8万円の決済が必要だ。年間では96万円になるが、PayPayの加盟店の多さを考えると、こちらはまだ達成できる人もいるのではないかと思う。

PayPayは下段タブの「ウォレット」から「取引履歴」に飛び、右上のグラフマークをタップすることで、毎月の決済額を確認できる。家族割とおうち割が適用できる人で、毎

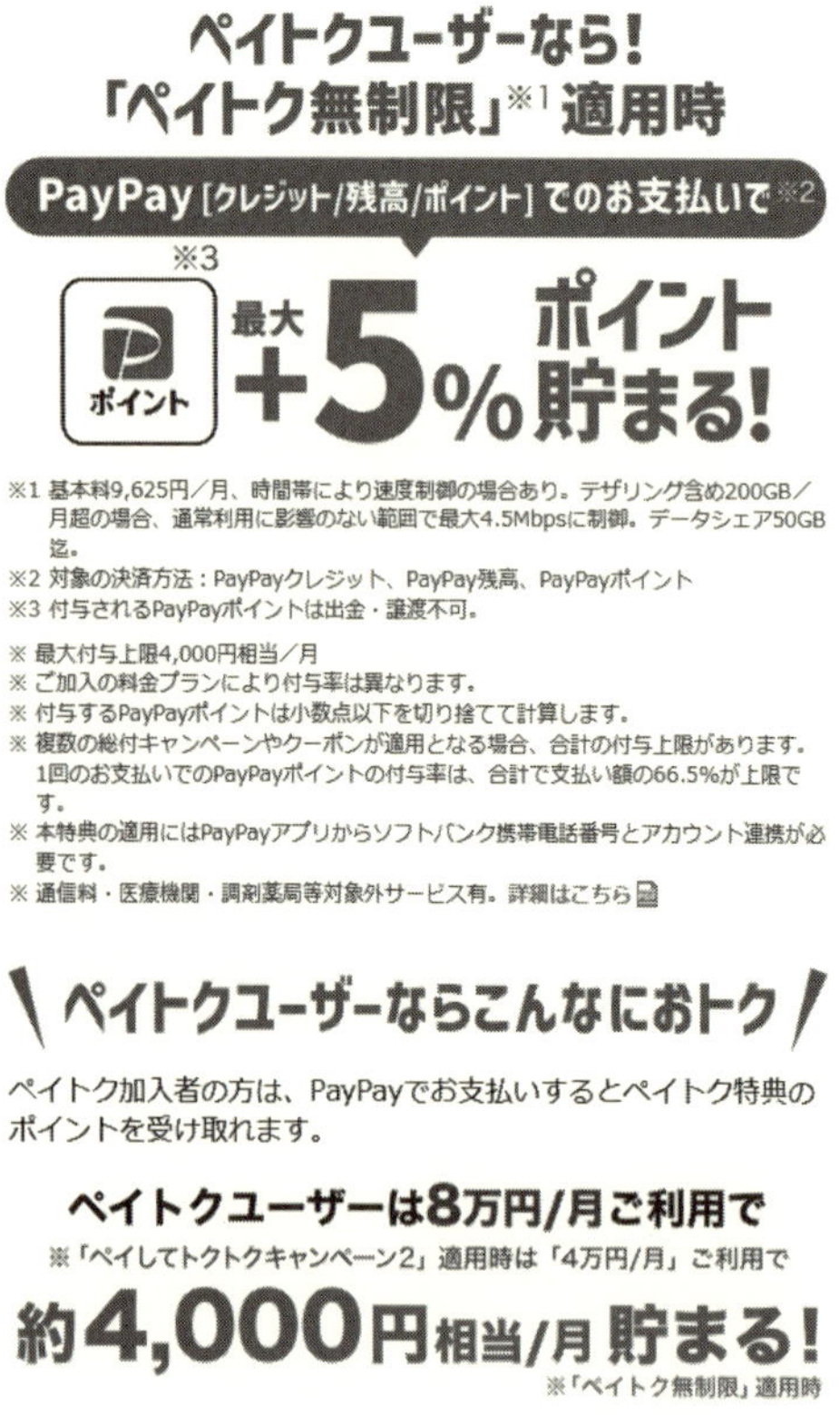
ペイトクユーザーなら！
「ペイトク無制限」※1 適用時
PayPay [クレジット/残高/ポイント] でのお支払いで ※2
※3
ポイント
最大 +5% ポイント貯まる！
※1 基本料9,625円／月、時間帯により速度制御の場合あり。テザリング含め200GB／月超の場合、通常利用に影響のない範囲で最大4.5Mbpsに制御。データシェア50GB迄。
※2 対象の決済方法：PayPayクレジット、PayPay残高、PayPayポイント
※3 付与されるPayPayポイントは出金・譲渡不可。
※ 最大付与上限4,000円相当／月
※ ご加入の料金プランにより付与率は異なります。
※ 付与するPayPayポイントは小数点以下を切り捨てて計算します。
※ 複数の総付キャンペーンやクーポンが適用となる場合、合計の付与上限があります。1回のお支払いでのPayPayポイントの付与率は、合計で支払い額の66.5%が上限です。
※ 本特典の適用にはPayPayアプリからソフトバンク携帯電話番号とアカウント連携が必要です。
※ 通信料・医療機関・調剤薬局等対象外サービス有。詳細はこちら
ペイトクユーザーならこんなにおトク
ペイトク加入者の方は、PayPayでお支払いするとペイトク特典のポイントを受け取れます。
ペイトクユーザーは8万円/月ご利用で
※「ペイしてトクトクキャンペーン2」適用時は「4万円/月」ご利用で
約4,000円相当/月 貯まる！
※「ペイトク無制限」適用時

昔はソフトバンクが一番ナメてたのに、今は一番良心的。
時代は変わったなと感じる

月4～5万円をPayPayで決済しているようなら加入するのも悪くない選択肢だろう。家族割とおうち割が適用できる状況なら、月4万円の決済で「メリハリ無制限プラス」の料金とほぼイーブンになる。

契約をした場合、スーパーやコンビニの買い物をPayPayに集中させるのはもちろんのこと、最近では大手通販のアマゾンでもPayPayが利用可能になったため、こちらもPayPayに切り替えよう。ただし、契約前に毎月の支出をチェックし、「すべてPayPayに置き換えて6～8万円を達成できるか？」をシミュレートしよう。決済額を増やすために無理やり決済をしてしまえば、それは無駄遣いになってしまうのだから。

また、ペイトク無制限でのポイントアップは、携帯料金の支払いや病院の代金、税金の支払いや金券類などでは適用されない点にも気を付けよう。

仮に毎月8万円の決済ができるのであれば、メリハリ無制限プラスに比べて毎月1800円お得になり、年間では2万1600円の差がつく。こちらはマネ活プランとは違い、利用状況によっては料金を大きく下げられる可能性があるため、まだ良心的な範囲だといえるだろう。

NTTドコモ「ahamoポイ活」
ポイント還元率を3％上げるために

そして、ポイ活系プラン最後発の「ahamoポイ活」についても触れていく。

このプランは月に100GBが使えるahamo大盛りプランの4950円に2200円を追加することで、d払いの還元率が＋3％されるプランとなっている。ポイントの付与上限は月4000Pだ。

「2200円の追加で最大4000ポイントが付与される」という1行で分かる通り、差し引きで浮くのはマックスで１８００円だ。毎月ポイントを最大限回収すると実質３０００円で１００ＧＢのプランが使えることになるので、最大適用できるなら悪くはないのだが……還元率のアップ幅が３％しかないのが問題だ。ソフトバンクの「ペイトク無制限」は５％の還元率アップだったので、かなり使い勝手が悪い。

追加料金の２２００円を回収するためには、少なくとも毎月６万６６６６円を決済して初めてトントンになる。付与上限の４０００ポイントを取るためには、実に13万３３３３円の決済が必要になる。PayPayよりも加盟店数や使い勝手に大きく劣っているｄ払いを毎月ヘヴィーに使わないといけないのは、相当に厳しい道のりになるだろう。

結論としては「ポイント還元率を３％上げるために２２００円払わないといけないクソしょうもないプラン」といえるだろう。

このプランを契約してもいいのは、自身で商売などをやっており仕入れ先がｄ払いに対応している経営者か、転売屋くらいのものだろう。それ以外の人は「毎月３０００円で１００ＧＢが使えるかも」と思って契約

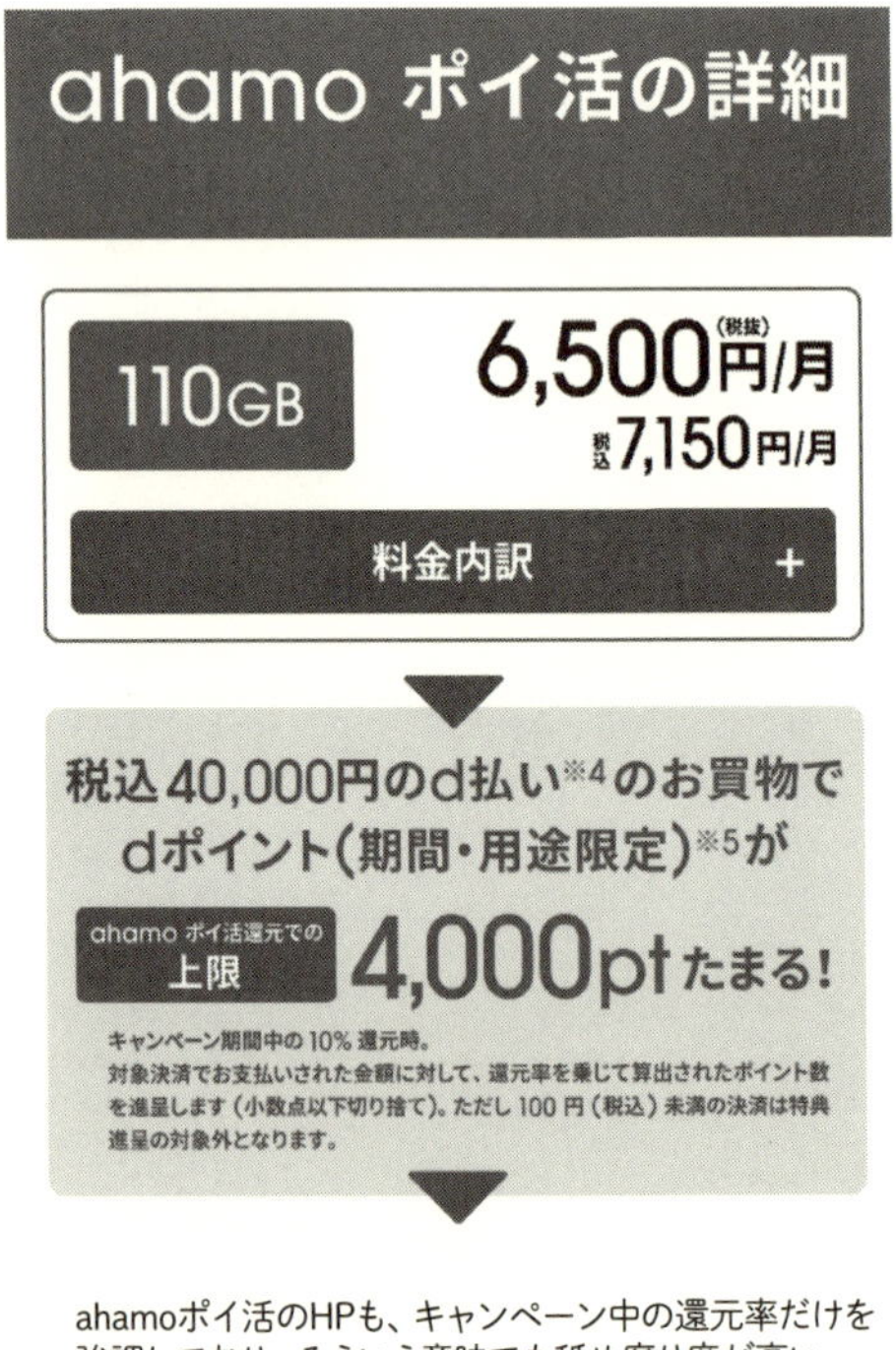

ahamoポイ活のHPも、キャンペーン中の還元率だけを強調しており、そういう意味でも舐め腐り度が高い

してしまうと、思ったよりも決済額がいかないか、ポイントを回収するために必要のないものを買ってしまう羽目になるだろう。

この「ahamoポイ活」は、驚くことにソフトバンクのペイトク無制限より後にリリースされたプランだ。後出しで圧倒的に条件が悪いプランを出してくる面の皮の厚さには呆れるほかないが、それでも一定数の契約が見込めるからこうしたプランが出されるのだろう。これは言ってしまえば「クソみたいなプランでも消費者は契約する」と消費者をナメているからで、実際に「携帯のプランはややこしいから、注意書きや詳細を全部読まない」「店員さんがウソをつくわけない（確かにウソはつかないが、都合の悪いことを言ってくれるわけではない）」と考えてしまう消費者がいるからこそ、こうした舐め腐ったプランが出されている。

こうした現状を変えるには、詳細や注意書き、約款をよく読み、このようなクソプランを契約しないようにするしかない。「舐め腐ったプランを出しても誰も契約してくれない」ということが知れ渡れば、こうしたクソプランも減っていくことだろう。

★

使い放題プランの出現以降、ずっと横並びだった携帯プランが「ペイトク無制限」の登場によって崩れ、キャリア同士の競争が活性化しそうな点は喜ばしく感じる。しかしながら、しっかりとプランを解剖してみると、そこまでお得ではないマネ活プランのようなプランが今後も登場する可能性は否定できない。自分がミイラにならないためには、面倒だと感じる部分を直視し、契約前にしっかりとシミュレーションするほかない。戦えよ！

金を使わずにVIP会員になる

「裏モノJAPAN」2023年8月号掲載

世の中のサービスには、「上級会員」というものがある。

飛行機で優先搭乗ができたり、百貨店で担当がついたりするのが上級会員の代表的なサービスだ。優先搭乗なんかは正直どうでもいいが、百貨店の担当は限定品の手配なんかをしてくれるのでけっこう羨ましい。

もちろん上級会員というのはそれなりに金を落としてくれるお得意様に限られている。当たり前の話だが、たいして使ってくれないやつを優遇する会社はない。

金は使いたくない。しかし上級会員になって優遇されたい。この相反する2つの悩みを同時に解決する方法を今回は考えていく。

年に400万円ならなんとかなると思える

マリオットホテル

「リッツカールトン」などの高級ホテルを擁するマリオットグループは、自社ブランドのカード「Marriott

Bonvoy アメリカン・エキスプレス・プレミアム・カード」を持っているとゴールド会員の権利が与えられる。ただしゴールドは最上級会員ではない。一番上は「チタン」で、その下が「プラチナ」、もうひとつ下が「ゴールド」だ。

　プラチナとゴールドの間には冷たく深い河が流れており、ゴールドだと宿泊しても朝食が付いてこないがプラチナは無料提供（正規料金だと3～5千円程度もする）。さらにプラチナなら、ウェルカムドリンクやサンドイッチみたいな軽食も無料で振る舞われる。

　そしてチェックアウトが16時と大幅に遅くなったり、ラウンジで酒やつまみが飲み放題、食べ放題に。つまりプラチナになれば、それなりにＶＩＰな扱いをしてもらえるわけだ。

　これ、もし正攻法でゴールドからプラチナになるためには、年間50泊の宿泊が必要になる。マリオットはそれなりの値段がするグループなので、50泊すべてを宿泊費が安い「シェラトン函館」「モクシー錦糸町」あたりで埋めたとしても、70万くらいは必要になる。かなりの出張族とかじゃないと達成するのは厳しそうだ。

　しかし一つ方法がある。ある条件を満たすとその時点からプラチナ会員資格が与えられるのだ。

　その条件は、「年に４００万円以上の決済」だ。

　一見すると厳しいが、前からこの連載を読んでくれている人であれば、こ

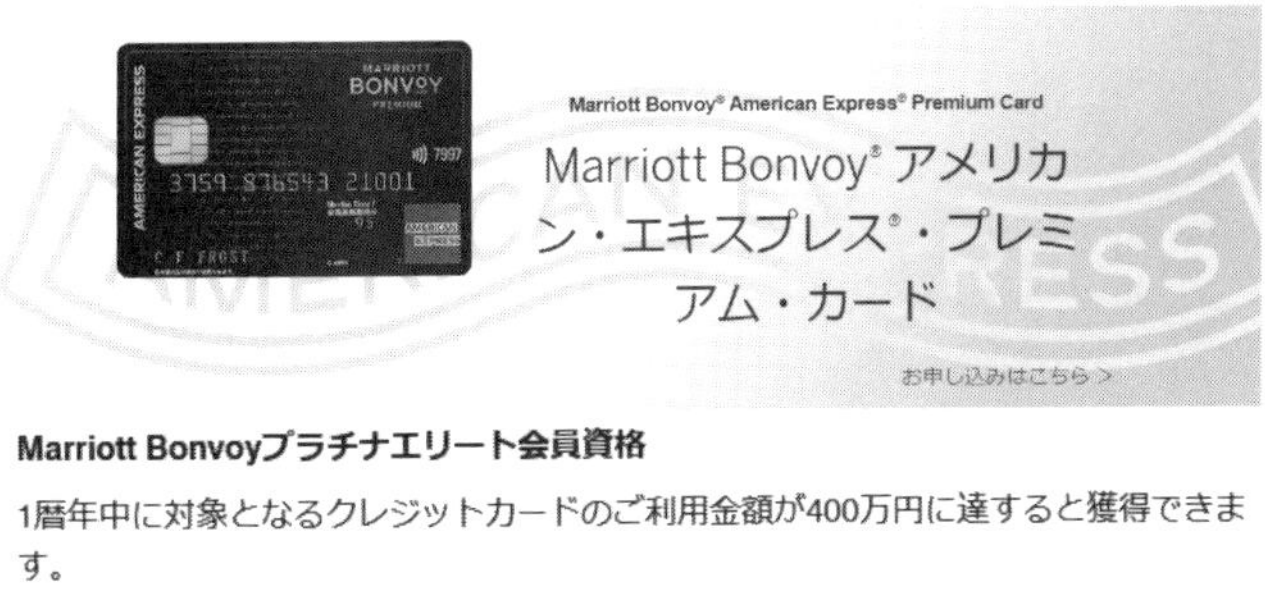
Marriott Bonvoy® American Express® Premium Card
Marriott Bonvoy® アメリカン・エキスプレス®・プレミアム・カード
お申し込みはこちら >
Marriott Bonvoyプラチナエリート会員資格
1暦年中に対象となるクレジットカードのご利用金額が400万円に達すると獲得できます。

400万でプラチナに

っちは「まだなんとかなる」と思えるのではないか。

例えば現在、「iPhone 14Pro」の２５６ＧＢは、定価16万４８００円に対し買取が16万円。つまりレートは97％。家電屋で買えば１％のポイントがつくので実質的には98％だと言える。

マリオットのカードで25台４００万円分を買ってそのまま売れば、８万のロスで晴れてプラチナ会員だ。

それに、このカードは高い年会費を取るだけあって還元率が良い。マイルに換える際の還元率は１・８７５％なので、４００万使えば実に７万５千マイルになる。ほぼトントンと言えるだろう。

まあ、換金レートがさらによくなるアイフォン15の発売まで待ってもいいかもしれないが。一度ＶＩＰ気分を味わいたい人は、頑張ってアイフォンを買いまくってもいいかもしれない。こんなことやっているやつがプラチナ会員にふさわしいかと言われると、かなり微妙だが。

ちなみに、最上位ランクの「チタン」は75泊以上でなれるが、こちらはマジの金持ちになるしかない。

iPhone 14 Pro 256GB
[MQ0Q3J/A, MQ173J/A, MQ0Y3J/A, MQ1E3J/A]
公式サイト
参考販売価格は￥164,800です。
最高買取価格は￥160,000です。

定期的にこういうのやるので、
やってるときに買い溜めしましょう

4万円で1年間24時間駐車場停め放題

ドン・キホーテ

あの安売り店、ドン・キホーテにも実は会員制度がある。自社の会員証「majica」を出して年間に２００万円以上買い物をすると、プラチナ会員になれるのだ。

プラチナ会員になると、買い物で何を買ってもポイントが5％還元され、駐車場代が無料となる特典がついてくる。5％のポイントは買い物中毒者や転売屋からするとかなり強力だし、駐車場は24時間無料なので、歌舞伎町や銀座、六本木なんかに車で行く人であれば、バカにならないお得さである。

あと、店に行くたびにお土産ももらえるが……これはしょうもないものも多いのでオマケ程度でしかない。1回分の試供品シャンプーを1袋だけ渡されたり、ポリ袋に入った雑巾を渡されたり。

で、ドン・キホーテで200万円を効率的に使うには、どうしたらいいのか。

残念ながらiPhoneは買えそうにないし、スイッチは在庫がほぼない。

突破口は、サービスカウンターで売っている商品券にある。実はドンキはJCB商品券やおこめ券などの金券類も扱っており、この会計時でも会員証が提示できる（ポイントはさすがにつかない）。

なので200万円分商品券を買って金券屋にシュートすれば、秒速でプラチナ会員になれるのだ。JCB商品券だと買取は98％くらいだから、4万円の赤字になる計算だが、駐車場1年間24時

ランク別ポイント付与率について

会員ランク種別は、［一般］［ブロンズ］［シルバー］［ゴールド］［プラチナ］の5段階です。

ランク種別	プラチナ ★★★★★	ゴールド ★★★★★	シルバー ★★★★★	ブロンズ ★★★★★	一般 ★★★★★
1年間のお買い物累計金額	???万円以上	100万円以上	50万円以上	20万円以上	20万円未満
お買い物時ポイント	5%（1%+ランク特典4%）	3%（1%+ランク特典2%）	2%（1%+ランク特典1%）	1%	1%
税込1,000円お買い物時のポイント数	50P（10P+ランク特典40P）	30P（10P+ランク特典20P）	20P（10P+ランク特典10P）	10P	10P

ドンキにもプラチナが

◀ 戻る　No : 2451　公開日時 : 2022/08/04 09:17　更新日時 : 2022/12/07 14:15

Q 商品券・ギフトカードは販売していますか？

カテゴリー : ドン・キホーテ > サービスについて

A 回答

はい、一部店舗で販売しております。
ご利用店舗にご確認のうえ、サービスカウンター、ブランドレジにてお買い求めください。

どこで売ってんだよ！

間停め放題の権利と比較して、利があるならやってみるのもいい。

ただ、商品券の取扱い店舗はとても少ないうえに、ＨＰにも書かれていない。そのうえ、店員によって対応がまったく違う。

同じ店舗でも「商品券は売っていない」「売っているが、会員証は提示できない」「売っているし、会員証は提示できる」「売っているし、会員証は提示できるが、10万円以上は買えない」「わからないので、わかる人がいるときにまた来てくれ」と、聞くたびに違う答えが返ってくるので血圧が上がること必至だ。

ちなみに、ビール券を売っている店舗もどこかにあるらしい。ビール券は換金率が99・9％の超優良銘柄なので、あれば即買いだ。

初年度でやめて出戻りを狙う

プラチナカードのコンシェルジュ

俺はクレジットカードが好きなのだが、面白いのがコンシェルジュ付きのプラチナカードだ。

コンシェルジュは24時間対応で、電話で可能な限りの要望をかなえてくれる。たとえばこんな感じだ。

「タバコを吸う女性とデートの予定があるのだが、●●駅付近でタバコが吸えるレストランを教えてくれ」

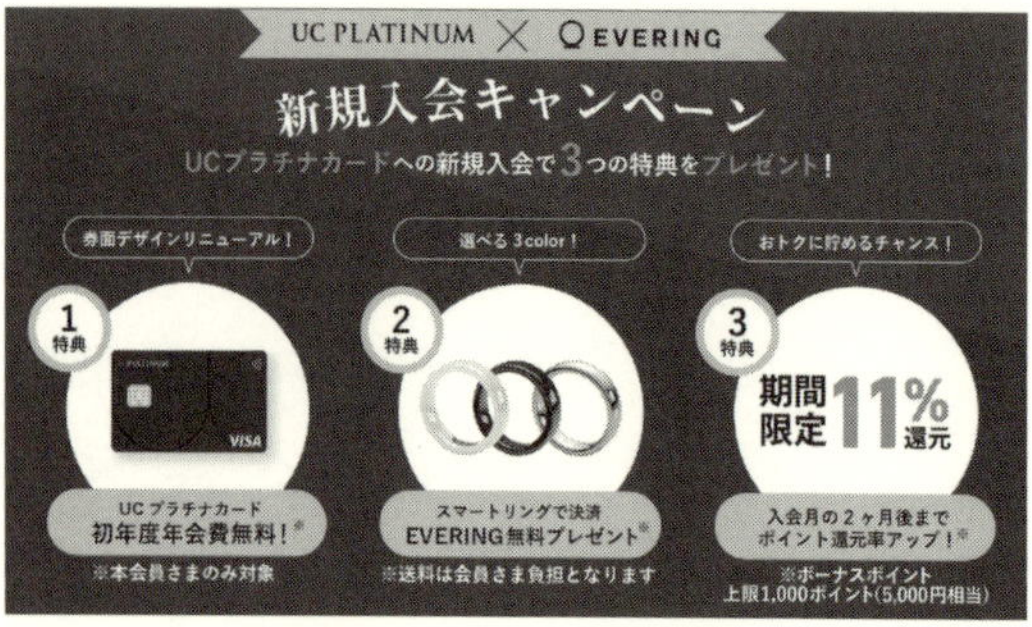

UCプラチナは年会費無料キャンペーンをよくやってる

「来月発売になる、限定のGショックはどこで予約を受け付けているのか教えてほしい」

「急に帰れなくなってしまった。今から●●周辺で泊まれるホテルを手配してほしい」

「50才の上司に喜ばれそうなプレゼントを教えてほしい」

これくらいの質問なら、調べて回答してくれる。つまり軽い秘書のようなサービスだ。もちろん要望には限度があり「ニンテンドースイッチを100台買いたい」とか「ロレックスの一番貴重なモデルが欲しい」とかの無理難題を言うと断られる。魔法のランプではない。

こうしたコンシェルジュがついていれば、日常生活においてもVIP気分が味わえるので人生に張りが出るのではないか。

そして、**セゾンプラチナアメックス**、**UCプラチナカード**のコンシェルジュ付きカードは、初年度の年会費が無料だ（UCはキャンペーン時に限るが、頻繁にやっている）。

なので、初年度でやめればタダでコンシェルジュを使えることになる。

たいていのクレジットカードは解約後に数年経てば「出戻り」が許されるため、この2枚を1年ずつ交代で使って、どこかのプラチナカードが年会費無料キャンペーンをやればそれで時間を稼ぎ、2〜3年したらまたセゾンプラチナとUCに出戻る…と上手く乗りこなせば、コンシェルジュを無料で使い倒せる。

…まあ、こんなことするやつの要望を聞かないといけないコンシェルジュはかなり気の毒だが。

ガソリンの少ない車に給油しまくれば

タイムズカーシェア

タイムズカーシェアはステージ1からステージ4までの会員ランクがあり、最上位のステージ4になるとアルファードやセレナのような高級クラスのワゴン車が、正規料金の半額で借りられる。15分440円が220円になるのだ。

そのうえ6時間以上の利用で毎回無条件の千円引きが入り、毎月60分までは車の利用が無料になる。

しかしステージ4になるにはキツい条件があり、累計の走行距離が2000km以上であることと、直近1年でカーシェアポイントと呼ばれる独自のポイントを500ポイント貯める必要がある。

累計走行距離は、まあ走ればいいだけなので特に問題はないが、カーシェアポイントというのがネックだ。

これは「それまでどのくらいカーシェアを使ったか」という指標のようなものだ。正攻法で貯める場合、無事故で100km走るごとに10ポイントしか貯まらないので、5000kmの走行が必要になる。これは普通にしんどい。

効率よくポイントを貯める方法を考えよう。

タイムズカーシェアでは給油をすると3ポイントが付与され、お礼に30分無料がつく。

カーシェアはレンタカー屋のように誰かが常時管理をしていないので、客がガソリンを給油しないといけない。もちろんガソリン代は会社の負担（車内に専用のカードが置いてある）だが、面倒事をやってくれた見返りにポイントをあげるということだろう。

ならばガソリンのない車を狙って給油しまくればどうか。

20L以上の給油でポイントがつくので、ガソリン残量がカラに近い車があったら20Lだけ入れていったん返し、もう一回借りて20L入れる…を繰り返し、30分以内に返却するのだ。これならタダでポイントが増えることになる。

そこにプラスして「エコドライブ」によるポイント、

『3km以上走った際に、3秒間で時速25km以上の加速をしなければ3ポイント追加』

さらにアンケートのポイント、

『車内はキレイだったかというアンケートメールに答えると1ポイント追加』

を追加すれば7ポイントだ。つまり動き方は、

「ガソリンの少ない車を探して給油し、急加速せずに3kmだけ走り、30分以内に返し、アンケートメールに回答」

となる。

これを数十回やれば、250ポイントくらいは手に入るので、あとは2000kmを達成するために粛々と走るうちに、正攻法のポイントが貯まり合計500ポイントに達する。

これを実現させるにはハイペースでガソリンの入っていない車を探して給油しなければならない。残念ながらカーシェアアプリからガソリン残量は見えないので、繁華街でひたすら巡回する必要があるだろう。

こうしてステージ4になっても、翌年も同じポイントを獲得しないといけないので、ヘビーユーザー以外は維持が大変そうだ。しかしなぜかチャレンジ精神が

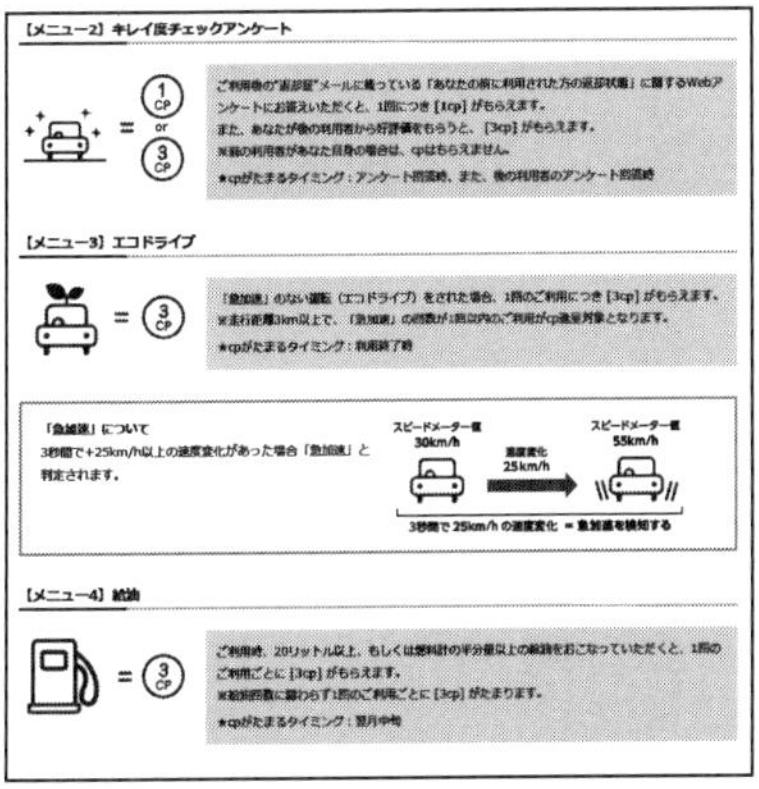

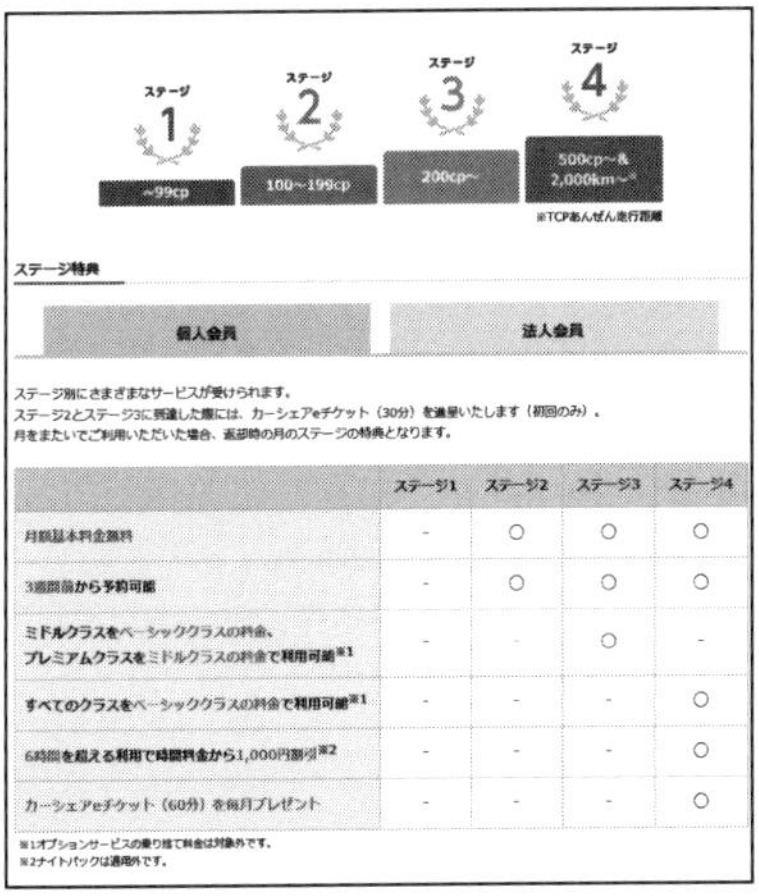

	ステージ1	ステージ2	ステージ3	ステージ4
月額基本料金無料	-	○	○	○
3週間前から予約可能	-	○	○	○
ミドルクラスをベーシッククラスの料金、プレミアムクラスをミドルクラスの料金で利用可能※1	-	-	○	-
すべてのクラスをベーシッククラスの料金で利用可能※1	-	-	-	○
6時間を超える利用で時間料金から1,000円割引※2	-	-	-	○
カーシェアeチケット（60分）を毎月プレゼント	-	-	-	○

給油とアンケートをこなしまくれ

刺激される条件ではある。

こうして見てみると、安上がりにＶＩＰになるには、ものすごい面倒なことをこなすか、人間の尊厳を捨てるような行為をする必要があるらしい。

そんなやつがＶＩＰと呼ばれるにふさわしいかどうか…。それはさておき、人生一度はＶＩＰになってみてもいいんじゃないだろうか。

★

それから

誰でもなれる上級会員は、サービス水準が低下しがち

当たり前の話として「誰でもなれる上級会員は、サービス水準が低下しがち」という問題がある。

たとえば、イオンでは自社のゴールドカードか、株主に配布されるオーナーズカードを持っていると、イオン内にあるラウンジが使えるようになる。このサービスが始まった当初は自由に出入りが可能で、イオンの提供するコーヒーやお菓子を食べながらくつろぐことができた。休日のイオンはとにかく人が多いため、それなりに使えるサービスだった。

しかし利用者が増えすぎた結果、ゴールドカードでの入場には年間の利用額が１００万円以上という条件がつき、ラウンジ利用にも「月に5回まで」「利用は30分まで」「事前に予約が必要」「お菓子サービス廃止」という、とても微妙な内容になってしまった。そのうえラウンジ内に「ミルクやティーバッグのお持ち帰りはやめてください」「ラウンジの利用は１日１回までにしてください」というような、しみったれた注意書きがつ

くようになったせいで「ラウンジ」とはかけ離れた雰囲気になってしまっている。おそらく、根こそぎお菓子を持ち帰ったり、1日中居座ったりする人のせいでこうなってしまったのだろう。

以前はマリオットも自社カードを持っているだけで現在のプラチナ相当のステータスが付与されていたのだが、これのせいでニワカプラチナが爆増したのか、現状のような制度に落ち着いている。

年間400万円というのはいい落としどころと思いきや、それでもプラチナ会員は過剰気味なようで、那覇や琵琶湖のようなリゾート地のマリオットへ行くとラウンジはタダ酒を求める人でいっぱいだし、レイトチェックアウトも繁忙期は断られることが多い。会員制度が崩壊するほどではないにせよ、数年でテコ入れが入りそうな気もするので、いけそうなバランスの制度を見つけた場合は早めにチャレンジしてみたほうがいいだろう。


今回紹介した制度は基本的に1年ごとに会員ランクの昇降格が発生するのだが、航空会社のステータスのように降格がないサービス（指定のクレジットカードを発行すればずっと上級会員が保持できる）の場合は、チャンスがあったときに即動くことが重要だ。

たとえば、ANAでは「PP」と呼ばれるポイントを規定量貯めると上級会員の「スーパーフライヤーズ」となり、スーパーフライヤーズだけが申し込めるクレカを作ることで半永久的にスーパーフライヤーズでいられるようになる。このPPは基本的に現金で飛行機に搭乗した際しかつかないため、最短でスーパーフライヤーズになるにはPPを効率よく得られる羽田―那覇を17往復する必要があった。

しかし、コロナ禍の真っ最中は獲得PPが倍になる施策を行っていたため、8〜9往復でスーパーフライヤーズまで到達できた。スーパーフライヤーズは1回取ればずっと資格が維持できるので、なかなかのチャンスだったことになる。

企業にはとりあえず不満を言ってみよう

「裏モノJAPAN」2023年2月号掲載

5年ほど前に、ドコモでパケット定額を契約していないのに、スマホで思いっきり通信してしまい、パケット利用料が800万円になったことがあった（当時はパケット通信料金に天井がなかった）。

当然払えるはずもない。そこでドコモに泣きついたら「今回だけですよ」ということで、パケット定額を後から適用してもらい、めでたく800万が6千円かそこらになったことがあった。

契約時にプランの説明がなされ、サインもしている以上、悪いのはこっちだ。なので裁判になったら「800万払いなさい」と言われてもおかしくなかったのだが、泣きついたことで温情措置をとってもらえたのだ。

これは極端な例としても、企業によってはとりあえず言ってみることで何らかの救済措置を引き出せたり、追加のサービスを受けられたりする。

そこで今回は、この「とりあえず言ってみたり、やってみたりすると得になるかもしれないこと」について書いていきたい。

携帯電話――解約をするときは電話のほうが得になる

最近は携帯に関するいろんな事務手続きがネットで完結するようになり、だいぶ便利になった。解約ですらショップに行かなくて済むのだから、本当にありがたい。月末最終日の携帯ショップは3時間以上待たされることもあるので、オンライン手続き様様といえる。

しかしながら、解約をするときはオンライン手続きではなく、電話のほうが得になる場合がある。

基本的に携帯を解約するときは、今使っている回線を他社に乗り換える、いわゆるMNPのために手続きすることが多いと思う。これは携帯会社の視点で考えると、「自社の契約が1つ減って、ライバル会社の契約が1増える」という、かなり痛い行為だ。

そのため、どの会社も「他社に移られないこと」を重要視しており、料金の確認なんかの手続きは電話をかけても自動音声で済まされるのだが、MNPの際は必ず係員との通話になり、「考え直してくれませんか」という引き留めが入る。

このとき解約する理由を聞かれるのだが、

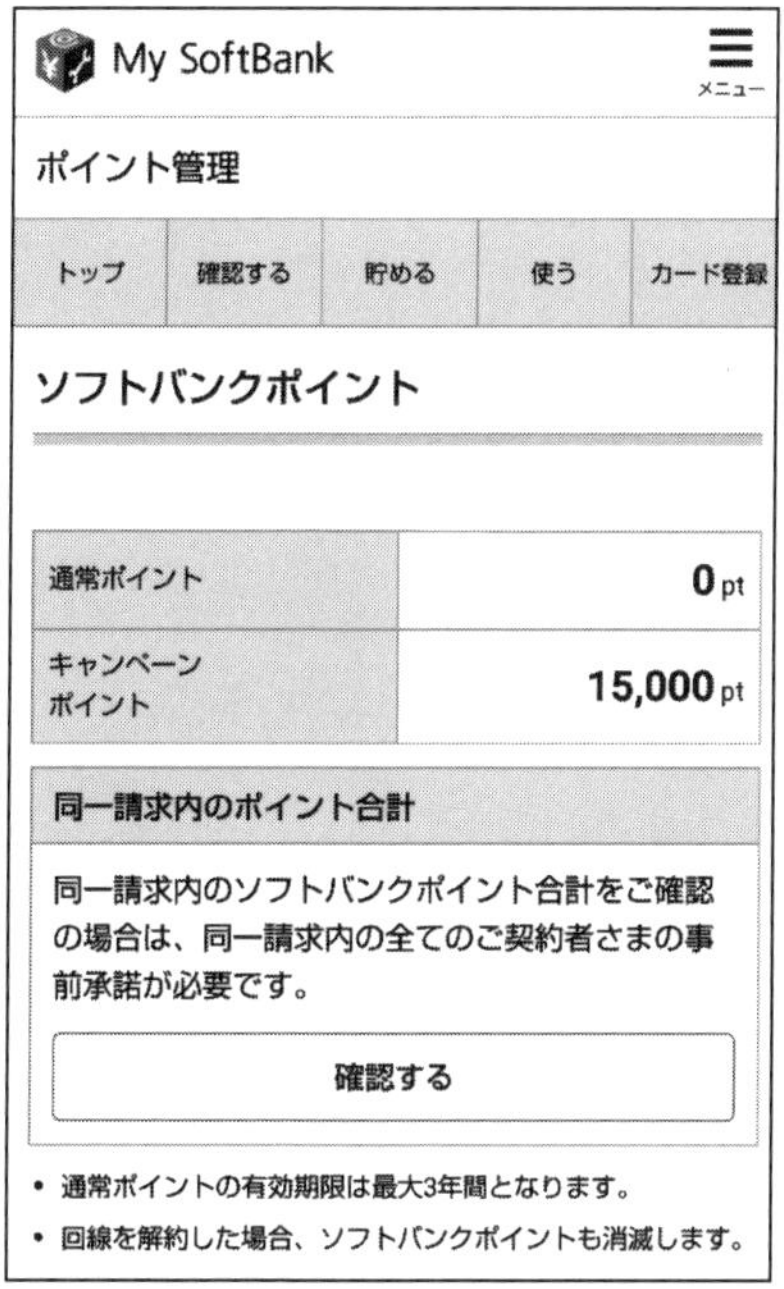
My SoftBank
メニュー
ポイント管理
トップ
確認する
貯める
使う
カード登録
ソフトバンクポイント
通常ポイント
0pt
キャンペーンポイント
15,000pt
同一請求内のポイント合計
同一請求内のソフトバンクポイント合計をご確認の場合は、同一請求内の全てのご契約者さまの事前承諾が必要です。
確認する
通常ポイントの有効期限は最大3年間となります。
回線を解約した場合、ソフトバンクポイントも消滅します。
電話をかけて引き留め対象になると
こういうのが来ます

「機種が高いから、割引の入るMNP契約のために他社へ行くつもりだ」と答えると、機種変更に使えるポイントやクーポンがもらえる場合がある。要は「端末を安くするから、考え直してくださいよ」というわけだ。

法律で引き止めに出していい割引は1万5千円までと決まっているので、1万5千円値引きの提案が出たらそこで大人しく引き下がったほうがいいだろう。

ただし、割引を出すか出さないかは時期やタイミング、契約期間が関係してくるようで、契約数が足りていそうな時期にかけたりすると「特に割引はないですね」と言われたりもする。

契約期間も、半年しか経っていない回線で割引がつくのに、5年超えの回線でつかないことがあったりして、ハッキリしない部分も多いので、ダメ元でチャレンジしてみよう。

また、ソフトバンクの場合は解約案内のページを開いたり閉じたりしていると、いきなりクーポンのメールが来ることもあるようだ。

まあ、もともと携帯キャリアのiPhoneは、アップルの定価よりも1万5千円以上高い値段が付けられているので、「お得」とまでは言えないのだが。

こうした引き留め割引は、携帯ショップが独自に行っている割引と重複適用できるので、併用で0円になることもある。もらっておくに越したことはない。

クレジットカード――電話1本で4万円以上儲かったことになる

マリオット・ボンヴォイ・アメックスプラチナカードというクレジットカードがある。

これはマリオットという高級ホテル系列のカードで、持っていると無条件でマリオットホテルのゴールド会員権が付与される強力なカードだ。ポイント還元率も1・5%と高い。

　年会費は3万円だが、マリオットの無料宿泊券がついてくるので、実質的にはそこまで高くないのも魅力だ。

　……ったのだが、やはり3万円の特典にしては気前がよすぎたためか、今年度から年会費が5万円に上げられてしまった。そのうえ、無料宿泊券では1泊3万円以上のホテルがとれないようになり、かなり魅力が薄れてしまった。

　なので解約しようと電話をかけたところ、やはり理由を聞かれたので、今書いたようなことをツラツラ話したのだが……やはり、携帯と同じように「年会費は据え置きでいいので、今年1年使ってみて考えてくれないか」と言われ、年会費が据え置きになった。

　さらに、なぜか1万ポイントもらえたうえ、ホテルの1万円引き券までもらってしまった。

　何も申し出なければ自動的に更新が入り、5万円持っていかれていたことを考えると、電話1本で4万円以上儲かったことになる。もちろん来年も電話するつもりだ。

　過去には、年会費3万円のアメックスゴールドで「このサービスで3万円だと値段に見合っていないから解約する」と電話したところ、やはり「来年の年会費は無料にするから、解約は考え直してほしい」と言われて

Marriott Bonvoy® アメリカン・エキスプレス®・プレミアム・カード

年会費49,500円（税込）
家族カード1枚無料／2枚目以降24,750円（税込）
※お申し込みには事前にMarriott Bonvoy会員番号が必要です。

最高峰の世界を思いのままに

<カードの特長>

- **毎年のカードご継続と条件達成でカード年会費以上のお部屋に無料で泊まることも可能な無料宿泊特典プレゼント**
- **ご入会と同時にMarriott Bonvoy「ゴールドエリート」会員資格を自動的に付与**
- **家族カード1枚目無料で無料宿泊特典獲得プログラム条件達成の近道に**

さすがに高いので来年据え置きにしてくれなかったら解約します

年会費が無料になったこともある。

アマゾン――低評価に対して金を使ってまで工作を

アマゾンでモバイルバッテリーやイヤホンを検索すると、よくわからない中華メーカーがけっこう引っかかる。中には普通に使える商品もあるっちゃあるのだが、たいていサクラのレビューが入っているので、使える商品を買う前に判別するのはかなり難しい。

こういう状況なので、普通にハズレを買ってしまうこともままある。よくあるのがバッテリーなんかで新規格の「Type-C対応」と書かれているのに、Type-Cに対応しているのは出力だけで、バッテリーそのものを充電するときには旧規格じゃないとダメみたいな、説明不足でガッカリするパターンだ。

こんなハズレを掴まされたときは、俺は率直にその旨をレビューに書いて星1とか星2をつけるのだが、するとメッセージが飛んでくることがある。

メッセージの内容は「レビューを消してくれ」というものなのだが、ほぼ間違いなく「レビューを消してくれたら商品代金はタダにするから」「レビューを消してくれたら1万円分のアマゾンギフトをあげるから」みたいに、やたら好条件の交換条件を持ちかけてくる。

> お客様
>
> いつもお世話になっております、[redacted]お客様サービスセンター[redacted]と申します。
>
> まずは、弊社の[redacted]ご購入いただき、誠にありがとうございました。
>
> 弊社は商品を出荷する前に念入りに検査しておりますが、万一、運送などで商品に不具合がある場合，お気軽に問題写真をこのメールアドレスに送って弊社へ連絡してください。
>
> 品質上の問題に対して、無条件に交換・返品をできます。
>
> お忙しいところに勝手に連絡して申し訳ございません、これからもよろしくお願いいたします。
>
> もしレビューを取り消すのであれば、我々からアマゾンギフト券をプレゼントさせていただきますので、いつでも弊社へ連絡してください。

要は低評価をカネ（ギフト券）で取り消したいということですね

金を払ってサクラを入れるくらいだから、やはりアマゾンのような大手サイトではレビューが販売数に直結するのだろう。低評価に対しても金を使ってまで工作しようとしてくるのだ。

……まあ、こういう出所の怪しいアマゾンギフトは盗難クレカを使って買われたものであることがあり、こういうヤバめのギフト券を自分のアカウントに登録してしまうと、アカウント自体が消されたりする可能性もある。なのでこうした裏取引に応じたことはないのだが、わざと示談目当てで中華製品を買っている人もそこいそうだ。

メルカリ――トラブったときに仲裁に入ってくれて実質タダに

メルカリでは、話の通じないヤツとか無知なヤツと当たって面倒なことになることがままある。

以前、メルカリでGショックの「DW-5610」を買ったのだが、実際に送られてきたのは「DW-5600」という型番違いで、出品者と揉めたことがある。

記載されている型番が間違っているのだから、返品に応じるのは当然だと思うのだが、出品者は「写真が載ってるし、見間違

お問い合わせありがとうございます。
メルカリ事務局です。

本件については、事務局で補償を行いました。

《補償内容》
・販売利益をお客さまの売上へ補償しております。
※販売利益の確認方法
アプリ：サイドメニュー＞設定＞売上・振込申請＞売上履歴
Webサイト：マイページ＞売上・振込申請＞売上履歴

・取引をキャンセルしたため、購入者に支払代金をお戻しのうえ、事務局より通知しております。

ご納得しがたいお気持ちもあるかとは存じますが、取引内容を考慮した、トラブル早期解決のための対応ですので、何とぞご理解ください。

また、事務局での補償対応は、通常行っておりませんことをご了承ください。

今後同様のトラブルの際は、当事者間の責任において解決に向けてお話し合いいただくようお願いいたします。

なお、本取引について、ご連絡いただいた取引相手は事務局より調査し、内容に基づいて対応を検討させていただきます。

個別の対応となりますので、対応の詳細についてはお教えできませんことを何とぞご理解ください。

メルカリは両者に金を返して引き分けにする対応もある

えたのはそっちだろ」みたいな態度で、まったく話にならなかった。

ラチがあかないので運営に相談すると、「今回はメルカリが商品代金を返金するから、それで勘弁してください。商品の処分はおまかせします（要約）」

というようなメッセージが来て、結果的に時計をタダでもらえてしまったことがある。

ブログなどを調べてみると、やはり同様にトラブったときにメルカリが仲裁に入ってくれて実質タダになった、ということは結構あるようだ。

メルカリの手数料は10％と個人売買アプリの中ではかなり高い部類だが、こうしたお金が対応に使われていると思えば、まあ納得感はある。

AbemaTV・Kindle Unlimited等｜解約ページまで行かないと表示されない引き止めプラン

気に入ったサブスクのサービスであれば、毎月継続して使い続けるのが普通だと思うが、それでも数カ月に1回は解約の直前まで行ってみたほうがいい。

なぜなら、各種サブスクの中には解約をしようとした人向けに「引き止めプラン」的なものを用意していることがあり、こうした特別プランは解約ページまで行かないと表示されないからだ。

過去にはアマゾンの書籍読み放題サービス、Kindle Unlimitedで解約ページを開くと3カ月299円という引き止めプランが表示されたり、AbemaTVでは月額が半額のプランが出てきたりした。

もっと前には、Yahoo!プレミアム（現在はLYPプレミアムという名称になっている）が解約ページを開いた人に対して6カ月無料のメールを送ってくる例もあったのだが、これは最近見ない。

ただし、常にこうした引き止めプランが表示されるわけではなく、どうやら会員数が減っているときや、(合併前とかの)何らかの事情で会員数を維持する必要があるときに引き止めが入るものと思われる。

普通に考えれば、会員数の集計がなされるであろう12月末とか、決算前の3月なんかは、解約されると目標会員数を突破できないとかそういう事情がありそうなので、こうした引き止めプランが表示される可能性が高いのではないか。解約ページまで行くだけであればそこまで手間もかからないし、やってみる価値はある。

こういうこともあるので、
定期的に解約ページは見たほうがいい

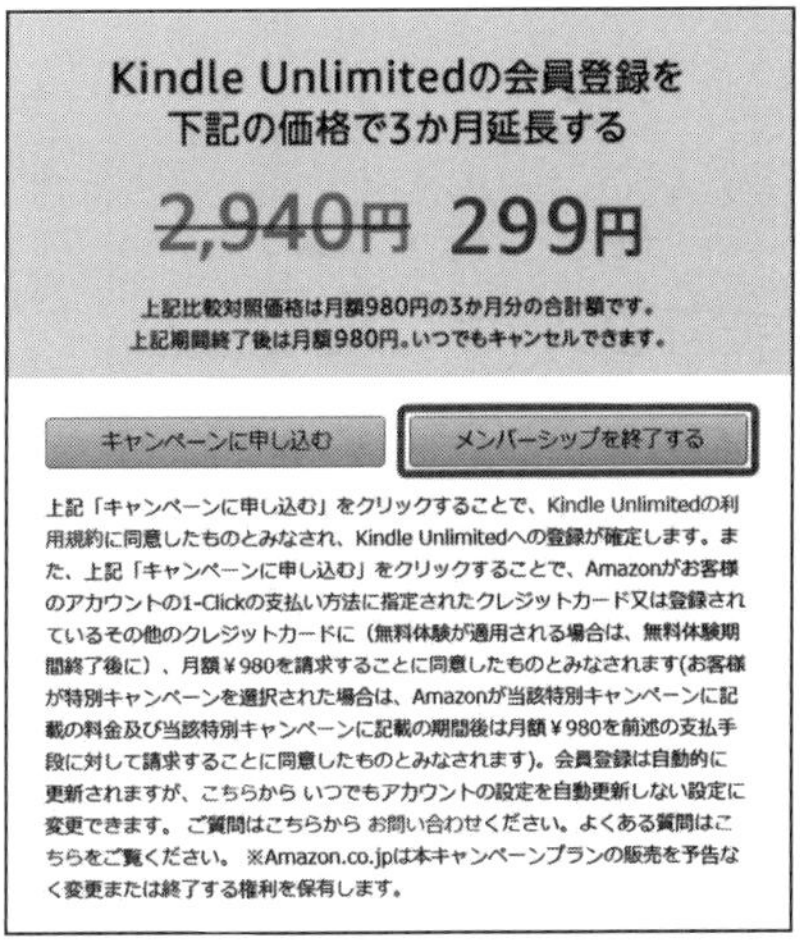
Kindle Unlimitedの会員登録を
下記の価格で3か月延長する
2,940円 299円
上記比較対照価格は月額980円の3か月分の合計額です。
上記期間終了後は月額980円。いつでもキャンセルできます。
キャンペーンに申し込む
メンバーシップを終了する
上記「キャンペーンに申し込む」をクリックすることで、Kindle Unlimitedの利用規約に同意したものとみなされ、Kindle Unlimitedへの登録が確定します。また、上記「キャンペーンに申し込む」をクリックすることで、Amazonがお客様のアカウントの1-Clickの支払い方法に指定されたクレジットカード又は登録されているその他のクレジットカードに(無料体験が適用される場合は、無料体験期間終了後に)、月額¥980を請求することに同意したものとみなされます(お客様が特別キャンペーンを選択された場合は、Amazonが当該特別キャンペーンに記載の料金及び当該特別キャンペーンに記載の期間後は月額¥980を前述の支払手段に対して請求することに同意したものとみなされます)。会員登録は自動的に更新されますが、こちらから いつでもアカウントの設定を自動更新しない設定に変更できます。ご質問はこちらから お問い合わせください。よくある質問はこちらをご覧ください。※Amazon.co.jpは本キャンペーンプランの販売を予告なく変更または終了する権利を保有します。

出前アプリ――写真を撮って連絡すると料金は無料に

ウーバーイーツとか出前館のような出前アプリは、人間が配達するという都合上、配達にムラが出る。雑なやつが扱った弁当が偏っていたりとか、注文の時間からめちゃくちゃ遅れたりとか、まあそういう感じだ。ピザ屋なんかは配達が遅れると自動でクーポンをくれるのだが、出前アプリの場合は基本的に何も言わないとそのまま引き落としされて終わりになってしまう。

個人的には5~10分くらい配達が遅れるくらいだったら何も言わないんだが、カレーのふたが外れて袋の中がめちゃくちゃになっていたりしても泣き寝入りするわけにはいかない。

こういう場合、写真を撮ってサポートに連絡するとたいてい料金は無料になる。場合によってはクーポンがついてくることもあるようだ。

★

このように、言うか言わないかが得するか損するかの分かれ目になっていることはままある。

もちろん、補塡を最初から求めてゴネるのは単なるクレーマーだが、言うべきことは言わないと損をするだけでなく、悪質なサービスを野放しにすることにもなるので、主張はしていったほうがいいだろう。

この度は Uber Eatsをご利用いただいたにも関わらず、ご不便をおかけし誠に申し訳ございません。

今回のご注文については、全額返金させていただきます。
* 現金注文を選択されていた場合は請求の取り消しをさせていただいております。

またお詫びと致しましてUber クレジット500円分をアカウントに付与させていただきました。Uber クレジットはUber Eats アプリの人型アイコンの『お支払い』よりご確認いただけます。

ウーバーイーツはこんな対応を

それから 事業者のスタンス次第で〝怪しい商品〟も買うことが可能

携帯電話の引き止めに使われるポイントやクーポンの類は、電気通信事業法が厳しくなったことで現在ではほとんど見なくなった。おそらく、電話口で引き止めを行う行為が電気通信事業法で定められている「遅滞なく解約するための適切な措置を講じることの義務化」に反するからで、現状は電話をしても何らかの特典がもらえる可能性は低い。

ただ、携帯電話業界はこうしたルールをすり抜けて脱法的な割引や施策を行い、国や行政がこれを阻止するために再度ルールを設ける……といういたちごっこを何十年と繰り返しているので、そのうち解約を阻止するために何らかの見返りをつける行為が復活するのではないかと予想している。

ちなみに、インターネット回線についてはこの電気通信事業法の規制外にあるので、自宅のインターネット回線を解約したいと申し出ると割引がかかることは普通にある。解約月が近い場合などは、使い続けるつもりでも一応電話してみたほうがいいだろう。


メルカリに代表される個人間取引のアプリやサイトは楽天の「ラクマ」とヤフーの「ヤフオク・PayPayフリマ」(現在はYahoo!オークション・Yahoo!フリマに名称変更されている)があるが、こうしたサイトで海賊版やコピー商品が出品されることがある。これを運営に通報した場合のやりとりはけっこう差があり、自分の体感ではヤフーは対応が非常に悪く、海賊版やコピー商品を買ってしまった場合でも「当事者同士で話し合ってください」と言われる。海賊版だとわかっていて出品するような奴らが話し合いに応じてくれる可能性は低く、たいてい話し合いが平行線になって面倒なことになる。

対してメルカリとラクマは、偽物である証明や警察への被害届などを添付するとその時点で返金される場合が多い。そして商品も返せとは言われないので、海賊版が手元に残ることがある——ということもあるので、事業者がどのようなスタンスを取ることが多いかを知っておくと、怪しい商品も果敢に買うことができる……かもしれない。

俺の体験も書いておこう。

一時期、フリマアプリにプレステ4のコントローラーに大量の偽物が出回っていた時があった。これは分解すると基板のパターンが全く違ったためすぐに偽物を証明することができたので、運営に写真を送って大量の偽物コントローラーを手に入れたのだが、使い心地が悪くて全て捨てた。

希少なウイスキーである「山崎」の偽物も大量に出回っていた。こちらは偽物を証明することが難しそうなので買わなかったものの、現在は偽山崎を出すアカウントが全滅してしまったのでお目にかかれなくなっている。１本くらいコレクション用に買っておけばよかったと思う今日この頃である。

LINE MUSICのキャンペーン7千回再生をスマホに自動でやらせて景品をいただく

「裏モノJAPAN」2021年12月号掲載

2021年9月中旬のこと、ネットを徘徊していると、あるキャンペーン情報が目に入ってきた。

『Don't hold me back』
リリース記念　LINE MUSIC再生キャンペーン開催！

歌のリリース記念キャンペーンらしい。歌っているのは山本彩という知らない人だが、調べると元ＡＫＢのメンバーで、俺が知らないだけでけっこう有名人のようだ。

気になるキャンペーンの概要だが、アプリ「LINE MUSIC」で2千回この曲を再生するとライブ配信の参加権、7千回再生するとサイン入りのＣＤがもらえるという。

…いや、どんなキャンペーンだよ。どんな好きな歌手でも、同じ曲7千回も聞いたらノイローゼになるだろ。廃人を養成することが目的なのか？

ラインミュージックの過去キャンペーンを調べてみると、同様のキャンペーンが大量に行われていた。あー、ってことはユーザーに再生数を水増しさせて実績を作ることが目的なのか。今は、CDの売り上げよりストリーミングの再生数が重視されるから、こうやってブームを人為的に作ってるんだろうな。

山本彩はそこそこ人気らしく、サイン入りグッズがだいたい1〜2万円程度で取引されているから、乗っかる価値はあるキャンペーンといえそうだ。今回はこれを攻略していこう。

何秒聴けば1カウントになるのか？

そうと決まれば、キャンペーンの概要をもう一度洗い直す必要があるな。

この曲「Don't hold me back」は1曲が3分39秒。つまり219秒。ということは再生できるのは1時間で約16回、24時間で394回が限度だ。

キャンペーンの期間は8月26日から9月28日までなのだが、既に今日は9月15日。あと13日しかないので、普通にやっていたら5千回くらいしか再生できず、達成は不可能だ。

でもどうなんだろう。こういうのって、最初から最後まで再生しないと1カウントにならないんだろうか？途中まで聴くだけでもカウントされるような気がするけどな。その途中ってのが何秒以上なのかはわかんないが。

5秒、10秒、15秒…と順に聴いてみて、それぞれ再生カウントが増えるかどうかチェックすればいいんだけど、問題なのは、ラインミュージックの再生数カウントの反映がトロいことだ。24時間に1度しか再生回数が反映されないのだ。

今日5秒聴いて、明日になって確認したらカウントされてませんでした、なんて悠長な調べ方をしていたらキャンペーンが終わってしまう。

再生数カウントの分かれ目はわかった

いや、待てよ。秒数ごとに再生数を変えてみればどうだ？
たとえば、

10秒…20回　20秒…10回　30秒…5回

という形で再生したとする。翌日もし再生数が5回増えていれば、30秒以上聴けば1カウントだとわかるし、15回増えていれば、20秒以上が1カウントだ。0回なら、もっと再生時間が必要ということになる。

では以下のように再生してみよう。

10秒…20回　20秒…15回　30秒…10回
40秒…5回　50秒…3回　60秒…1回

7千回も聴くヤツいるのかな

これで明日1カウントも増えていなければ、フル再生でないとカウントされない可能性が高いのであきらめよう。

手動で同じ曲を何度も流し、イントロに飽きたところで作業が完了した。

そして翌日。気になる再生数は…19回になっていた。つまり30秒以降の再生がすべて反映されたことになる。再生数カウントの分かれ目は30秒で確定だ。

30秒なら1時間に120回、1日に2880回再生できるので、3〜4日あれば7千回再生はいける。

とはいえ、読み込み時間の関係で、遊びをもたせて35秒ほどで再生する必要があり、1日でやれるのは2400回ほどか。

自動クリッカーでひたすら再生させる

もちろん手動で1日2400回タップするのは無理だし、そんな効率の悪いことをやるつもりもない。

こういうときはiPhoneよりもAndroidのほうが便利だ。アプリ「自動クリッカー」を使って自動でやらせるとしよう。

このアプリは指の動きを記録し、それを自動で再生し

19回再生なので30秒聴けばOKだと判明

てくれるもの。あまり複雑なことはできないのだが、ただ再生ボタンをタップするだけならこれで十分だ。

この手のアプリは有料なことも多いのだが、自動クリッカーは1日1回広告を見ればすべての機能が使えるので、かなり良心的なアプリだ。残念ながらセキュリティ対策がしっかりしているiPhoneでは自動化アプリはリリースされておらず、本体の改造が必要になるので、遊び用に安いAndroidを持っていてもいいだろう。

では自動化をやっていこう。ラインミュージックを開きながら、自動クリッカーの録画モード（指の記録するモード）を起動。タップしたら35秒待ち、録画を終了。あとは繰り返し回数を7500回（カウントされないこともありそうなので多めに）に設定し、延々繰り返しさせればOK。音を流さなくてもOKなのはわかってるので、音量を切って、充電器を刺したままベッドの下にでも置いておこう。

言うまでもないことかもしれないが、充電したままエンドレスで作業をさせればバッテリーの急激な消耗や画面の焼き付きを招くので、普段使いの携帯でやるのはおすすめしない。

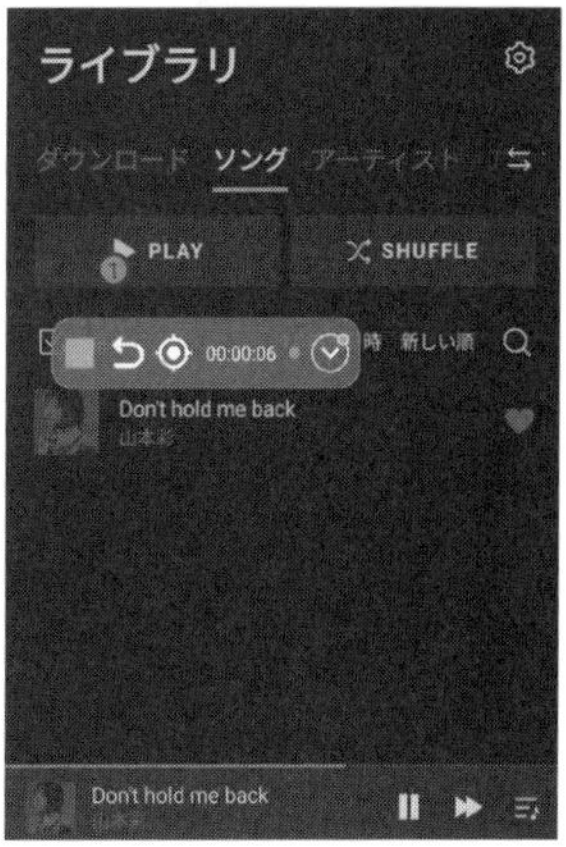

山野いちおしアプリ「自動クリッカー」。指の動きを録画して、無限に繰り返させる

7184回でサイン入りCDは確定

そしてラインミュージックのことも忘れかけていた5日後、携帯を引っ張り出す。再生数を見ると、バッチリ7184回ついていた！

よし、これでサイン入りCDがもらえるのは確定したな。あとはスクショを撮って応募フォームに送ればミッションコンプリートだ。

ちなみに、これだけ露骨な水増しキャンペーンをやったにもかかわらず、9月のラインミュージック再生数ランキングでこの曲は20位と、かなり微妙な位置だった。こんなんで1位取っても嬉しくないだろうけど、水増しして20位ってのも赤っ恥だな。

ラインミュージックのこの手のキャンペーンはアーティスト毎にかなり条件が異なり、今回の山本彩のように「規定再生数で必ずもらえる」というものから、「再生回数上位5〜10人にプレゼント」みたいなもの、「再生数上位者で抽選」という曖昧なものまである。

言うまでもなく、獲得が保証されているもののほうが結果は安定するだろう。

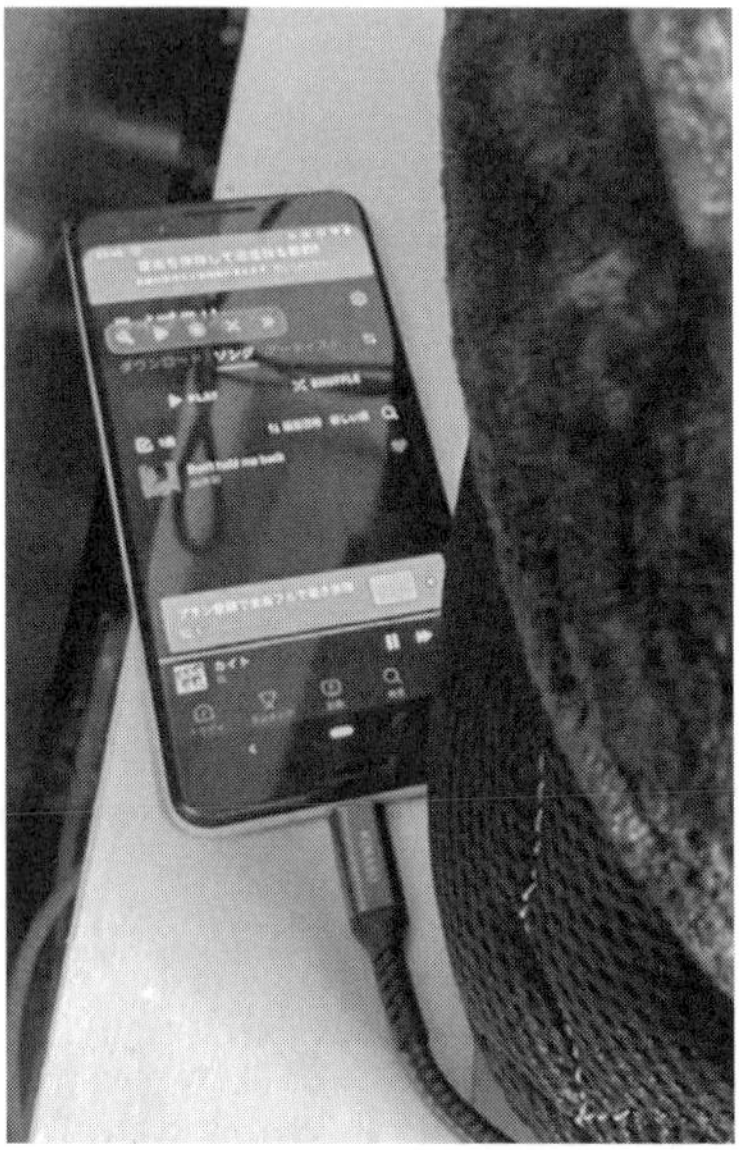
放置しておくと…

それから

「ランキング一位」を鵜呑みにしてはいけない

この原稿を書くために久しぶりに「LINE MUSIC」を開いたが、未だに再生数のキャンペーンをやっていたので笑ってしまった。注意事項を読むと「不正行為、その他運営上の趣旨に反していると弊社が判断した場合は、キャンペーン参加資格は無効となります。」と書かれているのだが、そもそも何千回も同じ曲を聞くことは事実上不可能なのだから、こんなキャンペーンやるなよと思ってしまう自分がいる。

5日で7千超え！

水増ししても20位なのね

これをもう少し発展させて考えると、そもそも再生回数だけでランキングが判断されるのだから、自分でLINE MUSICに曲を登録し、スマホを数十台用意して原稿にあったような方法で再生数を水増しすれば、誰でもランキング1位になれてしまうのではないだろうか。見方によっては、恣意的に操作されているランキングに対するアンチテーゼとして評価されるかもしれない（さすがにそれはないか）。

また、プロフィールに「LINE MUSICランキング1位」という宣伝文句を書いている歌手もいるが、これも原稿のような手段で獲得した再生数かもしれないので、こうした宣伝文句を鵜呑みにしてはいけない。ランキング1位という言葉に踊らされて、購入してみたはいいけれど、中身は驚くほどショボかった…なんてのはよくある話だ。

これは本や雑誌などでも同様で、「Amazon販売ランキング1位」と謳われている本も、注意書きをよく読んでみると非常に短い期間しか1位を獲得していないことがある。アマゾンの売り上げランキングは1時間おきに更新されるうえ、カテゴリーごとのランキングも存在する。

そのため、登録するジャンルを「香道」や「眼科学」、「本 全集 選書英米」といったニッチなジャンルをわざと選び、平日深夜のような人の少ない時間を狙って自腹購入を行うことでランキング1位は比較的簡単に獲れる。オンラインサロンのような援護集団を持っている人の場合、特定の時間に集団購入を煽ることもできるので、さらにやりやすい。

仮にバックボーンがなくても、「ランサーズ」や「クラウドワークス」のような媒体で「指定された時間に指定の書籍を購入し、感想を執筆してもらう仕事」といった形で「仕事」としてやらせてしまえば誰でも購入数を水増しできるので、やろうと思えば「1位」は誰でも取れる。

健康食品やサービス業のランキングでも、依頼主が1位を取るまでアンケートを繰り返されていたり、ランキングの比較対象が明らかに依頼主有利になっていたりすることもあるので、宣伝で「ランキング1位」と書かれていたら、それはどのような方法で統計が取られたのか、狭い範囲や期間でのランキングではないか、恣意的な条件で調査が行われていないかをチェックする癖をつけると、失敗は減ると思う。

この本もせっかくなので、ランキングを操作して1位を取ってみようと思う。いまこの文章を書いている限りでは、ユーザーの少ない「DMM」や「キャラアニ通販」などであればほとんど元手をかけずに1位が取れそうなので、アマゾンと合わせて「3冠達成」と言い張ってみようかと思う。騙されないように。

マイナー懸賞を探し出し高額商品をゲット

「裏モノJAPAN」2021年6月号掲載

ときどき、この連載を読んだ人から「どうすればそんなこと考えつくんですか」と言われることがある。そういうことを聞いてくる人に限って割といい職業についているので「じゃあ代わるか？」と嫌味のひとつも言いたくなるのだが、一応真面目に考えると「取り組んでいることに向き合いつつ、メインルート以外のことを考えているかどうか」だと思う。

たとえば、パチンコを打っているとする。普通であれば、「当たらねえかな〜」と考えつつ、デジタルをボーっと眺めるか、スマホで何かをするのが大半だと思うが、ただ当たるまでハンドルを握っている以外にもやれることは色々ある。

強め打ちのほうが球に勢いがついて回るのか、弱め打ちのほうが死に玉が少なくなって回るのか、通常時に右打ちをしてもチューリップは開くのか、警報は鳴らないか、振動で玉の動きは変わるか（初代の「戦国恋姫」などは振動があると死に玉が多く出るつくりだったので、音量最小のほうが回った）…とか、まあ考えるとやることはいろいろある。

こうした「仮説」をあきらめずに検証していくことが、成果につながるのではないか。

当たりやすい懸賞とは?

で、今回のテーマは「懸賞」だ。懸賞といえば、誰でも参加ができて誰にでも平等にチャンスのある遊び(?)なので、この連載では取り上げてこなかった。

懸賞にあまり興味が湧かない理由としては、

❶スマホ時代になってネットで応募する方式が増えたので、工夫する余地がない
❷誰でも応募できるという性質上、当たりの確率が低い。高額商品はなおさら
❸ショボい懸賞の数が多すぎて、時間のムダ

こんなところか。

昔だと「ハガキの代わりに大きいスルメを応募用紙に使い、担当者の気をひく」とか、「締め切りギリギリに届くよう指定配達し、取り上げられやすい山の上にハガキが来るように操作する」とか、いろいろ技があったみたいだけど、今じゃ機械の抽選だからそういうインチキはできそうにない。

まあ、なんでもいいなら当てることは当てられるだろうけど、さすがに6ページ使って「お茶のペットボトルが当たりました」じゃカッコもつかないし。読者に「さすが山野!」と納得してもらうためには、そこそこ高額な景品を取らないとダメだろう。

それを踏まえて、当たりやすい懸賞がどういうものか考えると、

❶主催者がマイナーだったり告知が変なところでしかされていなくて、競争率が低い
❷住んでいる地域や年齢など、応募に条件がついていて参加者が絞られている
❸景品が一般的には「いらないもの」だが、実はそれに気づかれていない価値がある
❹一人当たりの抽選口数に制限がない
❺応募に写真や作文などが必要で応募がそもそも面倒

❹番の「抽選口数に制限がない」は数打ちゃ当たるという話だが、この類の抽選は、基本、抽選を受けるために金を払って何かを買ったりする必要がある。アイドルのCDとかDVDなんかについている応募券はその典型で、金の積み合いになるので巨額の資金が必要になってくる。得損でやる話ではなくなってくるのでダメだ。

またタバコ会社のJTがやっている懸賞は、タバコについているシリアルナンバーを手で入力する必要があって面倒だからか、比較的当選率が高い（限定のジッポとクオカードが何回か当たっている）が、確実ってレベルじゃないしな。

いったん地道にリサーチしようと、懸賞情報をまとめたサイト「Lucky Dip!」でいろいろな懸賞情報をチェックしたが、やっぱりダメそうだ。そもそもこういうところにまとめられている時点で競争率は高くなるだろうから意味ないな。

「広告をカスタマイズ」で有名どころをブロック

最近は企業広報もＳＮＳを重要視しているから、一応ツイッターもチェックしておくか。広告に出てくるアカウントの中に懸賞をやっているところがあるかもしれないし。

…うーん、ダメだなぁ。どうでもいいスマホゲームの広告ばっかり出てくる。ゲームが好きだからこういう広告に偏ってくるんだろうけど。

設定を変えよう。「設定」から「プライバシーとセキュリティ」→「広告の環境設定」に進み、「広告をカスタマイズ」のチェックを外す。これをしていないと、普段見ているツイートの傾向などで広告が決まってしまうので、明らかな偏りが生まれてしまう。

チェックを外すと、転職サイトや料理のレシピサイトなど、毛色の違った広告が出てきた。よし、いい傾向だ。

次は、出てきた広告のアカウントをひたすらブロックしていく。ツイッターの広告はアカウントごとの管理なので、ブロックされたアカウントの広告は出てこない。

おそらく広告の表示順は広告費がつぎ込まれているほど上にくるはず。「綾鷹」とか「ＡＦＫアリーナ」み

まずはこのチェックを外して、ブロックを繰り返す

たいな広告が出まくるのは、おそらく巨額の宣伝費がつぎこまれており、優先順位が上だからだと思われる。なので、ブロックをして下位の広告を開いていけば、見込みのあるマイナー広告にたどり着けるのではないか。

広告をブロック→再読み込みを繰り返し、３００ほどアカウントをブロックしていくと、だんだん企業のシステム改善とか、外国人留学生向けのＳＮＳとか、よくわからないものばかり出てくるようになってきた。いいぞ、これで地方の商工会議所の懸賞みたいなのが出てくれば、競争率は激低なはずだ。

大企業なのにリツイート20件

…そんなことを繰り返していると、保険会社「第一生命」のアカウントが出てきた。

大きい企業なのに大量のブロックを入れたタイミングで出てくるってことは、あんまり広告費が入ってないんだろうな。リツイートも20件くらいしかされてないし。

広告の内容は「Dリーグを応援して、グッズを当てよう」というよくわからないもの。そもそもDリーグってなんだよ。ドミノか？

広告のリンクを開くと、Dリーグとはダンスのプロリーグということが分かった。これ

注目されてなさそう！

こんなん誰もやらんだろ

高級イヤホン頂戴いたす！

が始まった記念に、懸賞をやっているらしい。

そして応募要項を見ると、ただリツイートとフォローをするだけで応募になるコースと、ダンスの動画を投稿するコースの2つがある。もちろん、狙い目になるのは後者だろう。

30秒程度のヒップホップ的なダンス動画をマネして動画を投稿すると、20人に1万7千円くらいのワイヤレスイヤホンがもらえるとのこと。1人は特賞として、プロダンサーからのレッスンを受けられる権利がもらえるようだが、これはいらないな。

ダンス動画は広告ツイートに返信として貼り付けることが条件になっているのだが、3月19日に始まったキャンペーンだというのに、3月25日時点で2人しか投稿されていない。このペースなら定員割れは確実なので、投稿さえすれば必ずイヤホンがもらえるじゃん！

仮に何かのきっかけでキャンペーンの露出が増えたとしても、「顔出しで踊っているところを撮影して投稿しなければいけない」という性質上、そこまでチャレンジする人は少ないはずだ。

ライバルを増やさぬようギリギリまで粘る

さっそく投稿…と言いたいところだが、早まってはいけない。応募は「返信という形で動画を投稿」という方式なので、早めに動画を貼ってしまうと露出が増える。フォロワーに感付かれてライバルが増えてしまえば元も子もない。投稿するのはキャンペーン最終日の締め切りギリギリだ。

とりあえず先にダンス動画だけは撮っておこう。3回ほど動画を見返して、適当に踊った動画を撮影。引きこもりだから動きにキレがないし、まったく楽しんで踊っていないし、そもそも3回しかお手本を見ていないから動きが変だし、商品目当てなのが見え見えだが、「お手本をマネして動画を投稿する」という応募基準は満たしている。

その後も、定期的にチェックを続けたが、キャンペーンは全く盛り上がらず、30日の時点で動画投稿者は8人。定員割れは確実だろう。

そして迎えたキャンペーン締め切り日の3月31日、時刻は23時半。そろそろ動画を投稿するか。

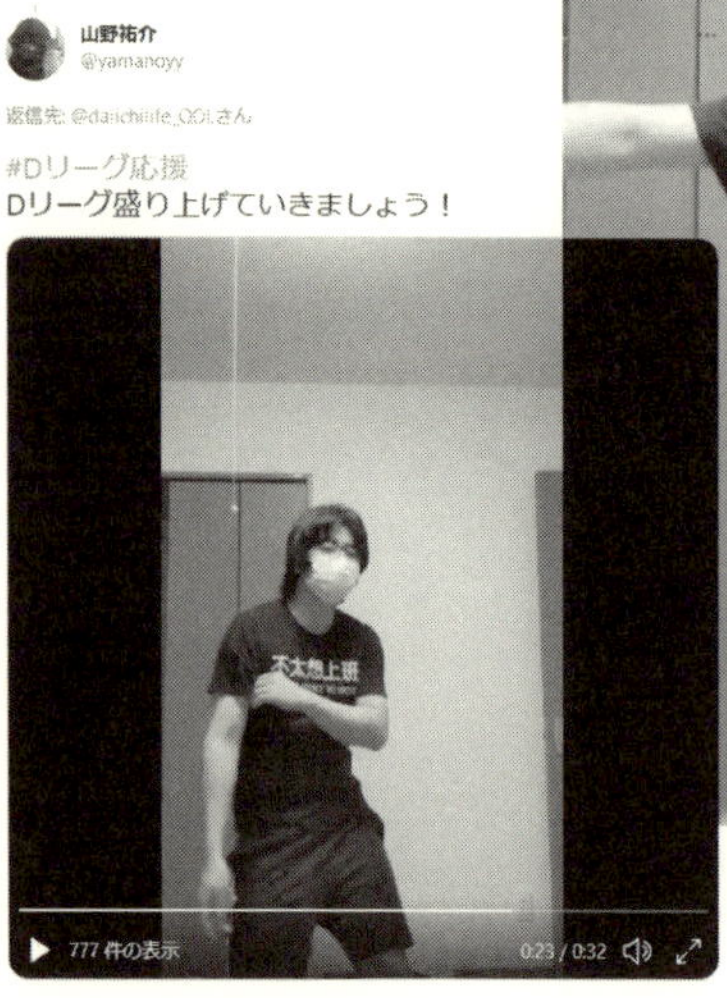

見栄えはこんなもんで…

…と思ったら、最終日になってリツイートが千件以上に増えていた。最終日に合わせて広告費を投入したのだろうか？　何にしてもこれはヤバいぞ。

動画投稿者もそれに伴って激増しているはずだ。今の応募者を数えてみよう。

16人！　セーフ！

やっぱり、顔出しでダンス動画を上げるってハードルが高いんだろうな。

余裕をもって、23時57分に動画を投稿。ふう。これで一仕事終わった。あとは自分のように、駆け込み投稿する人間が増えないよう祈るだけだ。

…そして0時になり日付が変わった。駆け込み投稿者が若干名いたようだが、それでも応募者は19人と、定員よりも少ない。マジで謎のキャンペーンだったな。

なんにせよ、これで1万7千円のイヤホンがもらえることは確定した。5分程度の作業で高級イヤホンがもらえるんだから、笑いが止まらない。

ダンスレッスンが当たる確率も5%…

…しかし、若干気掛かりなことが2つある。

1つは懸賞タイトルが「楽しそうに踊っていたで賞」ということ。「楽しそうに踊っていなかった」という難癖をつけられて応募が無効にならないかが心配だ。大きな企業はイヤホンを1個吐き出すよりも風評被害によって受けるダメージの方が大きいから、これはまずないと思うが。

そして2つめは、特賞の「Dリーガーによるオンラインレッスン」が当選してしまうこと。応募が19件しかないので、約5％の確率でこれが当たってしまう。そうなると、全く興味のないダンスをプロに教わってやらないといけなくなる。そのうえ、イヤホンも手に入らないから最悪だ。しかし割と現実的にありえる確率なので怯えている。

この原稿を書いている2021年4月13日現在、当選通知は来ていないが、検索する限り他の人の当選報告もないため、発表はまだだと思われる。早くイヤホンをください！

それから　自治体や公的機関の懸賞は狙い目

今回は、月刊誌の連載という形をとっている都合上「原稿の中でオチをつけないといけない」という制約があるので、すぐに結果が出るインターネット上の懸賞を狙ったが（後日、無事にワイヤレスイヤホンがもらえた）、基本的にアナログな形の懸賞のほうが当たりやすいのは確かだ。

特に自治体や公的機関が行っている懸賞は、当然ながら見る人が限られているので当選率は高い。過去には北関東の自治体の懸賞で「クロスワードの先着で地元の名産品プレゼント」なんてものがあったりした。1年くらいで先着から抽選に変わったので、おそらく特定の人物が商品を独占したものだと思われる。

最近だと町おこしのために、「街のいい景色を撮ってInstagramにアップした人の中から抽選（審査）」という形の懸賞が、全く盛り上がらずに十数件しか応募がなく終了……というパターンをボチボチ見かけるが、こういうのはまさに狙い目だろう。広報誌がインターネットで公開されないパターンもあるので、旅行に行った際に役所へ寄って広報誌をチェックしてみるのも面白そうだ。

ネット上の「その場で当たりがわかる」系の抽選は、「当たりやすい時間帯とそうでない時間帯がある」という方式がメジャーになっている（もちろん、抽選の詳細は公表されていないが）。以前、サントリー自販機で商品を購入し、バーコードを読み込んで抽選にチャレンジするとケンタッキーの「チキンフィレバーガー」が当たるというキャンペーンがあった。

Xで「チキンフィレバーガー　当たった」と検索してみるとわかるが、当選者が日中の毎時0分〜5分ごろに集中している。これはつまり当たりの確率を恣意的にアップさせる時間があるか、毎時0分に当たりを補充する処理が行われているかのどちらかで、それ以外の時間は低確率になっていることがわかる。

こうしたネット上の抽選はガラポンやパチンコのように常に一定確率で抽選していないケースがあるため、その辺りの処理を読んでみると勝率は上がるだろう。自分がキャンペーンの担当者なら、宣伝効果が高いと思われるフォロワー数が多いアカウントは当選確率を2〜3倍にして、ほんのり当たりやすくすると思うので、適当に相互フォローの公式アカウントなどをフォローしてフォロワー数を増やすだろう。

実際にそうした処理が行われているのかはわからないが、仮説を立ててそれを検証することが、人を強くする行為であることは間違いない。

デリヘルが千円になる技を発見した

「裏モノJAPAN」2020年12月号掲載

山野がフーゾクに行かない理由

先日、5ちゃんねる（旧2ちゃんねる）を見ていたら、こんな書き込みがあった。

「山野って裏モノの誌面でも浮いてるよね」

…マジで？　こんな内容の連載なんて、裏モノでしかやらせてくれないと思うんだが。そんなに浮いてるかなぁ。

まあ確かに、エロネタの多いこの雑誌で、前連載を含めると3年くらいエロなしの内容で連載をしているわけだから、「女の話題まったくなしでよく続くな」って話なのかもしれないないな。

事実、裏モノ編集部にいたころは自腹で風俗にも行ってたけど、ライターになって銭金の話ばかりを書くようになってからは全然行かなくなった。

単純にケチと言われればそれまでだが、風俗を買い物としてみると、「非常に安くなりづらい買い物」だからかもしれない。

例えば、裏モノなどでも「3～4月は進学や就職が決まらなかった女が風俗に流れてくるので、いい女と遊べる」みたいなことが書かれたりするが、3～4月に風俗の料金が爆下げすることはない。

風俗誌についてくるクーポンなんかも入会金が無料だとか、オプションのローターが無料になるとかがせいぜいだ。基本的に金額は固定で、女のレベルやサービスが工夫によって上下するというのが一般的ではないだろうか。

割引券なんぞでは意味がない

こう考えていくと、風俗をネット通販のように爆安にするのは意外と難しい挑戦なのかもしれないな。しかし、困難なことに挑むからこそ価値がある。今回はコレに挑戦していこう。

まずは情報収集だ。とりあえずネットで「風俗クーポン」と検索してみる。

…うん、まあそうだよな。クーポンは額の大きなものでも5千円がせいぜいだし、実際には必要なさそうな入会金なんかを計算に入れて割引額を大きく

クーポンなんてこの程度

見せている店もあったりする。罠みたいなものが仕掛けられてるんじゃないかとビクビクするのが嫌なんだよな。

うーん、やっぱりデリヘルとかソープは元の値段が高すぎて、何万円も割引するのは難しそうだ。

あっ、ピンサロはどうだろうか？　ピンサロは学割とかタイムサービスとかＬＩＮＥ割引とか、色んな割引を提供している店も多く、アマゾンのクーポン２重適用みたいに割引をかけまくることができるかもしれない。

実は俺、学割の資格を得るために通信制の大学である「放送大学」に入学したんだよね。放送大学は国に認可されてるれっきとした大学だし、これで学割は問題ないだろう。

店が密集しており、サービス合戦となっている高円寺のピンサロを見ていくと、色々な割引をやっている店が見つかった。なになに…。

まず、早い時間の基本料金は６５００円。そして、正午までに入店するとタイムサービスで２千円オフ。それにＬＩＮＥ友達のクーポンを見せると１０００円オフ。学割で２千円オフ。そして、口コミサイトに投稿をすると１５２０円オフ。合計の割引額が６５２０円だから…タダになってね、これ!?　一応、放送大学に入って口コミを毎回書くという制約はあるが、まあいいだろう。

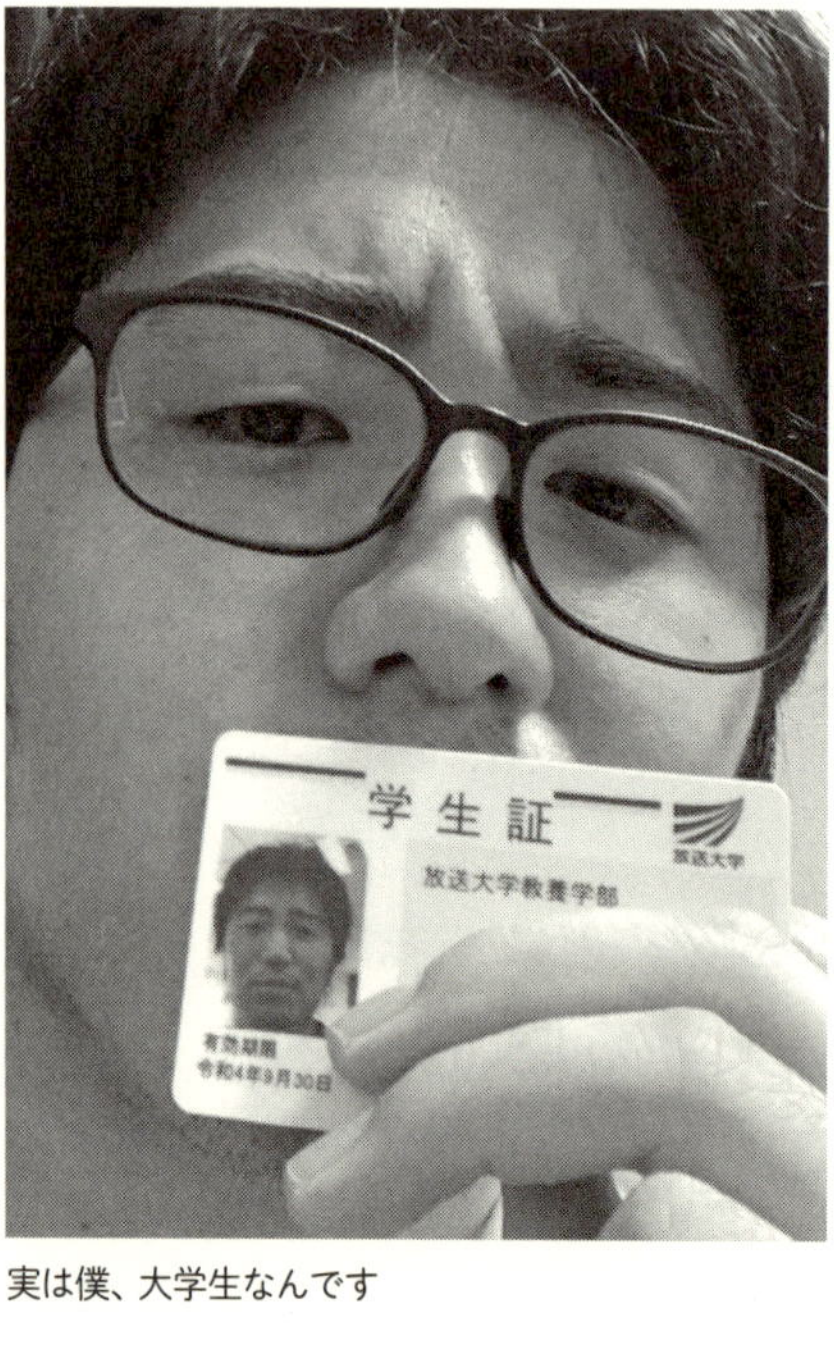

実は僕、大学生なんです

学割との併用はムリだった…

ＨＰを見ても「割引券の併用はできません」という注意書きはなく、理論上はタダになるはずだ。しかし、問題は店側がこんなことを認めてくれるかどうかだ。電話して確かめてみるか。

「あのですね、今度そちらに行こうと思っているものなんですけど」

「はい、何ですか」

「タイムサービスとＬＩＮＥ友達と口コミと学割を併用することはできますか？」

「…は？」

「いやだから、４つの割引って併用できないとはホームページには書いてないですよね？　ってことは、６５２０円割引になるってことですよね？」

「……」

ツー、ツー…。

あっ、切られた。薄々わかってたけど、まあそうなるわな。問い詰めたところで風俗店が「確かに書いてないので適用できます」なんて言うわけないし。

他のピンサロも見てみたが、併用できないと注意書きが記載されている店ばかりだし、併用できそうな割引があっても、無料ラインまでは持っていけない店ばかりだ。ダメそうだな。

無料券なんて当たるわけがないし

いったんネットから離れて、風俗情報誌で情報を集めよう。鶯谷の案内所に置いてあったフリー情報誌と、月間の風俗情報誌〝マンゾク〟を購入してリサーチをしてみる。

フリー情報誌のほうは、ありがちなクーポンが載っているだけで目ぼしい情報はナシ。千円引きがいいところだった。

だが、有料情報誌のほうはプレゼントコーナーにアナルファックを売りにする店の無料券が掲載されていた。そうか、無料券っていうのもあるのか。

情報誌で作戦を

当たると思えないな

条件はというと…、巻末に添付されているハガキに必要事項を記入して応募するタイプのもの。うーん、これだと1冊につき1回しか応募できないから、抽選口数を増やすことはできそうにないな。

それに、古本屋とかでハガキが大量に手に入ったとしても、郵送で無料券が送られてくるっぽいから、同じ住所で大量に応募するのは難しい。せいぜい友達の住所を借りるのが関の山だろう。

しかし、これを見るまでアマゾンのクーポンバグのように割引をオーバーさせて安くすることばかりを考えていて、無料券のプレゼントっていうのは考えてなかった。この線で考えていこう。

さっそく「風俗　無料券　プレゼント」などのワードで検索をしていくが…引っかかるのは「メルマガ会員に毎月1名ランダムで無料券をプレゼント」みたいな方式ばかり。何人メルマガ会員がいるのか知らないけど、まあ運で突破できるようなものじゃないし、メルアドを作りまくって大量に応募したら営業妨害で捕まる可能性もある。うーん…。

やっといい敵を見つけた

他の抽選方法はないか探していると、東京のグループで変わった割引をしている店舗を発見。「ナンバーズ」という抽選方式らしく、毎日ランダムに選ばれる4桁の番号と、携帯電話の下4桁が一致すれば60分コースが無料になるというものらしい。

といっても、普通にラッキーナンバーと自分の携帯の下4桁が一致する確率は1万分の1。30年に1度当たるか当たらないかの確率だ。もちろん、回線を増やせばそれだけ当たる確率も上がるわけだが、仮に回線を10回線持っていたとしても、当選確率は3年に1回程度。携帯電話の維持費を払うことを考えると、どう考

下4桁が一致する確率は1万分の1だが

えても赤字だ。うーん、これも使えそうにないな。今回も失敗か…。

…なんて言うと思った？　携帯電話のことなら、俺は風俗のキャンペーン担当より遥かに詳しい。こんなの突破するのなんて楽勝だって。

山野の作戦

このキャンペーン、対象となる番号が「下4桁」なのがミソだ。

実は、携帯電話の番号というのは国が会社ごとに割り当てを行っているのだが、国が割り当てを行うのは0A0-BCDE-FGHIという11桁のうち、ABCDEにあたる上5桁。

上5桁の割り当てが決まったら、FGHIにあたる下4桁すべてがその通信会社に割り振られる。FGHI部分をどう割り振るかは通信会社の自由というわけだ。

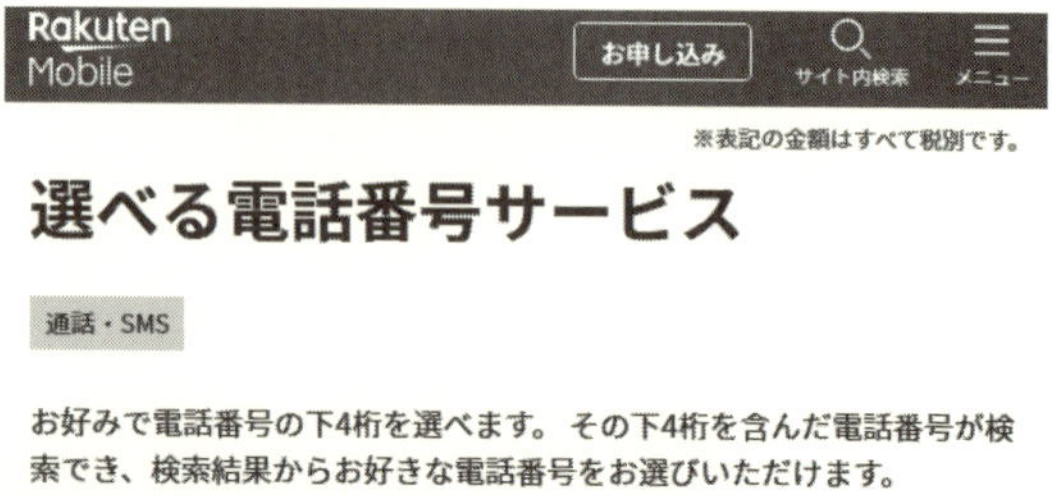
Rakuten Mobile
お申し込み
サイト内検索
メニュー
※表記の金額はすべて税別です。
選べる電話番号サービス
通話・SMS
お好みで電話番号の下4桁を選べます。その下4桁を含んだ電話番号が検索でき、検索結果からお好きな電話番号をお選びいただけます。

楽天では千円で下4桁が選べます

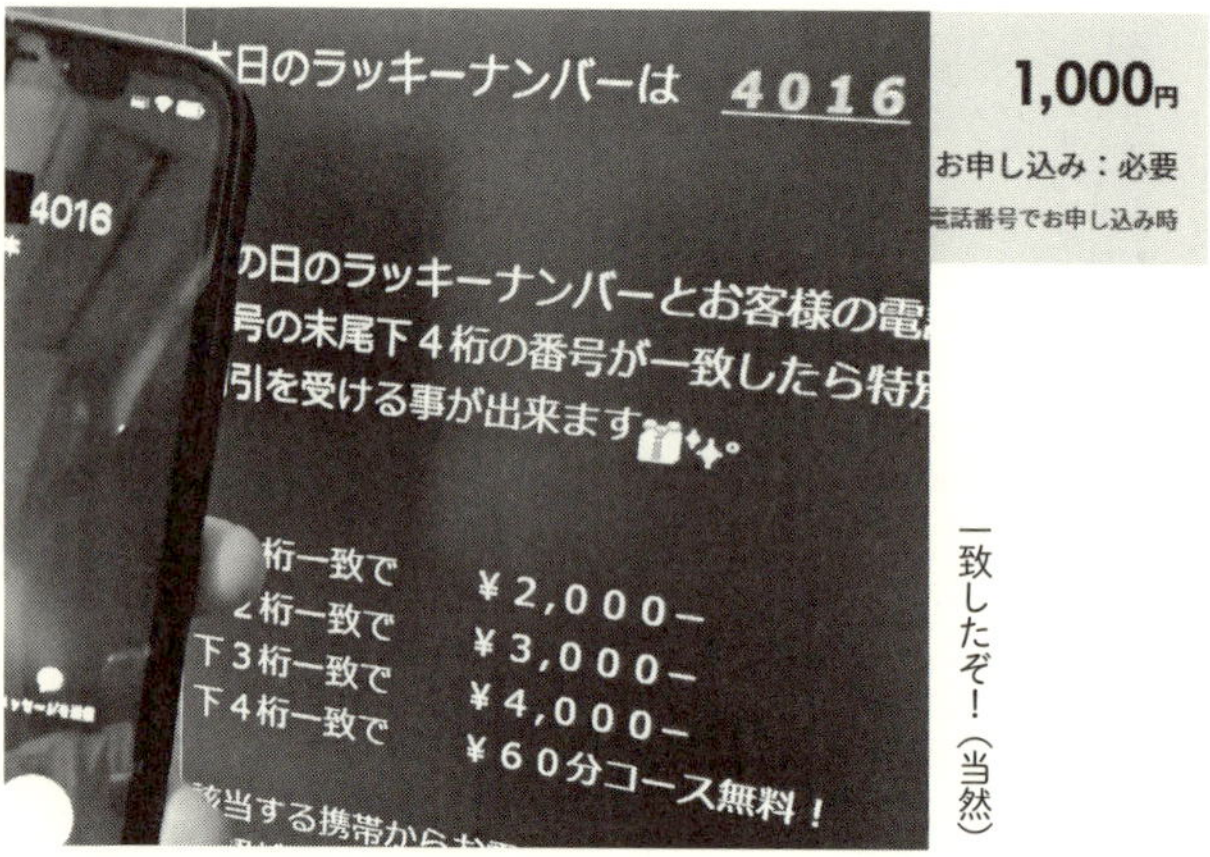
日のラッキーナンバーは 4016
1,000円
お申し込み：必要
電話番号でお申し込み時
4016
の日のラッキーナンバーとお客様の電
号の末尾下４桁の番号が一致したら特
引を受ける事が出来ます
桁一致で ¥2,000-
桁一致で ¥3,000-
下3桁一致で ¥4,000-
下4桁一致で ¥60分コース無料！
該当する携帯から

一致したぞ！（当然）

そのため、自分の誕生日やゲン担ぎをしたい人に向けて、大手の携帯会社は下4桁を自由に選べるサービスを提供している。

とはいっても、店員でも知らない人もいるくらい浸透していないサービスだし、店が混んでいるときは断られることもあるんだけど。

そして、この番号選択サービスは来年4月まで無料で使える楽天モバイルでも利用できる。ランダムに選ばれた下4桁の数字（ラッキーナンバー）発表のメルマガが届くのは朝だ。その数字を確認してから楽天モバイルの店舗へ行き、番号選択サービスを使ってラッキーナンバーの下4桁を選んで携帯を契約。あとはその番号で店舗に予約の電話をすれば、60分コースが無料になるではないか（その後すぐ解約）。

楽天モバイルの番号選択サービスは1回千円なので、なんと千円ポッキリでデリヘルが遊べてしまう！……さすがにホテル代は無料にならないが、そこは目をつぶろう。

もちろん、楽天モバイルが無料で契約できるのは最初の1回線目だけだが、携帯回線は1社につき1人5回線まで持てるので、5回は楽しめる。

理論上はドコモ、au、ソフトバンク、UQモバイル、ワイモバイルでもこの技は使えるが、これらのキャリアで短期解約をやると会社のブラックリストに入り、しばらくそのキャリアで契約できなくなるので、やるなら楽天だけにしておいたほうがいいだろう。

楽勝でした

さて、さっそく千円でデリヘルを遊びますか。プレイ自体は可もなく不可もなくだったが、遊べればなんでも許せる。

この店の60分コースは1万6千円だから、差し引き1万5千円も得してしまった。これは文句のつけようなく俺の勝ちでしょ。皆さんもぜひマネしてください。

…ただし、前述のようにユーザーが番号に介入できるのは「番号の下4桁」なので、デリヘル側が抽選を中4桁に変えると、この技は使えなくなる。やるなら早いほうがいいだろう…。

それから 小売店やショッピングモールにも似たようなキャンペーンが

ちょっとテーマが下品だったが、この手のキャンペーンは風俗店に限らず色々な小売店やショッピングモールの施策などでも行われている。

以前ショッピングモールの施策でこれと全く同じものがあり、商品が2万円くらいの時計だったのでその場で回線を作って貰いにいった途端、盛大なファンファーレを鳴らされたうえ、「1万分の1を引き当てた超幸運なお客様が現れました〜!」と大声で宣伝されて写真まで貼られてしまい、かなり恥ずかしかった。

……まあそれはさておき、現在は楽天モバイルの最低維持費が消費税込みで月1078円になってしまい、0円維持は不可能になったものの、商品次第では十分に勝負になるだろう。電話番号の下4桁の数字によって当たるキャンペーンを見つけたら、すぐにでも飛びついた方が良いと断言しておく。

今回の一件を冷静に見てみると、これは単に「電話番号の下4桁キャンペーンは攻略できる」というだけの話ではなく、「キャンペーンを提供する側は、このように自由にコントロールできるものを抽選の対象にしてはならない」という教訓でもある。

「携帯電話の下4桁はコントロールできる」という事実を知っていれば、この施策を打つことはない。世の中に広く訴えかける立場の人は、様々な情報にリーチしてそれが自分の生活と繋がりそうかを常にリサーチする必要があるということだ。

もし俺が担当者だったら、当選番号は0A0-BCDE-FGHIのうち、ABCDEにあたる上5桁に設定する。そして、キャンペーン最終日までは1等の番号は070-252Xや、070-81XXを当選番号に設定すると思う。

なぜなら、携帯番号の上5桁は客側でコントロールができないうえ、これらの番号は携帯キャリアへの割り当てがまだ行われていないため、絶対に当たることがないからだ。こうすれば、最終日を迎えるまでに1等がなくなってしまい、盛り上がりがなくなることは避けられる……まあ、当たりのないくじ引きは詐欺罪に問われる可能性もあるので、真似は厳禁だが。

最後に。携帯電話番号の割り当て情報は、総務省HPの「電気通信番号指定状況（電気通信番号計画（令和元年総務省告示第6号）第1第4項による公表）」で誰でも見ることができる。興味があれば、ぜひ確認してほしい。もしかしたら、結構なキャンペーンの当たりをゲットできるかもしれない。

ネットの早押し競争に勝つ方法、教えます

「裏モノJAPAN」2022年2月号掲載

読者から要望があったので紹介したい。

「オキニのソープ嬢がいるのですが、シティヘブンの予約がすぐに埋まってしまってなかなか取ることができません。うまく予約を取る裏ワザがあれば教えてくれませんか」

あー、なるほど。確かにシティヘブンには予約機能があるし、いい風俗嬢ほどマジになる客も多いだろうから、過酷な早押しになるだろうな。

そもそも、チケットやレア商品や風俗サイトって、「ただ早く押すだけ」だと思われがちだからあんまりその辺の技術が語られることはないというか、意識している人が多くないだろうな。

しかし、転売屋なんかはそこにかなりの研究を注いでいる。

かくいう俺も、早押しはそこそこうまいと自負している。アマゾンと楽天でプレステ5を何度も買えているし、今年の楽天スーパーセールでは限定数量9個の目玉商品を早押しでゲットした。

これらの商品は、トライしたが買えなかった人も多いはず。早押しには工夫すべきポイントがいくつもあるのだ。

というわけで、今回はネット上にある「早押し」を他の人よりもうまくやるコツを伝授していこうと思う。
…先に断っておかないといけないが、早押しの世界はとにかく地味だし、絶対に目当てのモノが買えるような裏ワザはない。陸上競技じゃないが、1秒の差が大きく明暗を分ける世界なので、地味に見える作業の積み重ねが結果に出てくる。下積みばかりで嫌になるかもしれないが、得てして真実とはそういうものである。

早押しに必要な下準備

まず大前提として、早押しはスマホよりパソコンの方が向いている。風俗でも通販でもチケットでも、目指すのは「0・1秒でも早く注文を確定させること」なので、画面サイズに限界があり、スクロールの必要があるスマホは、パソコンに比べると一手遅れるし、ネットの速度も有線接続にはどうしたって敵わない。出先などの緊急時はともかく、基本はパソコンでやったほうがいい。

次に大事なのが、「使っている端末の時間合わせ」だ。販売開始時刻の決まっているモノは、予定された時刻ジャストに販売される。しかし、その時刻は「サイト基準の時刻」であって、「自分の使っている端末の時刻」ではない。

腕時計をずっと調整しないと時刻が少しずつズレていくように、パソコンやスマホでも同様の事態は起こる。そのため、端末の10時ぴったりにアクセスしたとしても、実は10時0分05秒だった…。なんてことはザラにある。そのため、勝負の前には時刻を必ず合わせないといけない。

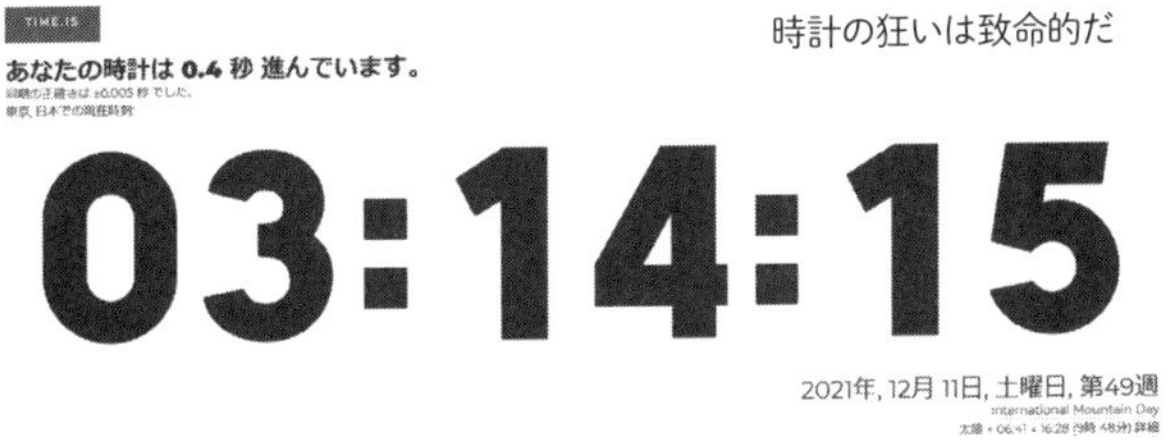
TIME.IS
あなたの時計は 0.4 秒 進んでいます。
03:14:15
2021年, 12月 11日, 土曜日, 第49週
International Mountain Day
時計の狂いは致命的だ

スマホなら一度時刻設定を手動にしてから自動に戻せば、自動で時刻が補正される。

PCの場合は「システム設定」→「時刻と日付の設定」から、時刻の補正が行われる。あとはWEBサイト「Time.is」にアクセスして、時刻があっているかを確認すればOKだろう。Time.isは電波時計の代わりに使えるので、スマホでTime.isを開きながらPCで開始時刻を待つのがベストな態勢だと思う。

そして最後の準備は、「サイトのどこに何があるか」を暗記しておくことだ。たとえばアマゾンにPCでアクセスすると…

❶商品ページの画面中段右側に「カートに入れる」
▼
❷右上に「ショッピングカート」
▼
❸上段右側に「先へ進む」
▼
❹右上「注文確定」

と、最短で4手かかる。この4手の押す箇所を確実にわかっていないと、次はどこだどこだと探している時間に在庫はどんどんなくなっていくし、後から人が増えてくるのでサイトも重くなる。地味でめんどくさいが必須条件である。初めて使うサイトであれば、授業料として何か安いものを自腹で買うか、購入後即キャンセルでもして、仕様を知っておいた方がいいだろう。

以上この3点さえ知っておけば、ネット音痴なおっさんやおばちゃんには間違いなく勝てる。自信を持って戦おう。

シティヘブンは自動入力を使え

ここからは個別のサイトを解説していく。まずリクエストのあったシティヘブンから。

シティヘブンは比較的サイトの作りが素直なので、あまり落とし穴はないのだが、注意すべき点が2つある。日付リセット（予約開始）のタイミングが午前0時という点と、「何日前に予約が解禁になるかが店によって違う」という点だ。

たとえば水戸の「ドMなバニーちゃん」なら、アクセス日から数えて6日後までの予約を受付している。そのため、即完売するような人気嬢に入りたければ、自分が行ける日の6日前、午前0時にアクセスする必要がある。もちろん、6日後に出勤するかどうかはブログとかを見てリサーチしておく必要がある。

最適な動き方としては、あらかじめ入りたい嬢の予約ページを開いておき、0時ちょうどにページを更新。あとは時刻とコースを選び、名前と連絡先を入力すれば確定まで行ける。

予約開始日は店によって違う

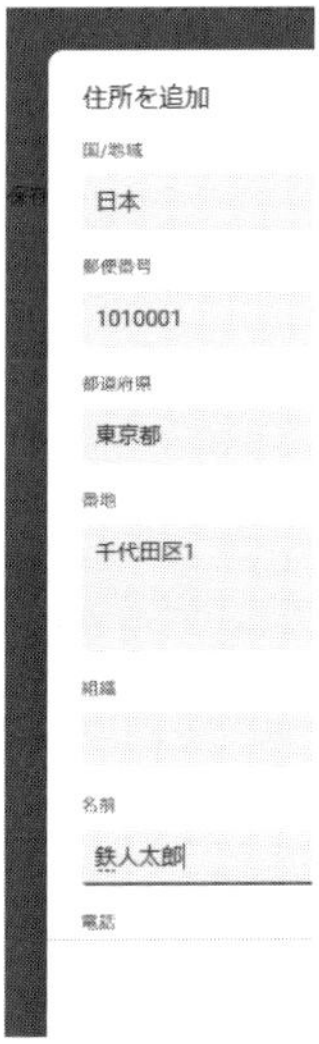

クロームで自動入力を設定しよう

店によってオプションやコースの位置が違うので、あらかじめ適当な嬢の予約画面でどこに何があるのか把握しておいたほうがいいだろう。オプションが上のほうにある店とかは、けっこう戸惑う。

なお、名前と連絡先はブラウザ・グーグルクロームを使って「設定」→「自動入力」で設定しておけば自動で入れてくれる。「店からの連絡希望時間」も選べることになっているが、こんなものは予約したあとで自分から店に連絡すればいいだけなので、触る必要はない。タイムロスになる。これで9割は競り勝てるだろう。

チケットはクレカで買ってはいけない

やはり早押しの激戦区といえば、チケットだろう。

ただし、アイドルの卒業ライブとか、スポーツの決勝のような、明らかに席数以上の需要が見込まれているものは抽選になるので、そっちは名義を借りてファンクラブにたくさん入るとか、自治会の裏ルート（町内会経由でチケットが取れたりする）とか、そういう話になってくるし、最近は先行抽選もあったりで早押しの出番は減っている。

チケットは絶対、後払いに

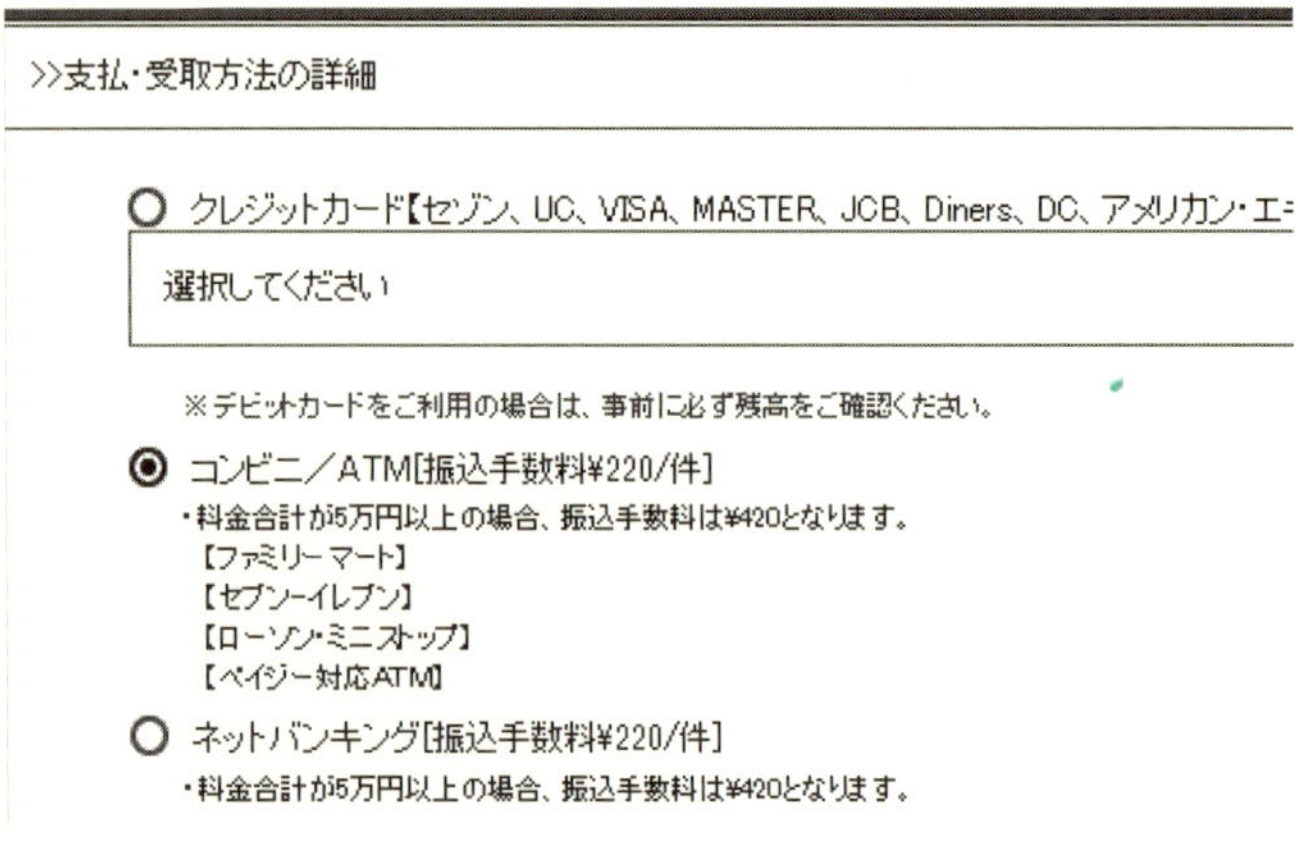

>>支払・受取方法の詳細
クレジットカード【セゾン、UC、VISA、MASTER、JCB、Diners、DC、アメリカン・エ
選択してください
※デビットカードをご利用の場合は、事前に必ず残高をご確認ください。
コンビニ／ATM[振込手数料¥220/件]
・料金合計が5万円以上の場合、振込手数料は¥420となります。
【ファミリーマート】
【セブン-イレブン】
【ローソン・ミニストップ】
【ペイジー対応ATM】
ネットバンキング[振込手数料¥220/件]
・料金合計が5万円以上の場合、振込手数料は¥420となります。

チケットの予約サイトで最も使われるのは「イープラス」か「ぴあ」のどちらかだと思うが、イープラスの方が腕が出やすい仕様だと思う。なぜなら、イープラスとぴあではイープラスの方が確定画面までの手数が少ないからだ。

イープラスの場合、

❶席と日付を選び、ログインボタンを押す

▼

❷支払方法を選ぶ

▼

❸「この内容で間違いないですか」的な確認画面が出るので、確定

この3手で確定になる。

みんな知っている通り、人気のチケットではアクセスが殺到し、サイトがクソ重くなる。サイト側にも処理能力の限界というものがあり、これを超えると更新しても何も表示されなくなったり、エラーページが表示されたりするが、時間が経てば経つほどこれに巻き込まれる確率は上がる。時間が経つとエラーになった人が再読み込みをしたりするので、どんどんサイトが重くなる。

こうなってしまうと運よくつながるかつながらないかの運試しになってしまう（言うまでもなく確率は激低）ため、最初の一発目が勝負である。ここで取れないと不毛な運試しに巻き込まれる確率が高い。

そして、支払い方法は「コンビニか振込の後払い」を選ばないといけない。

なぜなら、クレジットカードは決済と同時に引き落としの処理が行われるため、クレジットカード会社に確認が行ってからのチケット確保になる。そのため、後から支払処理をするコンビニ払いなどに比べて一手遅れてしまうのだ。

またカードによってはネットショッピング用のパスワードを入れないとダメだったりして、こうなったらもう終わり。数百円の手数料はかかるが、後払いを選んだほうが絶対にいい。転売屋から買ったら数百円で済まないのだから…。

アマゾンでカートに入れるコツ

ネット上でいろいろ早押しが求められる場面はあるが、中でも競争と情報のアップデートが激しいのは、やはり通販サイトだろう。ここではアマゾンと楽天の2サイトに絞って紹介していく。

まずは「今早押しすれば、買えるかもしれない」という状況を知らないといけない。

「あとで買う」に入っている商品
(102点)
[ヴィヴィアンウエストウッド] Vivienne Westwood LENA スモールオーブ ネックレス専用BOX・紙袋付き 7... は「あとで買う」から削除されました。
【サントリープレミアムセレクション】 響 BLOSSOM HARMONY ブロ…
¥41,690 prime
ポイント: 417pt (1%)
在庫あり
パターンの種類: 2.響BHセット
削除
カートに戻す
類似商品をもっと見る
PNY 2.5インチ SATA3 内蔵SSD 120GB 3年保証 国内正規品 SSD7C…
¥5,083
残り1点 ご注文はお早めに
この商品は、現在ご利用いただけるAmazon最小価格に更新されました。価格は¥3,508高くなります。 詳細はこちら
容量: 120GB
スタイル: スタンダード (SATA) CS900シリーズ
削除
カートに戻す
類似商品をもっと見る
フロム・ザ・バレル(箱無し) [ウイスキー 日本 500ml]
¥4,970
ポイント: 26pt (1%)

ここの「カートに戻す」からだと何故かカートに入る

人気フィギュアの「ベアブリック」や「ガンダムメタルビルド」、服でも「ノースフェイス」とかは公式サイトでボジョレーヌーボーみたいに予約開始時間がアナウンスされることがあるが、そうでないものの場合は毎秒アクセスして在庫が出たかを確認するわけにもいかない。

そのため、「小岩井チェッカー」のようなレア物の再入荷を通知してくれるツイッターアカウントをフォローする必要がある。

で…アマゾンでPS5とか、布袋モデルのGショックとか、そういう獲りあいになるような商品が再入荷したとする。通知アカウントのツイートはみんな見てるため、一気にアクセスが増えるのでサイトは重くなる。

アマゾンの場合、サイトが重くなったときの動きがやや特殊なので注意しないといけない。

普通のサイトなら、重たいときは「ただいま混雑しています」みたいなエラーページが出たり画面が真っ白になったりするが、アマゾンが重たいときは、在庫があるにもかかわらず、「カートに入れる」ボタンを押してもカートに商品が入らずトップページに戻されたり、何も入ってないカートを見せられたりする。仮にカートに入っても、買おうとするとカートから商品が消えてることもあり、だいぶ腹が立つ。

そのため、「カートに入れる」→「購入手続き」を繰り返すことになるのだが、そもそもカートに入らないことも多い。

しかし、一度カートに入れてエラーが起こった商品は、カートページの「あとで買う」というところに商品情報が残る。この「あとで買う」が重要だ。

「あとで買う」の商品は在庫があると「カートに戻す」ボタンが出るのだが、なぜかこっちだと、商品ページからカートに入れるよりはるかに高い確率でカートに入る。そのため、一度運よくカートに入ったら、「あとで買う」からカートインに切り替えたほうがいい。

支払い方法は代引きの方が速いのだが、代引きだと注文できない商品の方が多いので素直にクレカ払いでいいと思う。ポイント支払いは時間がかかるのでNGだ。

楽天の場合は、

❶（時間が指定されているものの場合）時間になったらブラウザを開き直して商品ページを開く

▼

❷商品ページで「ご購入手続きへ」

▼

❸カートページで「ご購入手続き」

▼

注文確定

この3手が最短となる。楽天はアマゾンのようにエラーが頻発したりせず、売り切れなら売り切れだと表示が出るため、まだわかりやすい。楽天スーパーセールで半額になっているカニとか馬刺しとか、そういうものくらいならなんとか取れるだろう。

ただし、楽天の運営するサイト「楽天ブックス」は仕様が別で、若干ややこしい。カートに入れる画面や注文画面で「ただいまアクセスが集中しており、接続できませんでした」みたいなエラーが頻発する。

こういうのには手動では勝てない

fastBOT
全ての商品
キーワードを入力
omni7 自動購入
おすすめ商品
商品コード：omni7-001-000
¥0 税込
関連カテゴリ
BOT

これ自体は回避しようがないのだが、戻って同じ動作をしようとするとタイムロスになる。この場合は、戻って同じ操作をするのではなく、エラーページでページを再読み込みすると、先に進める。

また楽天でも楽天ブックスでも、しばらくログイン手続きをとっていない状態で購入手続きをしようとすると、ログイン画面が出て時間を大幅ロスするため、こまめにログアウト↓ログインをする癖をつけたほうがいい。

ただ、残念なことに通販サイトは指定の商品を自動で購入するソフト（いわゆるbot）が多く出回っており、PS5のような商品は機械相手に勝ち目がなく競り負けることも多い。

特にひどいのはセブンアイグループの運営する「オムニ7」（2023年1月に運用終了）だ。サイト側が対策する気がまったくないらしく、レアモノが販売されても1秒以内にすべての在庫がなくなる。なのでオムニ7で早押しをやるのは残念ながら無謀な行為と言わざるを得ない。

★

「ソープの予約を早く取りたい」というテーマからはだいぶ飛んだ気もするが、まあ、ここにあるすべての内容を実践せずとも、できそうなものをやるだけで一般ユーザーと差がつくのは間違いないため、ぜひ欲しいものがある際はトライしてほしい。

それから

インターネット回線のping値は低い方が優秀

もう少しマニアックな話をすると、早押しに拘るのであればインターネット回線の品質にも拘ったほうがいい。

インターネット回線には通信速度とは別に「ping値」という値があり、これは「データを送信・受信するまでのタイムラグがどれだけあったのか」を示している。タイムラグは少なければ少ないほどありがたいので、ping値は低い方が優秀ということになる。

普通にインターネットをする程度だと、100ms程度のping値でも気にならないと思うが、ネットゲームをするときは遅延を感じるレベルになると思う。普通の光回線だと、50ms程度が一般的だ。

ping値はルータにつながれている機器が増えると上昇する。ネットに繋ぐ機器を絞ったり、LANケーブルを高品質なCAT7・CAT8規格のものに買い替えたりすることでping値は改善していく傾向にある。逆に、「インターネット無料」と謳われたマンションなんかで用意されているネット回線はひとつのルータを入居者で共有しているケースがあり、この場合はどうやっても改善のしようがない。こういう場合は、マンションの回線とは別でインターネット回線を契約することも視野に入る。

実際に操作を行うディスプレイも、ある程度は大きさがあったほうがスクロールの回数が減るので有利だったりする。マウスもゲーム用の追加ボタンがついているものを買って、コピーペーストや更新、戻るなんかに割り当てるとスピードはさらに上がるはずだ。

……とはいっても、マニアやコレクター以外は年に何個も早押しを求められる商品を必要とすることは少ないと思う。そうなると設備投資をするより、多少上乗せして転売屋から買ったほうがトータルのコストは低くなるので、ここが難しい。

設備投資を回収するには、自分には興味のないレアモノを買って転売するのが一番の近道なわけで……。転売屋に勝とうとすると、自分が転売屋になってしまうリスクがあるのが怖いところだ。

3章

一攫千金

儲かったのか、損をしたのか。雨《アメックス》金《ゴールド》事件と「PIST6《ピストシックス》」の後悔

「裏モノJAPAN」2023年3月号掲載

最近はあまりペットボトルのタダ券とか、１００円２００円が得になるような話を書かなくなったが、それは「大きく金を抜けるときに全力を出した方が、トータルでは得になる」ことがわかってきたからだ。

大きく儲けるためにはチャンスがあったときに「そこまでやるか」と言われるほど全力を突っ込むこと、そして諸条件をよく検討して、全力を出せる状況なのかを判断することが重要だ。

……しかし、こうした教訓というのは得てして終わってから気付くもので、「あのとき全力を出していれば、今の暮らしは全然違っていたのに」と思うことが多々ある。

今回は「そこまでやれなかった」後悔の話をしてみたい。

1万や2万ポイントでは終わらなそうだ

俺が人生で一番後悔していることといえば、8年前に働いていた裏モノ編集部を「あのタイミングで」辞め

なかったことだ。

2016年、新卒で鉄人社に入った俺は、雑誌編集という今までやったことのない仕事に悪戦苦闘していた。取材は裏モノなので普通の仕事の感覚ではまったく通用せず、大学ではパチンコばっかりやっていたのでちゃんと文書を書いていたわけでもなく、原稿を書くのも遅い。

気晴らしに遊びに行こうにも、新卒の給料などたかが知れているのでパーッとやれるわけでもなし、休日にはパチンコで小遣いを稼いで安い弁当を食って寝る、まあ職場が裏モノ編集部という以外は普通の生活を送っていた。

そして入社してから1カ月が経ったころネットで、あるキャンペーンの情報が入ってきた。ネット乞食の間では今でも語り草となっている「アメックスゴールド公共料金キャンペーン」だ。

これは初年度年会費無料のアメックスゴールドカードを新規発行したユーザーが、携帯料金、水道、ガス、電気代、動画サービスの代金、インターネット料金、などをアメックスゴールドで支払うと、入会から3カ月のあいだ、引き落とし1件につき2千ポイントが付与されるキャンペーンだ。

携帯料金と光熱費の引き落とし先をアメックスにするだけで6千ポイント×3カ月＝1万8千ポイントがもらえる、どう考えても悪い話ではなかったので、とりあえず申し込んだ。

アメックスのポイントはマイルにも交換できるので、2〜3回は国内旅行がタダでできそうだ。

今も語り草になっているキャンペーン

……しかし、よくよく考えてみるとこのキャンペーンは「1万や2万ポイントでは終わらなそうだ」ということに気が付いた。

携帯電話は、1キャリアにつき電話のできる回線5つと、タブレットやポケットWiFiのようなデータ通信しかできない回線5つの、都合10回線まで契約ができる。ドコモauソフトバンクを合わせれば、30回線まで持てることになる。

キッズケータイやポケットWiFiなど、料金が安いプランを大量に契約し、すべて請求をバラして来るようにすれば、30回線×3カ月×2千ポイントで、18万ポイントがもらえる計算だ。

もちろん各々の携帯料金を払う必要はあるが、確実にプラスになるのだからやらない理由はない。俺は仕事が早く終わった日や、土日を使ってコツコツ回線を増やしていった。

そして、U-NEXTのような動画のサブスクもサービス対象なので、動画は見ないがとりあえず契約。これで、20万ポイントくらいはもらえる目途がついた。すべてが終わったら高級鮨に3～4回は行けるだろう。

仕事のほうは右も左もわからない状態で、編集長に怒鳴られまくっていたが、数カ月後にまとまったアブク銭が入ると思うとなんとか耐えられた。

1億に手が届くかもしれない

……そして、カードが届いてから3週間ほどで、ある「爆薬」の存在に気付く。

キャンペーンの詳細な適用条件を読むと、ポイントが付与されるのは「引き落とし1件につき」とある。そして、ポイントが付与されるかどうかは請求書の事業者名から判断されるという。

例えば、ドコモの携帯電話であれば明細には「NTTドコモ」という請求が上がるのだが、NTTドコモが契約しているサービスは携帯電話だけではない。電報などもNTTドコモが提供しているサービスなので、電報の料金をクレジットカードで払えば、携帯料金と誤認されてポイントがつく可能性がある。

Yahoo!の請求は「ヤフージャパン」で来るから、ヤフージャパンの提供する募金とか占いサイトで100円の課金を連打すれば、100円が2千ポイントに化ける可能性がある。しかもこれ、何回でもできるのだ。これを人生を変える爆薬と言わずしてなんという。

この考え方でいくと……。

●インターネットプロバイダ「ソネット」の提供する格安SIMのデータチャージ（500円）
●ヤフージャパンの募金（100円）
●ドコモの電報（800円）
●KDDIのクレジットカード国際電話（ハワイへのワン切りで30円）
●動画配信サービスU-NEXTのアニメ単話購入（30円）
●東京ガスのサイトでフォーク購入（千円）
●携帯ショップで保護フィルムなど単価の安い商品を購入

などをすることで、事実上無制限にポイントを獲りまくれる可能性があった。

しかし、答え合わせができるのは請求が上がってきて、ポイントが付与される1カ月後。新卒で入って1～2か月ではたいした貯金もないので、空振りして損するわけにもいかない。すべてのアイデアを数回ずつ試すにとどめ、請求を待つことにした。

仮に30円の支払いで2千ポイントがつけば、約70倍。10万円突っ込めば７００万、１００万円突っ込めば7千万だ。もしかすると、20代にして1億に手が届くかもしれない。そう考えると仕事など手に付くはずもなく、相変わらず編集長には怒鳴られっぱなしだった。

ガラケーを床に置いて足でワン切り

……そして１か月半後、請求が届き、答え合わせが出た。電報と募金、フォークはポイントがつかなかったものの、本命と思わしきＫＤＤＩの国際電話ワン切りとアニメ単話購入はポイントがついたのだ！

こうなれば、やることはたった１つ。キャンペーンが終了するその日まで、国際電話のワン切りとアニメの単話購入をやり続けることだ。

ＫＤＤＩの国際電話は、専用ダイヤルに電話して、クレジットカード番号を入力した後でハワイの番号（自分は天気予報の自動ダイヤルにかけていた）を入力するという、まあまあ面倒な作業なのだが、これは携帯だけで出来るので死ぬ気で番号を暗記し、ガラケーで国際電話をかける作業に没頭した。残された期間は１か月半。だいたい、ワン切りは3分に1回ペースでいけるので、時給は2千円×20回の4万円。これで本業の仕事をやる気になる方が、頭がイカれている。

鉄人社での仕事中も、ガラケーを床に置いて足でワン切り。勤務態度としては最悪だろう（その節はすみませんでした）。

……しかし、快進撃は2日で止まってしまった。１００回ほどワン切りしたところで、カードがなぜか限度額いっぱいになってしまったのだ。

発行されたアメックスゴールドの限度額は50万円。30円のワン切り100回でなぜ50万円の枠がいっぱいになるのか分からなかったのだが、国際電話のような料金がいくらになるか不明なサービスの場合、「与信」というシステムであらかじめカードの枠が確保されてしまう。そのため、国際電話の平均値である4千円が1回につき取られてしまうようなのだ。

そのため、125回ワン切りをしたところで限度額に到達してしまい、正確な請求額がアメックス側に届く約1週間後までカードが使えなくなる。

これを回避するには、アメックスに現金を入金するしかない。入金すればその分だけ枠が回復するので、ふたたびワン切りが可能になる（もちろん、こちらが過払いした分は後で計算されて返ってくる）のだが、50万突っ込んでも125回、100万突っ込んでも250回しかワン切りができない。

アニメの単話購入は拘束される与信枠が2千円なので、ワン切りよりも効率がいいことがわかったが、それでも250回で枠がいっぱいになる。

枠をすべてアニメの単話購入で埋めた場合、50万の資金が1カ月拘束されるだけで、50万円分のポイントを産むのだから悪くはない。

問題なのは、当時の自分が新卒だったことだ。そんなに多くの現金を持っていないのだ。ゲーム機や携帯など、金にできるものはすべて金にしてアメックスに突っ込んだのだが、それでも突っ込めたのは100万円ちょっと。裏モノ編集部の面々にも「絶対返すから、500万貸してください」と頼んだが、当然誰も貸してくれずじまいだった。

やるべきだったのは借金し続けることだった

先にネタバレしてしまうと、他のネット乞食も異常な回数の請求を上げまくった結果、アメックス側が白旗をあげて「キャンペーン3カ月目の請求に関しては、ポイントを付与しない」という対応を打ち出した。

つまり、大金を稼げたチャンスはワン切りがポイント付与対象になることが判明したキャンペーン2カ月目後半から3カ月目に突入するまでの、2週間余りに限られていたことになる。

結局、俺は30万円ほどの請求で300万ポイントを手にした。換金すると200万円くらいになり、少しは生活に余裕が出たのだが、よくよく考えると、あのときもっと本気になっていたら、違う今があったのではないかと夢想してしまう。

2週間あまりの間に消費者金融をハシゴして金を借りられるだけ借りたり、カードローンを契約したり、親に嘘をついて金を引っ張れるだけ引っ張ったり、どこかの金持ちに事情を話して金を借りたりすれば、それだけ利益は増えたはずだ。

そう考えると、やるべきだったのは働きながら小銭をかき集めることではなく、裏モノの編集部を辞めてバイトを雇い、バイトにアニメを購入させつつ、自分は借金をし続けることだったのだ。

絶望のメールが

アメリカン・エキスプレスのカード会員様へ

【重要なお知らせ】

平素より、アメリカン・エキスプレスのカードに
ご愛顧を賜り厚く御礼申し上げます。

お申し込みの際に新規ご入会特典としてご案内いたしました「公共料金などを対象としたボーナスポイントプレゼント」を、誠に勝手ながら2016年9月8日をもちまして、終了させていただくことになりました。2016年9月9日以降に記載されるお客様のカードご利用履歴に関しましては、対象加盟店でのお支払いであってもボーナスポイント加算の対象外とさせていただきます。

カード会員様にはご迷惑をおかけいたしますことを深くお詫び申し上げます。
なお、本Eメールはキャンペーンの対象期間が終了しているカード会員様にもお送りさせていただいております。あらかじめご了承ください。

本件に関しまして、ご不明点などがございましたら、
カード裏面の電話番号までお問い合わせください。

今後とも、アメリカン・エキスプレスのカードに変わらぬご愛顧を賜りますようお願い申し上げます。
末筆ながら、あなた様のご健勝とご活躍を心よりお祈り申し上げます。

2016年9月9日
個人事業部門

あのとき1億円くらい借金ができていたら、ポイント換金時のロスを差し引いても6～7千万くらいは手元に残ったはずだ。

まあ新卒が1億借りるのは現実的には厳しいとしても、2千万くらいだったら本気を出せば作れただろうに。

まあ、あそこで編集部を辞めなかったからこそ現在の自分があるわけなので、どっちの選択が良かったのかはわからないが、今でもパチンコや競馬で負けた日にはたまにこの後悔を思い出してしまう。

「これ、100%勝てるじゃん」

２０２１年10月、千葉競輪場で、新競技の「PIST6《ピストシックス》」がスタートした。

これは自転車競技法における競輪だが、通常の競輪とはルールが若干異なる。競輪と大きく異なる点は、一周２５０メートルのバンクを6周するという競争方法。

また、頭突きや体当たりのような接触プレーや、ラインという選手同士の結託プレーが禁止となっており、漢字の「競輪」よりもオリンピックなどで行われる競技の「ケイリン」に近いものとなっている。

また、競輪としては唯一、１着になる選手を当てる「単勝」の賭式が設けられている。

このPIST6は民間投票サイト「TIPSTAR」でしか投票ができなかったのだが、TIPSTARはこの競技の開幕を祝って、入金額に対して15％のボーナ

大々的に始まったPIST6

スと、投票額に対して9％のボーナスをつけた。

つまり、1万円を入金すると1万1500円が賭けられるうえに、当たっても外れても1035円が戻ってくるわけだ。

そして、ネット乞食たちにとってこの日の目玉は、予選の第6レース。このレースはトラックワールドカップで金メダルを取ったこともある実力者の雨谷一樹が出場するレースで、他の選手たちは雨谷より大きく格の落ちる選手だった。競輪ファンなら誰が見ても、雨谷が勝つと思うレースだ。当然、単勝も雨谷の1番車が一番人気となっており、オッズは元返しの1倍。

それでも、今日は入金と投票で都合24％のボーナスが付くのだから、実質的なオッズは1・2倍オーバー。100万円を雨谷の単勝に賭ければ、125万円になって戻ってくる。

……ということを誰もが考えた結果、雨谷の単勝に大量の投票が集まり、雨谷以外の2〜5番車のオッズが異常に高くなってしまった。確定オッズは以下の通り。

1番車　1・0倍
2番車　41・2倍
3番車　100・8倍
4番車　109・9倍
5番車　261・3倍

これを見て、俺はすぐにピンときた。「これ、100％勝てるじゃん」と。

いくら雨谷が強いとはいえ、接触で落車したり、自転車が故障する可能性はゼロではない以上、負けてすべてがパーになる可能性は残る。100万円突っ込んで雨谷がコケたら目も当てられない。

しかし、115万円を以下のように賭けたらどうなるだろうか。
1番車　109万5000円
2番車　3万円
3番車　1万円
4番車　1万円
5番車　5000円
こう配分すると、レース結果がどうなっても100万円は戻ってくるし、投票ボーナスの10万3500円は絶対に儲かる。
銀行金利が1％すらつかない時代に、たった3分のレースで、最低10％も金が増えるのだ。
競輪は1アカウントあたり1000万円まで投票できるので、1千万円突っ込めたら最低でも110万、雨谷が勝てば200万儲かる計算だ。

俺は儲かったのではなく損をしたのだ

レース開始まではまだ1時間ほどある。今から金をかき集められるだけかき集めて、6レースにすべてブチ込もう。そう考えた俺は、すぐにATMへ走った。
……しかし、銀行口座には不正利用防止のための引き出し制限がついており、すべての口座から限度額いっぱいまで金をおろしても、100万円ほどにしかならなかった。しかも、俺は間違っても借金はしないというポリシーを持っていたため、カードローンなどは枠を設定しておらず、借金もできない。

あとはクレジットカードや電子マネーの入金にすべてを賭けるしかない。

だが、ここでもクレジットカードによってはギャンブル系サイトへの入金を拒否してきたりして、限度額２００万円のゴールドカードも宝の持ち腐れになってしまった。

LINE Payやau PAYなどの電子マネーも１アカウントあたりの入金上限があったりで、こちらも思ったように事が進まず、結局入金できたのはトータルで２５０万円ほど。

レース自体は雨谷が順当に勝利したため、３分の勝負で50万弱勝ったのだが、そもそも当日にぶっつけで準備をしたのがよくなかった。

結局、このレースの雨谷単勝には１億６千万（！）の元返しブチ込みが入った。

異常投票の結果、明らかにおかしなオッズ

単勝					
人気	車番	印	選択	選手名	オッズ
1	1		✓	雨谷一樹	1.0
2	2		✓	須永優太	41.2
3	3		✓	大塚英伸	100.8
4	4		✓	牛山貴広	109.9
5	5		✓	若原英伸	261.3

競輪は10％の入金ボーナスでも元返し狙いの異常投票が起こる競技なので、24％もつけばとんでもない状態になるのはわかりきっていたことだった。

なので銀行の引き落とし制限を解除したり、前もって入金できるクレジットカードを調べたり、カードでニンテンドースイッチを買いまくって現金を作ったりしていれば、１千万ブチ込んで２００万儲けることも不可能ではなかったと思う。

俺は50万儲かったのではなく、準備を怠ったために１５０万の損をしたのだ。今も牛丼屋で卵をつけるかどうかで迷っているとき、「PIST6でちゃんとやっていれば、迷いなく卵もつけられた」と思う。

ちなみにPIST6は興行としては全く成功せず、1開催の売上が300万円程度しかつかないほど低迷しており、場所を貸している千葉市の議会でも「赤字ヤバいけど、どうすんだよ」と突っ込まれている。そんな状況なので、PIST6にブチ込めることはもうないだろう。チャンスの女神は前髪しかないとは、よく言ったものだ。

★

こうして振り返ってみると、大勝利をつかむためには動かせる現金を用意しておくことと、自由になる時間を持っていること、多くのことにアンテナを張っていることが重要なのかもしれない。

次のチャンスは、絶対に逃さない。

それから

「付与上限なし組」と「あり組」の間で大きな格差が

過去にいつまでも引っ張られるのは良くないことではあるのだが、PIST6はともかく雨金事件は逃した魚が大きすぎた。今でもときどき当時の夢を見ることがある。

当時はハシゴを外された人たちが怒り狂っており、毎日のようにアメックスに問い合わせをして、その経過をSNSで報告している人もいた。億は言い過ぎとしても、数千万が得られるはずだったにもかかわらず急に没収となったら、怒る気持ちもわかる。弁護士をつけて裁判で白黒つけようと思うこともあるだろう。

しかし、ある時期を境に急に怒っていた人たちがアメックスに関する投稿をしなくなったため、「今後、一切当該キャンペーンについての発信を行わない」というような条件を呑む代わりにそれなりの額をもらって示談になったのではないか……という噂が流れた。真相は闇の中だが、確かになくはないシナリオなので妙に説得力がある。

そして、アメックスゴールドの事件はネット乞食同士で「仲間割れ」が起こった事件でもあった。このキャンペーンの穴は付与上限がなかったことが大きい。しかし途中でこの穴に気付いたアメックス側が6万ポイントまでという付与上限を設けたため、「付与上限なし組」と「付与上限あり組」の間で大きすぎる格差が生まれた。

「付与上限あり組」は「付与上限なし組」の足を引っ張るためにわざわざアメックス側に「国際電話のワン切りでポイントが付与されるのは明らかにおかしい」「キャンペーンの原資は既存ユーザーから得た利益なのだから、請求件数を無意味に増やすだけの迷惑行為に対してそれを還元する行為は不健全だと言わざるを得ない」といった問い合わせを行う者まで出た。たしかに、言っていることは至極真っ当ではあるのだが、仮に自分が「付与上限なし組」だったら絶対に口を噤んでいただろうと思うと、微笑ましくもある。

「慌てる乞食は貰いが少ない」ということわざがあるが、ネット乞食というのは事業者の想定を超えたり、盲点を突いたりする行為がメインである以上、時間が経てば経つほど盲点が塞がれる可能性が高いので、ネット乞食にはこのことわざは当てはまらないのではないかと思う。いけそうな施策やキャンペーンがあった場合、少なくともエントリーや申し込みだけはすぐにしておいたほうがいい、ということも教訓として言えそうだ。

競輪の「元返し」は統計上、勝てる！

「裏モノJAPAN」2022年11月号掲載

基本的に、ギャンブルというのは胴元が勝つようにできている。当たり前の話だ。

俺は競馬や競艇、競輪のような公営ギャンブルよりもパチンコ・パチスロのほうが好きなのだが、その理由は、テラ銭（控除率）が公営競技よりも安いからだ。

パチンコなら釘、パチスロは設定がテラ銭の調整装置となっており、パチスロは設定1で96％くらい。1万円ぶんの玉やメダルを打ち込むと４００円負ける計算だ。

まあ、繁華街の駅前とかにあるパチンコ屋だと、千円で4〜5回くらいしか回らないパチンコがあったりして、公営競技よりヤバいこともあるが。

で、これが公営競技になると、基本的に25％のテラ銭が持っていかれる。競馬の単勝とか複勝（選んだ馬が3着までに入れば当たり）は20％だが、それでもかなり不利な勝負なのは間違いない。予想に多少自信があっても、このテラ銭のせいで負けてしまうことのほうが多いだろう。

もちろん、馬券で勝ちまくって税金の裁判を起こされた人がいるように、公営競技で勝つのも不可能ではないのだろうが、かなり難しいと思われる。

ちなみに、海外のブックメーカーではテラ銭が数％で、日本の競馬や競輪にも賭けられるのだが、オッズは確かにいいものの、入金手数料がテラ銭と変わらないくらいかかってトータルではあまり意味がない。

控除率が低くなると突破口が

…というわけで、公営競技はテラ銭がでかすぎるため勝つのは難しいのだが、合法的にテラ銭が減る状況がひとつだけある。それは配当が1倍、つまり「元返し」になるときだ。

たとえば競馬でひとつのレースの3連単に合計で１００万円の投票があったとする。この場合の払い戻しは、運営がテラ銭25％を引いた75万円を的中者で山分けにする形なのだが、元返しはそうではない。

仮に誰もが「これは１-２-３しかない」と考えるようなガチガチのレースがあったとしよう。そして3連単の「１-２-３」だけに投票が１００万円集まり、ほかの買い目は1円も買われなかった場合、どうなるか。

読み通り１-２-３で決着すると、１・０倍で戻ってくる。本来ならテラ銭25％が引かれるところなのだが、法律で「１００円の馬券の配当の最小額は１００円」となっているので元返しになるのだ。

この場合、主催者は１００万円の投票額から１００万円を払い戻したのだから、1円も儲かっていないことになる。テラ銭は０％だ。

もちろんこれは極端な例だが、元返しの場合は控除率が本来設定されているものより低くなる。ここに突破口があるのではないか。

もちろん、１００円投票して１００円が返ってくるだけだと、なんの意味もない。勝っても利益は0円、負けたら大損。ただ不必要なリスクを背負っているだけだ。

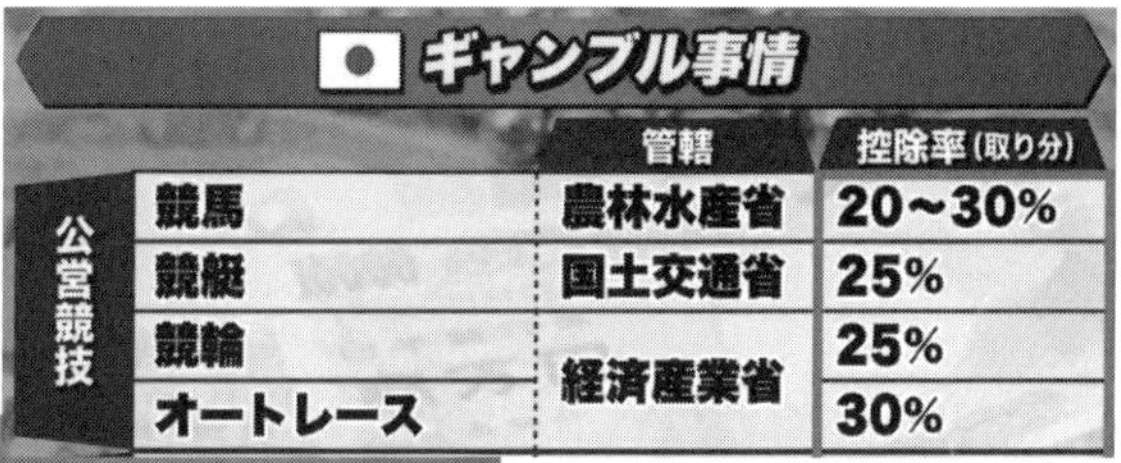

ギャンブル事情

公営競技	管轄	控除率（取り分）
競馬	農林水産省	20〜30%
競艇	国土交通省	25%
競輪	経済産業省	25%
オートレース	経済産業省	30%

公営競技の控除率はエグい

しかし現在は公営ギャンブル同士のサービス合戦が過熱しており、入金や払い戻しに何らかのサービスがつくことが珍しくない。これをうまく使っていけば、「100円賭けて110円戻ってくる」とか「90円賭けて100円戻ってくる」という状況を作り出せるのだ。

いろいろと調べた結果、競輪はこの有利な状況で勝負できる可能性がある。

ガールズケイリンを狙ったほうがいい

競輪は民間投票サイト「チャリロト」「TIPSTAR」「DMM競輪」などで不定期にキャンペーンを行っており、入金時に5〜10%のボーナスがつくことがある。たいてい、毎月1日か月末最終日にこの手のキャンペーンが打たれる。

つまり「1万円入金すると、1万1千円ぶん賭けられる」ということだ。これなら車券自体が元返しでも勝てるチャンスはある。

競輪には単勝・複勝がなく、最も当たりやすい車券はワイド（選んだ選手2名が3着以内に入れば的中）となる。なので「この2人は間違いなく来る」という選手が出るレースを選ぶ必要がある。

しかし男子の競輪はラインと呼ばれるチーム戦があり、自分が捨て石になって先輩を勝たせるような行為がある。それに体当たりや頭突きのような接触プレーもあるから、落車のリスクもある。

そのため、「この2人の脚力が抜けている」という場合でも3着までに入るとは限らない。なのでここは、女子のガールズケイリンを狙ったほうがよさそうだ。

ガールズケイリンはラインや接触プレーは禁止となっているため、純粋な脚力の勝負になる。そのため強い選手が順当に勝つレースが多く、配当は安くなりがちだ。

「ガールズはつまらない」と言う競輪ファンも多いが、元返し狙いならば都合がいい。

そしてガールズケイリンは選手が少ないため、オリンピックに出るような猛者も、ちょっと前まで高校生だったルーキー（しかも自転車競技の経験なし）も同じ班で走らされる。なので「7人中2人の実力が抜けていて、あとは見劣りする」という組み合わせのレースもけっこ

2022年09月08日 レース詳細

一騎討ち　ガールズ予選2　　発走予定 18:15　投票締切 18:10

勝ち上がり条件：①１１点②９点③７点④５点⑤４点⑥３点⑦２点

予想担当記者：アオケイ 渡辺 浩行 ｜ 並び提供：百万弗

出走表 ｜ 選手コメント・前回出走レース成績 ｜ 今場所・前場所・前々場所出走レース成績 ｜ 年間勝利度数 ｜ 同走路年間勝利度数 ｜ 当所5年 ｜ 印刷

予想	好気合	総評	枠番	車番	選手名 府県/年齢/期別	級班	脚質	ギヤ倍数	直近4ケ月の成績 競走得点	S	B	逃	捲	差	マ	1着	2着	3着	着外	勝率	2連対率	3連対率
		4	1	1	中村 鈴花 熊　本/20/120	L1	両	3.77	46.06	0	0	0	0	0	0	0	0	0	16	0.0	0.0	0.0
◎		1	2	2	山原 さくら 高　知/29/104	L1	両	3.77	56.53	0	17	10	9	2	0	20	1	2	3	76.9	80.7	88.4
×		3	3	3	三宅 玲奈 岡　山/26/108	L1	両	3.79	51.61	2	0	0	0	1	8	1	8	5	17	3.2	29.0	45.1
△		3	4	4	川嶋 百香 三　重/25/114	L1	両	3.77	50.62	1	1	0	0	2	1	1	2	10	14	3.7	11.1	48.1
注		4	5	5	日野 友葵 愛　媛/27/108	L1	両	3.71	47.85	1	0	0	0	1	1	1	1	4	21	3.7	7.4	22.2
○		1	6	6	日野 未来 奈　良/29/114	L1	両	3.77	55.11	2	6	2	11	3	2	11	7	3	5	42.3	69.2	80.7
▲		4		7	猪子 真実 愛　知/42/104	L1	両	3.77	46.62	0	0	0	0	0	0	0	0	1	16	0.0	0.0	5.8

ガールズケイリンのガチガチレースの例（9月8日佐世保7レース）。
2番山原と6番日野が抜けて強く、他のメンツが明らかに軽い

本命が飛ぶと元返し狙いの投票がすべて払い戻しに回るので配当がヤバいことになる

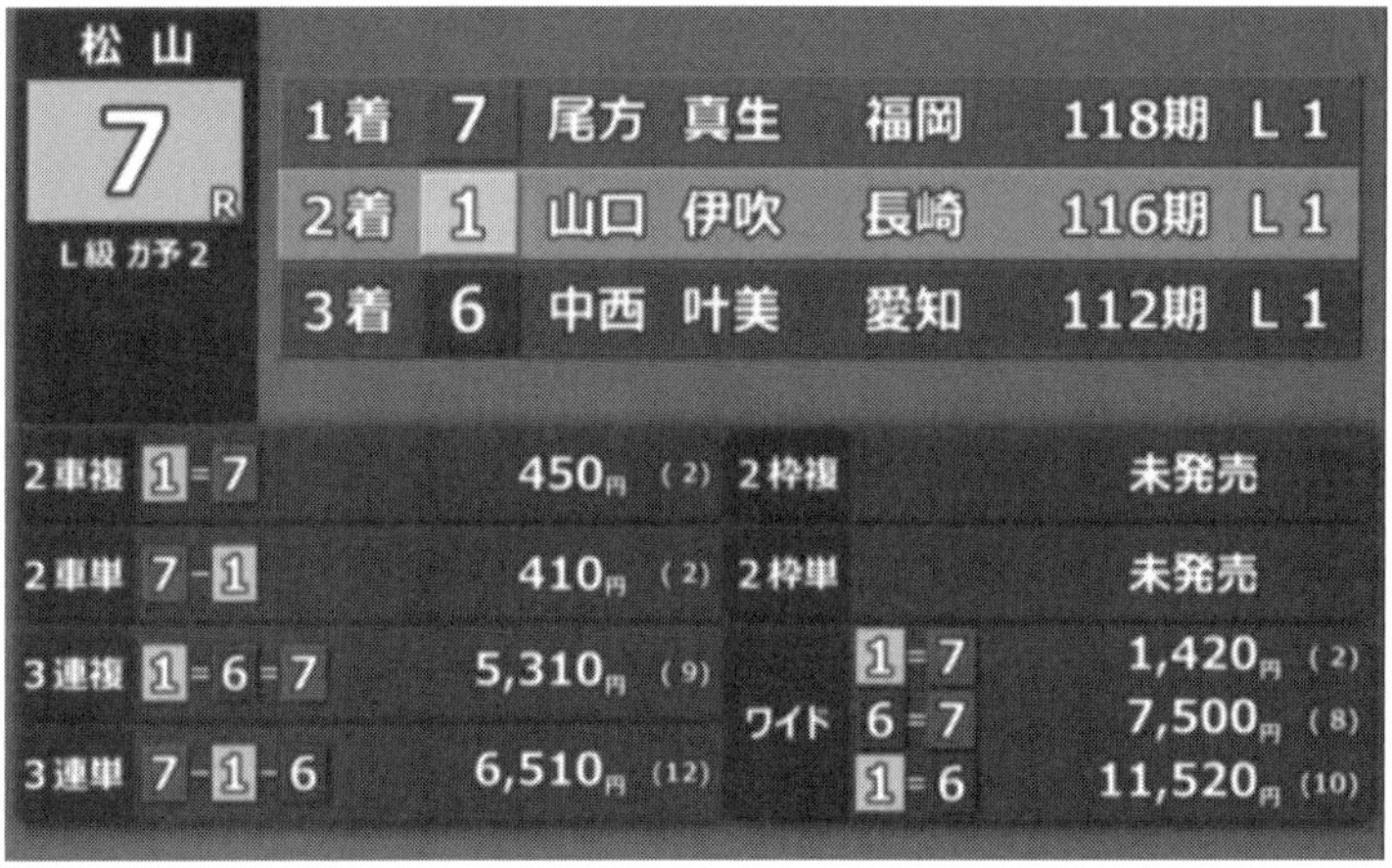
松山
7R
L級 ガ予2
1着 7 尾方 真生 福岡 118期 L1
2着 1 山口 伊吹 長崎 116期 L1
3着 6 中西 叶美 愛知 112期 L1
2車複 1=7 450円 (2)
2車単 7-1 410円 (2)
3連複 1=6=7 5,310円 (9)
3連単 7-1-6 6,510円 (12)
2枠複 未発売
2枠単 未発売
ワイド 1=7 1,420円 (2)
6=7 7,500円 (8)
1=6 11,520円 (10)

うあるのだ。

で…そんなレースをどうやって見分けるのか？　選手の実力を測るのに一番わかりやすいのは「競争得点」という数字だ。55点あればその選手はトップクラスの実力があると思ってよく、よほどのことがない限り格下にはやられない。また、47点以下の選手はだいぶ実力が落ちる。

ただし、新人のデビュー直後は、新人戦を含めた点数が競争得点に出てしまうので、除外したほうがいいだろう。

それを踏まえてガチガチレースの法則を考えていくと

●決勝・オールスター・カップ戦ではない
●競争得点が1、2番目に高い選手の持ち点が53点以上
●競争得点が2番目に高い選手と3番目に高い選手が2点以上離れている
●本命選手が長期欠場・病欠明けではない

こうだろうか。

この条件に該当するレースは過去2年で84件。月に3〜4レースくらいある計算だ。

……気になる結果は、的中が79件、ハズレが5件。的中率は約94％となった。

つまり10％キャンペーンのときに1万円を入金し、84レースすべてに1万1千円を賭けていたら、払い戻しは86万9千円で、2万9千円のプラスだったことになる。

民間投票サイトはどれもクレカ入金が可能なので、クレカポイントも考慮すればもう1〜2万の上乗せが見込めるだろう。

★

最後に。ここまで書いた法則はあくまで「過去の結果から、こういう傾向がある」と推測したものであって、これからも同じ確率でレースが決まる保証はどこにもないことを補足しておく。

それから 8万票以上の投票があるレースに脳死で賭ける

競輪の元返しに関しては、機械的に「投票数」でそのレースの信頼度を測る、ということもできる。カップ戦やオールスター等ではない平場のレースで、ワイドに大量の投票が入っている場合は「多くの人が鉄板だと考えている」という証になるため、極論を言えば競輪のことを全く知らなくてもワイドで元返しを狙うことは可能である。

2022年に行われた全2万4823レース（男子、ガールズを含む）を解析すると、元返しがあるケースでは、

1万票以上5万票未満のレース……1110レース。的中数及び的中率は928レース、約84%
5万票以上8万票未満のレース……215レース。的中数及び的中率は192レース、約89%
8万票以上10万票未満のレース……56レース。的中数及び的中率は52レース、約93%
10万票以上のレース……137レース。的中数及び的中率130レース、約95%

となり、10%のゲタを履いた状態であれば8万票以上の投票があるレースに脳死で賭けるだけで利益が出ることがわかる。

このように本命に過剰な投票の入ったレースでは、本命を外した際のいわゆる「裏目」のオッズが非常に高くなり、ワイドが3連単より高いオッズになることもザラにある。7車立てのレースなのにオッズが1000倍を超えることもザラにあるし、裏目のワイドをすべて買った場合でも10通りで済むので、ついつい買ってしまいたくなるが、まあ上記のデータを見る限り基本的に来ないし、仮に本命が飛んでも（着外になること）裏目の中では上位人気のところが来て50~80倍程度の決着……ということがほとんどなので、こちらは狙って当てることは非常に困難だ。

ただし、ガールズケイリンの新人がワイドの本命になっている場合は比較的飛ぶことが多いので、狙い目かもしれない。

ガールズケイリンの新人は「ルーキーシリーズ」と呼ばれる、新人だけで戦う期間が過ぎてから本戦デビューで、ルーキーシリーズの成績も本線と同じ成績にカウントされる。そのため、ルーキーシリーズで無敵だった選手は成績、競争得点が非常に高くなり、パッと見でかなり強そうに見えるものの、やはり経験不足からあっさり負けてしまうこともあるので、比較的飛ぶ確率が高い。２０２０年デビューの杉浦菜留や、２０２１年デビューの飯田風音、２０２２年デビューの畠山ひすいなんかはその典型で、確かに強いことは強いものの、手放しで信用できるほどの強さはなく、人気のワイドを背負って負けることがけっこうあり、裏目でおいしい思いができた。

この原稿を書いている最中も２０２４年デビューの新人、仲澤春香がルーキーシリーズでは無敵の成績を叩き出しており、役者の違いを見せつけている。本戦デビューの際も人気を背負うことが予想されるが、おそらく最初はすんなりとは勝てないだろう。ぜひ成績をチェックして欲しい。

チャリロトで人生を変える金を!

これを読んでいるあなたに、夢はあるか。男の夢といえば、ギャンブルでの大勝である。

俺はパチンコやパチスロは好きだが、あれは「ちゃんと調べて我慢ができれば、長期的には必ず勝てるから」であり、楽して一攫千金を夢見ているわけではない。天井から1万枚出たとか、潜伏確変から大連チャンして3万発出たとか、そういうレベルの大勝ちなら何度かあるが、そうは言っても十数万レベルのもので、人生が変わる額ではない。

人生を変える勝ちとは1千万とか1億とか、そういう桁が違う額の勝利だ。欲を言えば1億欲しいが、まあ1千万でも良しとしよう。

というわけで、今回はガチで「大勝」を狙いに行く。もちろん、運任せではなく理論とひらめきで論理的に勝ち取るのだ。取ったら言うまでもなく連載はやめるので、これが見納めになるかもしれない。先にさよならを言っておこう。

「裏モノJAPAN」2021年7月号掲載

4試合中止なら超狙い目

千万クラスの勝ちとなると、宝くじとかtotoみたいな公営のギャンブルをどうにか攻略するのが現実的か。

まず宝くじだが、当たりくじの番号は抽選日までわからない。誰に対しても平等ではあるが、言い換えれば「誰がどうやっても、どうにもならない」ということでもある。パス。

同じ理由でロト7もダメだ。スクラッチくじなら何らかの方法で透視する方法があれば、売り場に就職して透視し、当たりくじだけを抜けるかもしれないが…。公営のギャンブルでそんなことやったら100%捕まる。

次にサッカー14試合の結果を参照して行われるtoto。これには自分で結果を予想する通常のtotoと、機械任せで抽選されるtotoBIGの2つがある。

何かやれそうな気がするのは通常のtotoだが、totoは比較的1等が出やすいギャンブル。ガチガチの試合が多かったり、引き分けが少なかった回（Jリーグの試合が引き分けになる確率は約2割と低いため、予想が難しくなる）は1等が複数出る。

Q スポーツくじ（BIG・toto）の指定試合が中止の場合、くじの取扱はどうなりますか？

A 回答

一定の試合数未満しか指定試合が成立しなかった場合にはくじが不成立となり、くじ購入代金相当額を、お客さまが登録された楽天銀行口座に返還金としてお返しいたします。

MEGA BIG（メガビッグ）は12試合中8試合、BIG（ビッグ）・100円BIG（ヒャクエンビッグ）は14試合中10試合、BIG1000（ビッグセン）は11試合中8試合、mini BIG（ミニビッグ）は9試合中6試合、toto（トト）は13試合中9試合、mini toto（ミニトト）は5試合中3試合、totoGOAL3（トトゴールスリー）は3試合中2試合、totoGOAL2（トトゴールツー）は2試合中2試合が成立すれば、くじは成立します。
（なお、中止となった試合やチームの予想は「すべて的中」として取扱います。）

（なお、中止となった試合やチームの予想は「すべて的中」として取扱います。）

サッカーは「中止」が「的中」扱いに

そうなった場合は賞金が激減し、１億どころか１００万にもならない。５月頭のtotoでは割と順当に決まったゲームが多いうえに引き分けが１試合しかなかったため、１等が50本も出て賞金は75万。１等当てて75万って、夢のない話だな。

そうなると結果が予想できない代わりに、当たった際の見返りが大きいtotoBIGしか選択肢はなくなるわけだが、自分で勝敗を予想できない時点でやってることは宝くじやロトと同じ…と思いきや、規約を読むと抜け道があった。

第838回BIGの高額当せん

第838回BIGの高額当せんはこちら！当せんされた方、おめでとうございます！

BIG 1等	66口	26,744,769円
BIG 1等	50口	4,269,300円
BIG 1等	0口	0円
BIG 1等	863口	37,524円

条件が揃うとこんなにオイシイ

「14試合中10試合の開催があればくじは『成立』となり、中止となった試合やチームの予想は『すべて的中』として取扱います」

つまり、中止は的中扱いになるため、４試合までなら試合は中止になってくれたほうがありがたいわけだ。

そのうえ、totoはサッカーの試合中止が事前に告知されても販売は中止にならない。５試合以上の試合が中止になった場合は不成立となり、払い戻しになるだけ。そのため、中止が事前に告知された週は超狙い目になる。

実際に第８３８回のtotoBIGは地震と豪雨で4試合が中止になり、１等が66本も出たらしい。それでも13億のキャリーオーバーがあったため、当選金額は２６７４万。夢のある数字だ。

計算すると、４試合が中止になった場合の１等当選率は約6万分の１なのだが、totoBIGは１口が３００円。２６７４万円を当てるために6万口買っても投資は１８００万なので、理論値もプラスになっている。これはまさしく必勝法といっていいだろう。キャリーオーバーがない場合、理論値はマイナスになるが。

…ただ問題は、4試合が中止になることは滅多にない。今すぐ勝負したいんだよ俺は。他を当たろう。

ヨーロッパはキャンセルで回避する

次はオートレースの「当たるんです」。これは1口3万5千円で、ランダムに4つのレースに対応する番号が払い出され、すべて1着の車番と一致すれば1億が当たるというものだが…。自分で数字が選べないので、やってることは宝くじと同じだ。はい次。

次は…競輪の「チャリロト（「ドカント」というものもあるが、名前が違うだけで中身は全く同じ）」か。1口200円で最大12億が当たるらしい。

えーと、これも数字が7個ランダムに払い出されて、対象の7レースの1着とすべて一致すれば当たりか。ってことはオートレースと同じか。

チャリロトは、気にくわない番号ならキャンセルできるのが最大の特徴だ

いや、これは少し違うっぽいな。注意書きを見ると、「10回までキャンセルができる」と書かれている。

実際に登録して触ってみたところ、キャンセルというのは番号の再抽選ではなく純粋なキャンセルで、「表示された買い目でクジを買うか、購入そのものをやめるか」が選べる。極端な話、10回すべて気に入らない番号が出た場合は「その日のチャリロトをやっぱり買わない」ということもできる。10回キャンセルするとその日はキャンセルができなくなるだけでペナルティもなく、次の日にはキャンセル権利が復活する。これはますますアリだな。

競輪のセオリーといえば、「ヨーロッパ」と言われる番号だ。これはその名のとおり「4・6・8」のことで、9車立てのレースの場合、4と6と8の車番には、そのメンツの中で実力の低い選手が振り分けられやすいことからきている。

高松競輪場のデータを見てみると、平成22年からの4253レースで4が1位になった回数は194回（4・6％）、8が1着になった回数は155回（3・6％）、6が1着になった回数は86回（2・0％）。1が1着になる確率が約20％もあることを思えば、ロト抽選に4・6・8が選ばれた時点で当たる確率がガクンと落ちるのは間違いない。

その日の組み合わせなどを考えずに純粋な確率で計算してみると、7レースすべて車番1が選ばれたチャリロトが当たる確率は約0・0013％。宝くじで3等が当たる確率だ。

逆に、すべて6が選ばれた場合は小数点以下に0が13個並ぶ。もう身の回りの確率では表せない数になる。

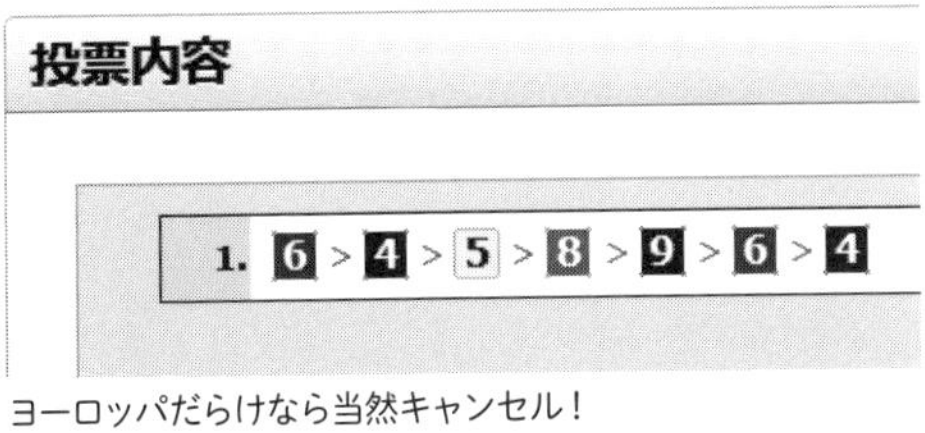

ヨーロッパだらけなら当然キャンセル！

つまりチャリロトは「ハズレが濃厚なクジ」がけっこう出るギャンブルということになるが、キャンセルによってある程度これを回避して、欲しい番号を引き寄せることはできる。

ガールズはぶっ飛びがない

また、勝負の鍵を握るのはマイナーな競輪の中でもさらにマイナーな女子競輪「ガールズケイリン」だろう。男子の場合は成績に応じて班分けがあり、その中でレースをするのだが、女子は人数が少ないため全員同じ班。そのため、子供と大人くらい実力の差がある組み合わせでレースが行われることもままある。さらに、接触プレーやラインと呼ばれるチームプレーも禁止されているため、駆け引きの要素が少なく順当に1番人気がきやすい。

それに、ガールズケイリンは男子と違って7車立てなので、純粋に番号も選びやすい。

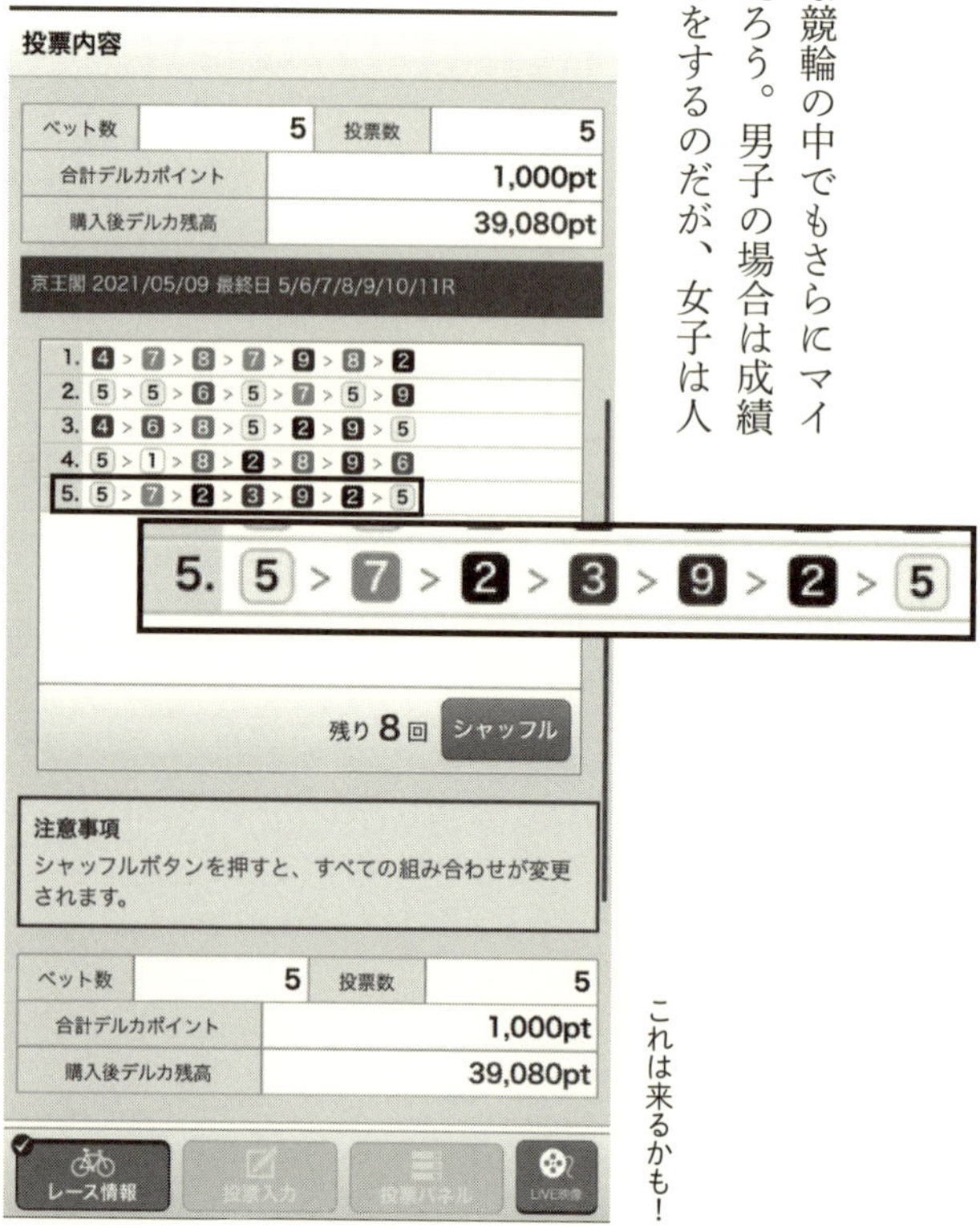
投票内容
ベット数 5 投票数 5
合計デルカポイント 1,000pt
購入後デルカ残高 39,080pt
京王閣 2021/05/09 最終日 5/6/7/8/9/10/11R
1. 4 > 7 > 8 > 7 > 9 > 8 > 2
2. 5 > 5 > 6 > 5 > 7 > 5 > 9
3. 4 > 6 > 8 > 5 > 2 > 9 > 5
4. 5 > 1 > 8 > 2 > 8 > 9 > 6
5. 5 > 7 > 2 > 3 > 9 > 2 > 5
5. 5 > 7 > 2 > 3 > 9 > 2 > 5
残り 8 回
シャッフル
注意事項
シャッフルボタンを押すと、すべての組み合わせが変更されます。
ベット数 5 投票数 5
合計デルカポイント 1,000pt
購入後デルカ残高 39,080pt
レース情報
投票入力
投票パネル
LIVE映像

これは来るかも！

おそらくガールズケイリンで一番の実力者は福岡の児玉碧衣で、1着率はなんと94・4％。これは実力者が揃う決勝戦やカップ戦も含めての数字なので、予選レースでの勝率はほぼ100％になるだろう。

逆に、愛媛の椿本浩子のようにデビューから一度も1着を取ったことがない選手もいる。こういう2人が平気で同じ予選に割り当てられるのがガールズケイリンなので、1番人気が負けること（いわゆる「ぶっ飛び」）がほとんどない。男子は出身ごとの連係プレーなどがあって格下の選手が勝つこともそこそこ期待できるが、ガールズでぶっ飛びは滅多に起こらない。

つまり、ロト7レースのうち、ガールズのレースに競争得点（今までの実績を数値化したもの）の低い選手が選ばれていた場合、必ずキャンセルしなくてはいけない。ハズレが告知されているようなものだ。

逆に1番人気が選ばれていれば、そのレースに関しては確率は格段に上がっている。

あとは男子のレースにヨーロッパが出なければ理想的。もちろん、ランダム抽選なので都合のいい番号が出るとは限らないが、出なければキャンセルして買わなければいいだけ。闇雲に買うよりも勝率は格段にいいはずだ。

キャンセルは70回できる

それに、チャリロトは「競輪JP」「Kドリームス」「チャリロトドットコム」「オッズパーク」「DMM」「GAMBOOBET」「ロトプレイス」の7サイトで取り扱っているため、1日に70回のキャンセルができる。ここまでやれたら、そこそこいい番号も1回くらい出るだろう。

ヨーロッパ、ガールズ、複数サイトでのキャンセル。これを組み合わせて勝つ！　…とはいっても、連載期間中にはガールズ予選の入ったチャリロトがないんだよな。仕方ないのでヨーロッパを避けて買うことにしよう。

勝負するのは、5月9日開催のチャリロト。この日はG1開催の京王閣最終日、5レースから11レースが対象だ。

さっそく複数の競輪サイトでキャンセルをかけていくが、まあそう簡単によさげな番号は出ない。1や2が多くよさげな配列でも、どこかにヨーロッパが入ってしまう。

4サイトでのキャンセルを使い切った42回目、ようやく「Kドリームス」でいい感じの番号が入る。

5723925

見事にヨーロッパが入っていない！

やれることはやったのであとは観戦に徹しよう！

理論的には正しいのだが

京王閣の5レースが始まった。1レース目の番号は5。さあ、来い！

…はい。いきなり9番人気の6が来ました。超番狂わせで、3連単の配当は10万超え。買う前の下調べに5時間くらい使ったのに、2分くらいで夢が弾け飛んだぞ。ちなみに対象レースの結果は、

最初のレースでぶっ飛んで終了…

６６３１２３３

一個も当たってねえし！

しかし、理論的には正しいことをしたので悔いはない。シビアに勝ちを狙うなら、やはりガールズケイリンの予選や、ガチガチのレースが多く含まれてる回を狙ったほうがよさそうだ。

さよならはまだ言えません。

それから　最大12億のキャリーオーバーで期待値は100％を超える

まあ、1回で当たるわけないのでこのオチは想定内ではある。

ネットニュースの見出しなどで、「宝くじ1等を必ず当てる方法」という記事が上がることがある。中身を見ると「宝くじを全部買い占めれば当たる」というだけの話で、あとは確率論や期待値の話につながっていくのだが、宝くじを全て買い占めると回収率は50％になる。

一方で、法律上は公営ギャンブルであるチャリロトの控除率は25％なので、宝くじを買うよりはチャリロトを買ったほうがいいかもしれない。まあ、チャリロトには2等や3等がないので一生当たらないことのほうが多いが。

そしてチャリロトは宝くじと違ってキャリーオーバーがあり、最大12億までキャリーオーバーが積もるので、単純な期待値は100％を超えることがある。大金持ちの人であれば、キャリーオーバーが限界まで積もっているときに全通りの組み合わせが出るまで買うことでプラスにできることもありうる。

本気で儲けたいなら、家族で競輪のアカウントを作りまくっていい番号を引くまでキャンセルを繰り返すのが最もいいのだろうが、それでも当てるのはなかなか難しそうではある。ただ、宝くじとは違い「理屈の通った夢」ではあるので、自分は宝くじよりチャリロトを買っている。

サッカー&バスケ対象のギャンブル「WINNER」で勝つには？

「裏モノJAPAN」2023年1月号掲載

新しい公営競技「WINNER」が始まった。

対象になる競技はサッカーのJリーグと、バスケのBリーグの2つ。

これまでもサッカーくじの「toto」があったが、あれは指定されたシーズンに行われる14試合の勝敗をまとめて当てる必要があり、贔屓のチームに賭けつつ観戦を楽しめるようなものではなかった。

しかし今回のWINNERは、賭けの対象が「1試合限定」だ。それに海外のブックメーカーのようにスコアも予想しなければならないため、観戦しながら熱く試合を楽しめそうだ。

また、最近日本政府によって「ブックメーカーは違法である」と明確な見解が出されたので、ブックメーカーのユーザーも取り込んで盛り上がりそうな感じもする。

そこで今回はこの「WINNER」が勝てるのか、そしてつけ入る隙はあるのか、について考えていきたいと思う。

スコアを当てなければならない

まず、このWINNERがどんなものなのかを知らなければならない。

WINNERは1口200円から賭けられるギャンブルで、的中のためには「勝敗、かつスコア」を当てる必要がある。

サッカーでどちらが勝つか賭ける場合、どちらかのチームが「1-0」「2-0」「2-1」「3-0」「3-1」「3-2」「それ以外のスコア」で勝つか予想する14通り（7種類×ホーム・アウェー2種類）に、引き分けの「0-0」「1-1」「2-2」「それ以上の点数での引き分け」の4種類が加わるた

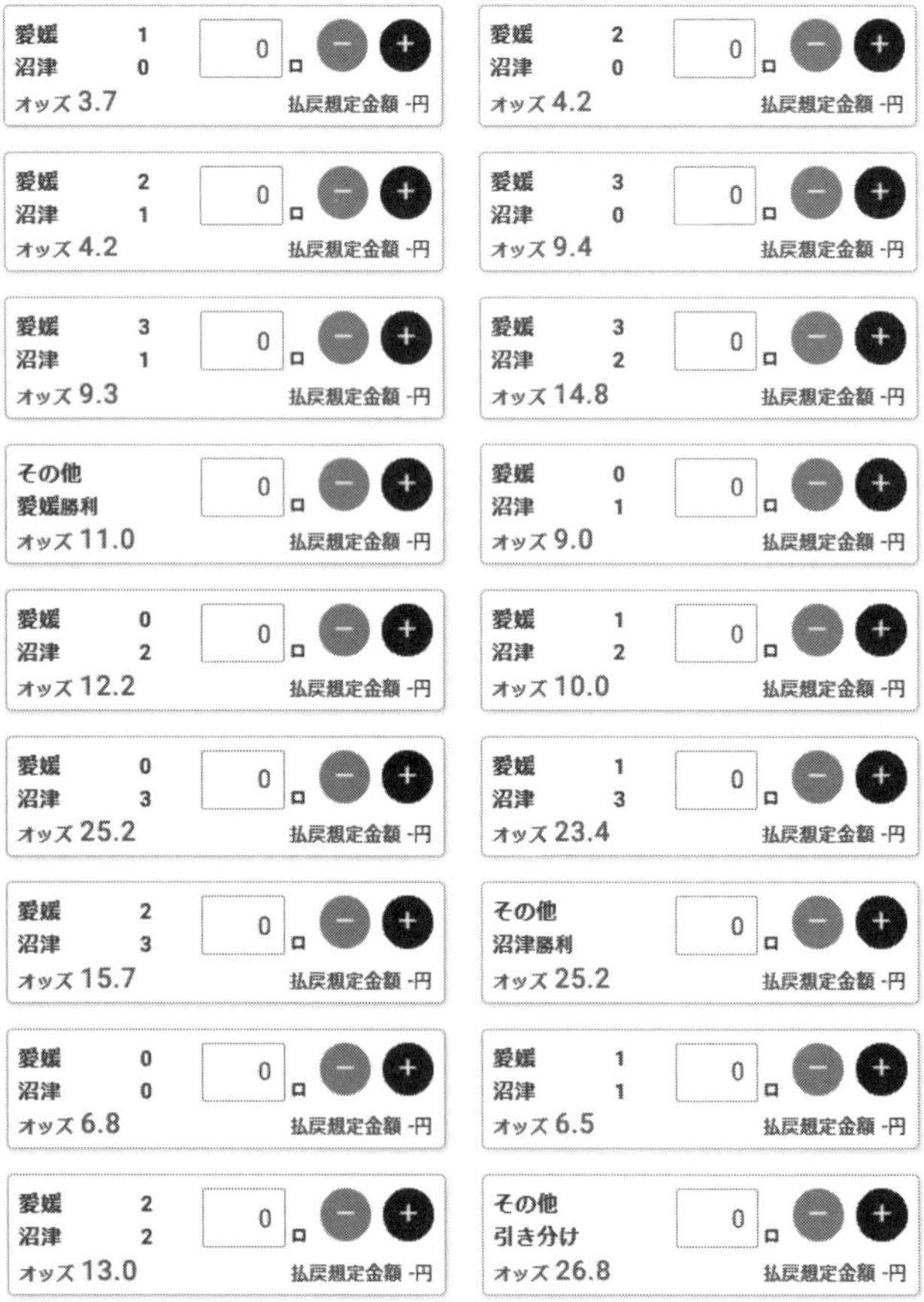

スコアを予想します

め、18分の1を当てることになる。

バスケの場合は「1〜3点差」「4〜6点差」「7〜9点差」「10〜14点差」「15〜19点差」「20〜24点差」「25〜29点差」「30点差以上」でどちらが勝つか予想する16通りになっている。

また、ワールドカップやJリーグなどのリーグを対象に「どのチーム（国）が優勝するのか」という予想もできるようだ。

控除率50％がどれほどキツイか

……で、この「WINNER」は法律上、公営ギャンブルではなく、「宝くじ」の区分となっている。

だからなんだと思うかもしれないが、宝くじは法律上、「控除率（運営者の取り分）を50％以上にしなければいけない」と決まっており、このWINNERの控除率はぴったり50％だ。競馬の単勝の控除率が20％であることを考えると、かなり渋い勝負を強いられることになる。仮に100万円の投票があった場合でも、払い戻しにまわるのは50万円。いかにもキツい。

具体的に、この「控除率50％」というのは、どのくらい渋いのか？

海外のブックメーカーは、控除率が10〜3％程度だといわれている。日本から賭けをするのは違法だが、オッズは誰でも見ることができるので、WINNERと海外ブックメーカーを比べてみることで、どのくらいキツい勝負なのか体感できるはずだ。

2022年11月12日に行われるJ3の

Y.S.C.C.横浜　対　ガイナーレ鳥取

の試合を見てみよう。イギリスのブックメーカーでは

Y.S.C.C.横浜勝利：2・15倍
引き分け：3・3倍
ガイナーレ鳥取勝利：3倍

となっている。

つまり、ガイナーレ鳥取の勝利に3万3333円を賭ければ、10万円の払い戻しだ。ここまでは誰でもわかる。

ではこれとWINNERのオッズを比較しよう。

WINNERにはこのような「単なる勝敗予想」がないので、比較するには、「ガイナーレ鳥取が何点差で勝とうとも10万

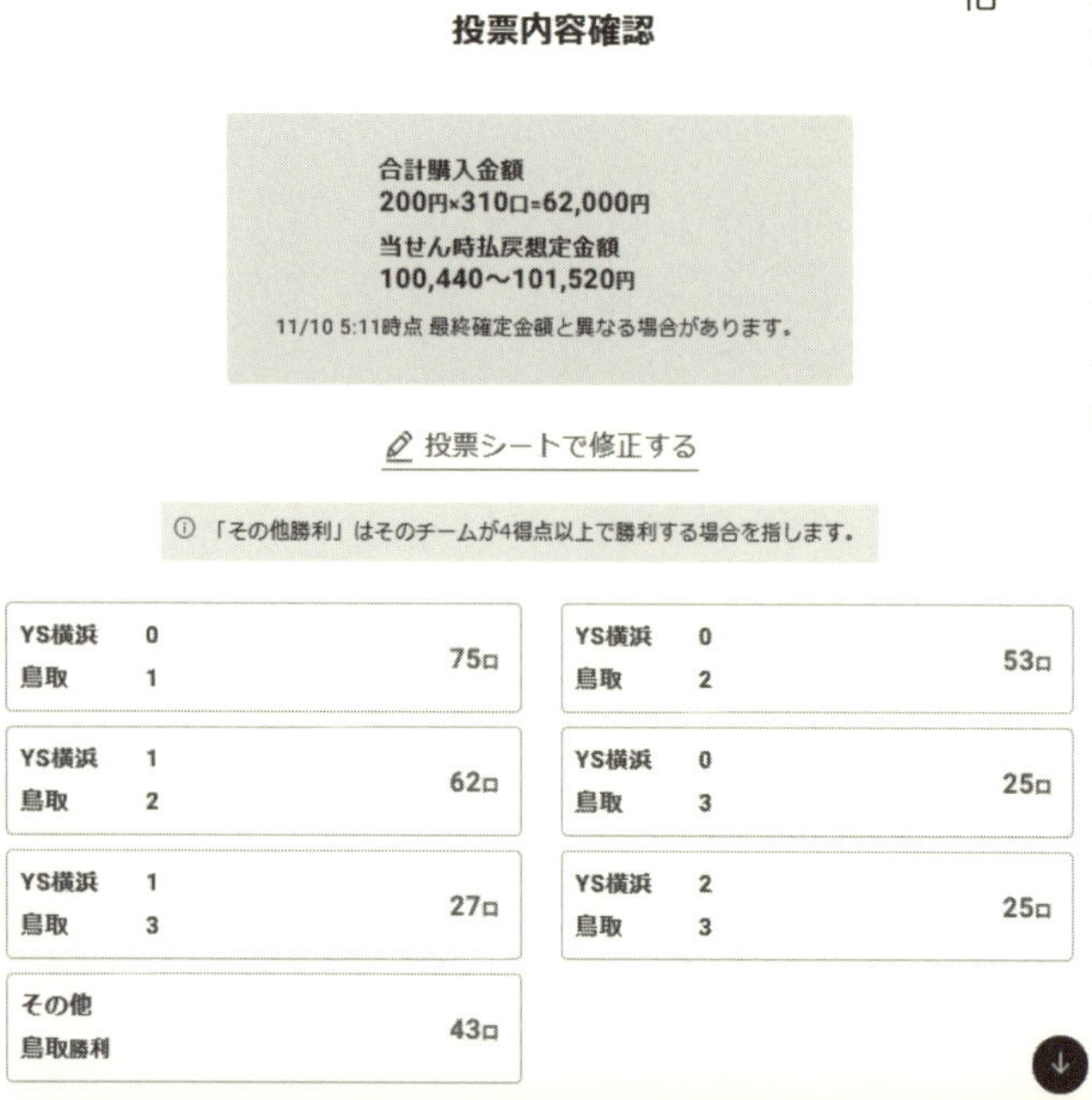
投票内容確認
合計購入金額
200円×310口=62,000円
当せん時払戻想定金額
100,440〜101,520円
11/10 5:11時点 最終確定金額と異なる場合があります。
投票シートで修正する
「その他勝利」はそのチームが4得点以上で勝利する場合を指します。
YS横浜 0 鳥取 1 75口
YS横浜 0 鳥取 2 53口
YS横浜 1 鳥取 2 62口
YS横浜 0 鳥取 3 25口
YS横浜 1 鳥取 3 27口
YS横浜 2 鳥取 3 25口
その他 鳥取勝利 43口

YSCC v ガイナーレ鳥取
人気
ベットビルダー
アジアンライン
ゴール
ハーフ
フルタイム結果
YSCC 2.15
引き分け 3.30
ガイナーレ鳥取 3.00

海外だと3倍のオッズが
日本だと1・6倍に

円の払い戻しがある」ように賭け金を調整し、「鳥取勝利」のすべての目に賭ける必要がある。

すると、写真のとおり6万2000円の掛け金が必要という結果になった。

つまり、WINNERにおけるガイナーレ鳥取勝利のオッズは10万÷6万2千≒約1・61倍となる。

海外で賭けたら3倍つくオッズが、日本だと1・6倍。控除率50％がどれくらいキツイかわかったと思う。

マトモに賭けていたら、やればやるだけ負ける結果になるだろう。

……この激渋ギャンブルで少しでも有利にコトを運ぶために、何ができるだろうか？

❶締め切り直前に投票する

WINNERは、見た目こそブックメーカーっぽくなっているが、中身はあくまで宝くじだ。

そのため、払い戻しの額（オッズ）は、締め切ってからでないと確定しない。

ブックメーカーは締め切り前であっても、賭けた時点でのオッズが適用されるのだが、WINNERではそうならないため、直前に選手のケガとか、メンバー変更なんかがあったときには、確定オッズがかなり動いてしまう。

どっかの金持ちが1つの買い目に大量に投票して、自分の買い目のオッズがかなり下がってしまう可能性だってある。

WINNERは試合開始の1週間ほど前から賭けられるようだが、「締め切りのかなり前から投票しているヤツは、ムダ金を払う可能性がある」ということでもある。

たとえば、本命視されているチームにコロナの集団感染なんかがあり、2軍のメンツで試合をするようになるようなこともあるだろう。当然相手チーム側の勝率が上がることになるが、投票の取り消しはできない。

なので、予想が固まっても投票するのは締め切り直前のオッズを見てからにしたほうがいいだろう。大損する可能性は減らせるはずだ。

❷「談合試合」を狙う

基本的に、勝負事というのはどちらが勝つかわからない。

なので、競馬や競輪なんかでもオッズを見ながら「この馬で20倍つくならお買い得だな」とか「堅そうだけど、1・5倍じゃ割に合わないからやめとこう」といった感じで、勝つ確率とオッズを天秤にかけながら投票するのが普通だと思う。

これは公営ギャンブルが（全頭落馬とかを除いて）必ず勝ち負けを決める競技であるという性質があるからで、WINNERも基本的にはこの考え方で投票することになるはずだ。

……しかし、賭けの対象になっているサッカーはギャンブルのための競技ではないため、引き分けが存在する（バスケは同点の場合、決着がつくまで延長戦をやるので引き分けはない）。

そして、プロスポーツであるサッカーは時折、「引き分けになったほうがお互い都合がいい」という場面が存在する。

わかりやすいのが2016年のJ2最終戦で行われた、コンサドーレ札幌とツエーゲン金沢の試合だ。

この最終戦でコンサドーレ札幌は1位、ツエーゲン金沢は22位につけており、札幌は優勝、金沢はJ3回避（22位だとJ3自動降格）がかかった1戦だった。

札幌は引き分け以上であれば優勝が決まるが、負ければ3位に転落する可能性がある。金沢は他会場の結果次第という微妙な状況だが、力関係だけで言えば札幌有利の予想をする人が多いだろう。

しかし0-0で迎えた後半70分ごろ、金沢にとって直接のライバルとなる21位のチームが2点差で負けていた。そのため、金沢は「このまま0-0で終われば、21位に上がって降格を回避できる」状況になった。

明治安田生命Ｊ２リーグ　第42節
2019年11月24日（日）14:03 KO
三協フロンテア柏スタジアム
柏
京都
試合終了
13
1
4 前半 1
9 後半 0
23 SH 16
3 CK 4
8 FK 15
オルンガ 6'
オルンガ 23'
瀬川　祐輔 27'
オルンガ 33'
オルンガ 57'
クリスティアーノ 60'
オルンガ 65'
オルンガ 67'
クリスティアーノ 70'
オルンガ 78'
マテウス　サヴィオ 79'
クリスティアーノ 84'
オルンガ 90+1'
38' 小屋松　知哉

特殊な状況下では
バカ試合も起こる

一方、札幌にしてみれば、まだ2位と3位のチームに勝つ可能性が残っている以上、「このまま0-0で終われば優勝だが、無理に攻めてカウンターから失点した場合、3位になってJ1昇格できなくなる可能性がある」という状況。

かくしてお互いの利益が一致し、「リスクを冒して点を取りに行くより、時間を浪費して引き分けにしたほうが安全に最善の結果を得られる」ということになったのだ。

結果、札幌が後ろでパス回しをするが、金沢はそれを追いかけない……という談合試合のような茶番が20分ほど続き、そのまま引き分けで決着した。

おそらくあのときにWINNERがあったら、札幌の勝利に賭ける人が多かっただろうから、「0-0の引き分け」にはそこそこ配当がついただろう。

また、２０１９年Ｊ2最終節の柏レイソル対京都サンガの試合では、京都がＪ１に昇格するためには大量得点で勝つ必要があり、守備にほとんど力を入れなかったため、逆に13点も取られてしまい、記録的大敗となったことがある。

このように、リーグの終盤はいろいろな力学が働き、「単純にどちらが強いか」だけでは予想を立てられない試合が多くある。このあたりを予想の材料に加えると的中率は上がるだろう。

❸ミーハー票を食う

まもなくサッカーのワールドカップが始まるが、日本が優勝する可能性はどのくらいあるだろうか。もちろん勝ってほしくはあるが、現実的にはかなり厳しいだろう。個人的には５００分の1、つまり０・２％と予想する。

ちなみに日本のＦＩＦＡランクは世界24位だが、今まで最も「番狂わせ」だったのが当時ランク12位だったイタリアが優勝した２００６年大会。過去、20位以下の国が優勝した例はなく、やはり日本の優勝を語るのは現実的ではない。

…で、WINNERには「日本代表のワールドカップにおける成績予想」もあるのだが、日本優勝のオッズがなんと15・4倍！　低すぎ！

日本の優勝確率を甘く見積もって1％としても１００倍はつかないと赤字なのに、まさか15倍とは。テラ銭で50％ピンハネされていることを考慮しても、50倍くらいはないとおかしいんだが……。

なんでこんなにオッズが低いのか。それは当たり前だが、「日本の優勝」に賭けたヤツがかなりいるからだ。

自国びいきなのか応援のつもりかわからないが、ギャンブルとしては最悪の行為で、現実的にはまず来ないところに賭けているのだから、これは事実上捨て金だ。

これ、それ以外の買い目の回収率が数字の上では、事実上アップしている状態だといえる。

ワールドカップ本戦が始まったら試合単位でも賭けられるようになるだろうが、世界中から投票が集まるブックメーカーと違って、WINNERは日本人しか買わない。「日本びいき」な投票がかなり入るはずなので、「相手国勝利」や「引き分け」の回収率がややマシになるだろう。

　こうした「ミーハー票」ともいえるような投票は、今後も起こりうる。

　たとえば、今はあまり注目されていないバスケのB

第3回 WINNER 競技会予想
W杯 2022
販売中
日本代表の成績予想
販売終了 2022/11/23(水) 21:50
W杯開催期間(予定) 2022/11/20〜12/18
基本情報
オッズ
過去データ
くじ結果
オッズ表について
3.5 グループステージ敗退(勝ち点3)
3.6 ベスト16
3.8 グループステージ敗退(勝ち点1)
4.2 グループステージ敗退(勝ち点0)
5.1 グループステージ敗退(勝ち点4)
5.5 グループステージ敗退(勝ち点2)
5.8 ベスト8
10.7 グループステージ敗退(勝ち点5)
12.1 グループステージ敗退(勝ち点6)
15.4 優勝
15.5 4位
19.4 3位
22.3 準優勝

さすがに日本の優勝はないでしょ

リーグで、ラグビーの五郎丸みたいなスター選手が登場すれば、かなりのミーハー票が所属チームに入るはずなので、逆側の買い目は回収率が上がるはずだ。

今後は女子サッカーのWEリーグやなでしこリーグでも投票ができるようになるだろうし、美人フォワードがもてはやされるような状況になればオッズの偏りが起こるはずだ。

……こうして考えていくと、WINNERに関しては試合そのものの予想よりも、試合を取り巻く環境をうまく読んだほうが有利になりそうだ、という結論に至った。

だが、やはり控除率50％というのがネックで、「勝つ」というより「傷口を最小限にする」という考え方になっているのは否定できないし、多少の小細工では勝てそうにない。競馬とか競輪をやったほうがマシだと言える。

まあ、宝くじ売り場でも買えるようなので、試合前に数百円を遊びで賭ける程度なら観戦のスパイスになってくれるだろう。健闘を祈る！

それから

「区分上は何なのか」ってハナシ

「金を賭けてサッカーを観たい」という欲求は、確かにある。しかし、控除率50％のギャンブルは長くやれば負けが確定するので、理屈で考えれば賭けてはいけない。このジレンマに常に悩まされている。まあ、賭けていないのだが。

原稿の中でも「WINNERは区分上宝くじである」という話をしたが、この「区分上は何なのか」ということを知っていると、物事の理解に役立つことがある。

たとえば、パチンコ屋の近くにある換金所を「近くにある謎の古物商が買い取ってくれる」と表現する人がいるが、こういうタイプは業界の事情に詳しくない人か、首都圏に住んでいない人であると判断できる。なぜなら、東京都内の特殊景品に使われている金地金《きんじがね》は古物営業法の埒外であるため、そもそも買取に古物商の許可は必要ないからだ。店内を覗き込んでも、古物商のプレートはどこにもない。

また、「VAPE」や「JUUL」に代表される電子たばこ（IQOSやプルームテックのようなものは区分上「加熱式たばこ」）は、仮にニコチンが入っていても健康増進法や条例の禁止を受けない。これは日本においては喫煙が「たばこ葉を何らかの方法で加熱して吸引すること」と定義されているからだ。電子たばこは「ニコチンが溶け込んだ液体を吸引する」方式で、そもそもたばこ葉が含まれていないため規制の外にあるモノなのだ。

ということはつまり、路上喫煙が禁止な場所や電車内などでも理論上は吸って問題ないのだが、間違いなく揉め事になるし、同志の愛煙家にも迷惑がかかるのでやってはいけない。まあ、余程態度の悪い監視員などがいたら電子たばこでからかってお灸を据えるのも悪くなさそうだが。

出前館事件の犯人は、どうやって初回クーポンを何度も入手したのか

「裏モノJAPAN」2022年12月号掲載

２０２２年1月、出前サービスの「出前館」で新規会員登録を繰り返し、初回登録者向けのクーポンを何度も不正に利用した男が逮捕された。男は「他の人もやっているので大丈夫だと思った」と容疑を認めているという。

…このニュースを見て、少なからずビビった人も多いのではないだろうか。

社用携帯や家族の携帯なんかで登録をして、初回クーポンを何度か使った人はけっこう多いはずだ。しかし家族の携帯で数回やった程度の人であれば「99・99％大丈夫」だと言っておこう。

今回はこの「出前館事件」がなぜ起こったのかを、自分なりに考察していきたいと思う。

やる意味はないはずなのに…

そもそも、出前館で逮捕された男の報道を見て、出前アプリや携帯電話に少しでも詳しい人なら「これっ

出前館の初回割引、ID偽造繰り返し受けた疑い　団体職員を逮捕

2022年1月12日 12時39分

list

警視庁本部

フードデリバリーで虚偽の初回注文を繰り返して特典の割引を複数回受けたとして、警視庁は 埼玉県 所沢市 の団体職員沢涼太容疑者（28）を電子計算機使用詐欺の疑いで逮捕し、12日に発表した。捜査関係者によると、被害に遭ったのは業界大手の「出前館」。

サイバー犯罪 対策課や捜査関係者によると、沢容疑者は昨年7月、出前館を利用するにあたり「山田太郎」名義の新規IDを14個つくり、 東京都 内や 埼玉 県の ラーメン 店やカレー店などの商品の配達を依頼。特典割引がつく「初回注文」を装い、計2万3800円の割り引きを受けた疑いがある。容疑を認めているという。

同課は、沢容疑者がネット上で買った多数のSIMカードを使い、IDを偽造したとみて調べている。同庁は、沢容疑者が「山田太郎」名義のIDを80個作るなどID偽造を約100回重ね、計約13万円の割引きを受けた

「朝日新聞デジタル」（2022年1月12日配信）より

出前館の初回クーポンは
2千円前後がメイン

て、赤字じゃね？」と思ったのではないか。

出前館で新規登録者が使えるクーポンは、時期にもよるが1500〜2千円程度の割引額だ。

1食タダ飯も可能な金額ではあるのだが、そもそも出前館の新規登録には携帯電話の番号でSMS認証を行う必要があるため、不正に新規登録をするには別の電話番号を持っていなければならない。

しかしながら、新規で携帯を契約すれば3千円の事務手数料がかかるし、プラン料金もかかる。月額料金が安い（550円）「OCNモバイルワン」あたりを即解約するにしても、3550円のコストがかかってしまう。2千円の不正クー

ポンを取るために３５５０円を払ってしまっては、やる意味がない。

…まあ、「ウーバー」や「Ｍｅｎｕ」など他の出前アプリもあるので、３〜４千円ぶんくらいは取れるのかもしれないが、出前アプリの食事はアプリ側の手数料が乗っていて割高なので、やる意味はほぼないだろう。

１枚３００円の「プチ体験」が狙われた

そうなると、犯人は「どうやって電話番号を用意したのか？」というところが肝になってくる。

報道では、「１枚３００円のＳＩＭカードを購入し」と書かれており、ニュースでもコメンテーターがこの問題を解説していたが、「どうやって格安コストで電話番号を取得したのか」については触れられていなかった。

まあ、もったいぶってても仕方がないのでバラしてしまうと、この事件ではケイ・オプティコムが運営する格安ＳＩＭ「ｍｉｎｅｏ」のお試し用ＳＩＭカード、「プチ体験」が使われていたものと思われる。

この「プチ体験」は、ｍｉｎｅｏの契約を検討中の人がスピードやつながりやすさを体験す

プチ体験au版は、契約しなくても
SMSを受け取れた

るために、200MBだけデータ通信が使えるプリペイド式のSIMカードだ。mineo公式通販では300円で売られており、プリペイド体験で満足できたらお金を追加で払って本契約へ移行してくださいね、というものだ。

プチ体験の利用を開始するためには手持ちの番号でSMS認証を行い、本人確認をする必要があるため、これを使った犯罪などは行えない仕組みとなっているし、一人が何回線もプチ体験を行うことはできない…はずだった。

しかし、だ。なぜかこのプチ体験、au回線版に限っては、「利用開始手続きをしていない状態でも、SIMカードを携帯に刺せばSMSを受け取れてしまう」という深刻な欠陥があった。つまり300円を払えばいくらでも認証のための電話番号が補充できたのだ。

ニュース報道でもプチ体験の台紙が映っていたため、犯人はこのSIMを大量に仕入れて出前館の認証を突破したものと思われる。

現在ではau版プチ体験SIMの取り扱いは停止されており、今はこうした行為は行えなくなっている。

1枚のSIMカードで利益はどんどん広がって

プチ体験は、不正を行う人からすればあまりに都合がよすぎる「銀の弾丸」だった。

具体的には

●300円という格安のコスト

●契約しなくても使えるので、維持費がかからない
●何枚でも調達ができる
●本人確認が不要で動かせるので、身元がバレにくい
●090の番号が取れるので、ほとんどのサービスで使える
（ただし電話はできない）

…と、不正をするにあたって好都合な要素が揃いすぎていた。

出前アプリにしても、たった300円払うだけでタダ飯が食えるのだから、やる人がいるのは一応理解ができる。

また、電話番号の使い道は出前アプリだけではない。300円で電話番号を産み出せるのであれば、いろいろなサービスで金銭的利益が得られると考えられる。

一例としては

●メルカリ等、フリマアプリの初回登録ポイントをもらったり、アプリ内で詐欺を行うためにアカウントを増やす
●トヨタウォレット等、電子マネー登録時の初回付与ポイントをもらう
●ビックカメラやアマゾン等の複数アカウントを取得し、限定商

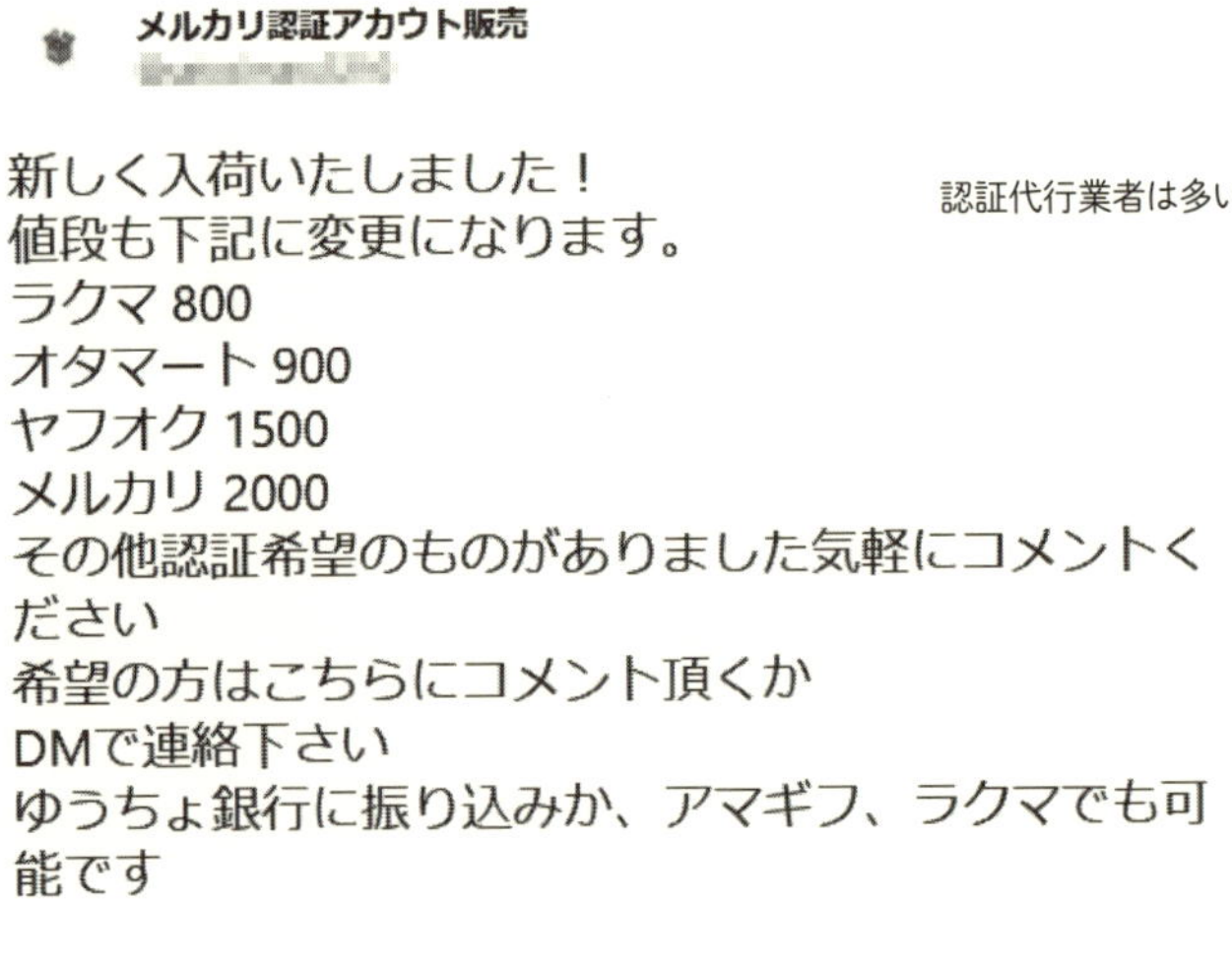
メルカリ認証アカウト販売
新しく入荷いたしました！
値段も下記に変更になります。
ラクマ 800
オタマート 900
ヤフオク 1500
メルカリ 2000
その他認証希望のものがありました気軽にコメントください
希望の方はこちらにコメント頂くか
DMで連絡下さい
ゆうちょ銀行に振り込みか、アマギフ、ラクマでも可能です

認証代行業者は多い

品を複数購入
●PayPay等の電子マネーに複数登録し、付与上限があるキャンペーンの特典を複数回もらう
●ナイキやゲオなど、登録時にSMS認証が必要なサイトに複数登録し、人気商品の抽選に複数回申し込む
●出会い系で自作自演の招待を行い、招待ポイントをゲット
●ラインやツイッターなどのSNSアカウントを複数作成
●Googleや食べログなどのアカウントを複数作り、クチコミを自作自演

などが考えられる。

こうした行為を自分でやるなり、手数料を取ってアカウントを欲しい人に向けて認証を代行する（いわゆる「認証代行」）なりを行えば、1枚のSIMカードで利益はどんどん広がっていくことになる。

SMS認証代行は「電磁的記録不正作出及び供用」という犯罪にあたるうえ、作ったアカウントが犯罪行為に使われて間接的に誰かを傷付ける行為に加担することになるので容認はできないが、利益に目がくらむ人はいるのだろう。

実は、出前館の犯人は昨年の11月にSMS認証代行で逮捕されており、出前館での逮捕は再逮捕だった。

つまり、出前館の事件は「SMS認証代行で捕まった男を取り調べた結果、出前館で不正喰いを繰り返していたこともわかった」から再逮捕され、報道されたのであって、警察が出前館の不正クーポン利用者をターゲットに捜査していた可能性は低いと思われる。

なので、1〜2回家族の番号で余計にクーポンを取った程度の人が追われる可能性は非常に低い。そこまでビクビクする必要もないだろう。…とはいえ、今後はやめておいたほうがいいだろうが。

認証代行をやるような人間を信じられるか

また、犯罪かどうかに関わらずＳＭＳ認証代行を利用するのは非常に危険なので、そのあたりにも触れておく。

危険な理由は「認証した電話番号のコントロールが、自分自身にないから」だ。

たとえば、LINEのアカウントを認証代行に頼んで作ったとする。しかし、電話番号の持ち主が別のアカウントを作ってしまったらそのアカウントは即時削除される。そのため、金を払って作ったアカウントが１日でなくなっても文句は言えないのだ。

それくらいならまだマシなほうで、PayPayのような決済サービスや、出会い系サイトのような金が出入りするサービスであっても、電話番号があればパスワードの再発行ができてしまうものが多い。

そのため、認証代行した人間もアカウントにいつでもログインできる。…ということは、自分が貯めたポイントや、入金した金を知らない誰かに持っていかれる可能性が常につきまとう。

犯罪であることを知っていながらＳＭＳ認証代行をやるような人間がそうした行動をとらないとは考えづらく、「金は盗まれる」と思ったほうがいいだろう。逮捕のリスクと金を抜かれるリスク、両方を背負ってまで関わるのは得策ではない。

それでももう1回線欲しければ

…しかしながら、小さい子どものいる読者が、子どもの名義を使ってアカウントを作りたい場面はあると思われる。

そうした場合は、代行業者などは使わずに、auの提供する格安SIM「Povo2.0」を使うのがオススメだ。

Povo2.0は以前の楽天モバイルのように、基本料金0円で、必要な分だけデータ通信量を購入するタイプの格安SIMだ。現在は楽天モバイルは0円で使えないので、Povo2.0のほうがいろいろと使い勝手がよい。

データ通信量を支払っていなくても、携帯回線であることに変わりはないので、電話をしたり（当たり前だが自分からかけたら通話料はかかる）、SMSを受信したりすることはできる。そのため、SMSを受けるだけなら0円で目的が果たせてしまう。

Povo2.0は契約時の事務手数料もかからないので、本当にコストは0だ。

180日以上課金がないと自動で解約されてしまうのだが、330円の24時間データ使い放題を1回以上買えばいいので、1年間の最安コストは660

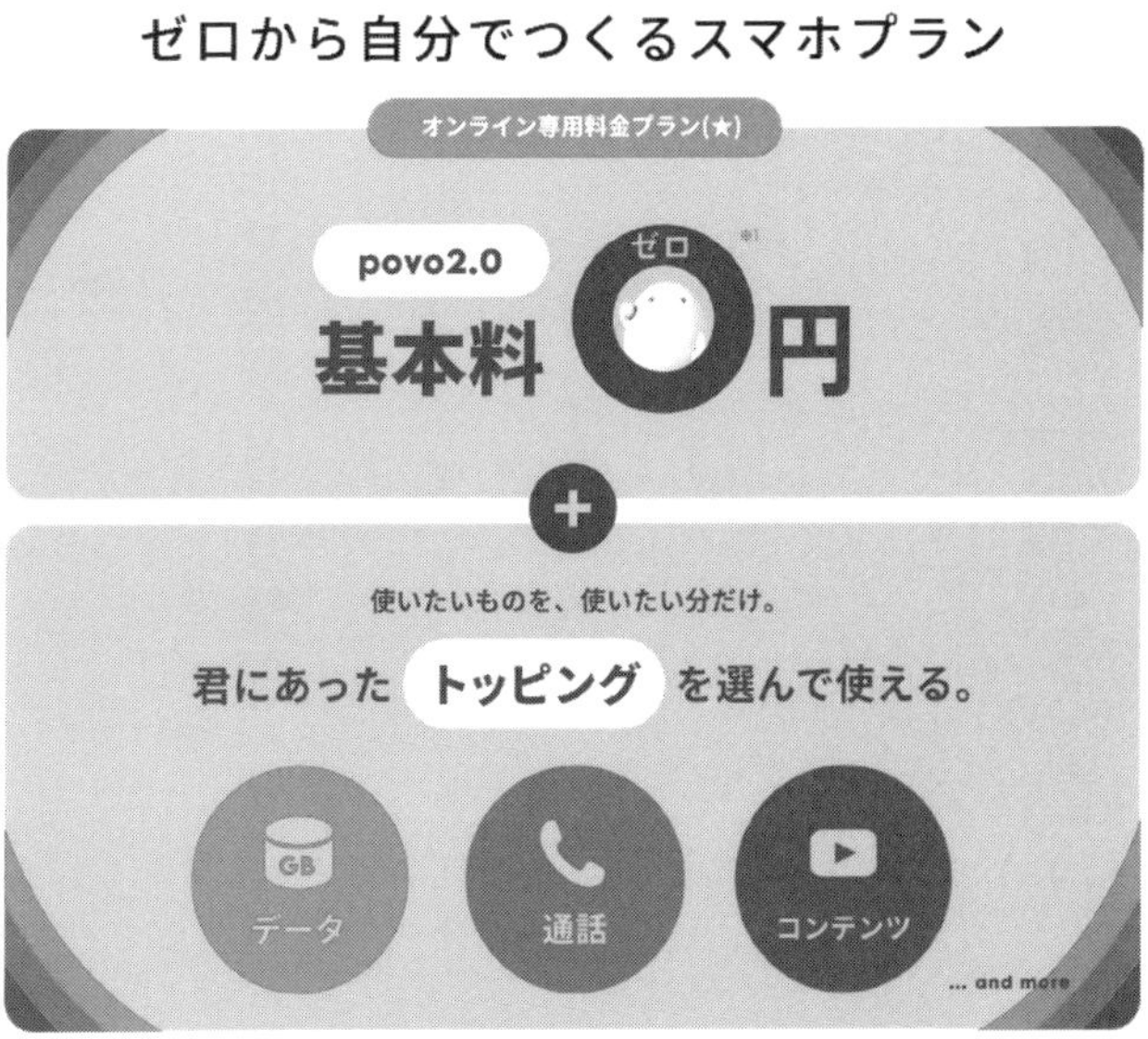
ゼロから自分でつくるスマホプラン
オンライン専用料金プラン(★)
povo2.0
ゼロ
基本料0円
使いたいものを、使いたい分だけ。
君にあったトッピングを選んで使える。
GB
データ
通話
コンテンツ
... and more
新アカウントを作りたくなったらこちらをどうぞ

円。かなり安い部類だろう。

複数アカウント目的でなくても１つサブ回線を持っておくと、しつこい勧誘があとから来そうな無料サンプルの申し込みや、キャンペーンの応募なんかも気軽にできるので、とりあえず持っておいてもいいと思う。

それから

本人確認不要でSMS認証ができたら犯罪もやり放題

最近は物理的なSIMカードを使わず、本体に直接読み書きする形で運用できる「eSIM」が普及したからか、はたまた不正利用の踏み台にされてしまうことが増えたからか、この「プチ体験」のようなSIMカード入りのエントリーパッケージは見なくなった。以前はOCNモバイルワンやワイモバイル、mineoなどの会社でこういったものを出しており、mineoのプチ体験の前にあった「OCNモバイルワン」のエントリーパッケージはプチ体験と同様に、申し込みをしなくてもSMSが受けられる仕様だった記憶がある。まあ、本人確認不要でSMS認証ができたら犯罪もやり放題だから、この流れはいいことだと思う。

ただ最近ではAmazonなどでソフトバンクや楽天モバイルの純正回線を使ったデータ通信専用のプリペイドSIMカードが売られており、普通にソフトバンクや楽天モバイルと同じ通信品質でデータが送受信できるうえ、SMSも送受信できるものが中にはある。キャリアの公式ではプリペイドSIMの案内はないし、「SMSの送受信はできません」と書かれているにもかかわらずSMSが受け取れたりするので、どうなっているのかは全くわからない。

こうしたSIMカードの相場は、毎月３GBが12か月使えるタイプで６０００円程度、７GBが12か月使えるタイプで1万円程度と、下手な格安SIMよりも安い。回線品質もソフトバンクや楽天の純正回線を使用しており格安SIMよりはるかに良いので、うまく工夫すると格安SIMよりもお得かつ快適に運用ができる。最近のスマホは2枚のSIMカードが使える「デュアルSIM」が標準装備になりつつある。そのため、月額0円で維持できる「povo2.0」のSIMカードを電話待ち受けに使い、データ通信はプリペイドで全て賄う運用にすると、毎月7GBのSIMを買っても月あたりのコストは1000円以下と、かなり安く運用できる。Povo2.0は180日課金がないと解約になってしまうので、180日間隔で適当に安いオプションを買う必要があることと、プリペイドSIMを1年ごとに買い替えないといけない面倒さはあるものの、あまりヘヴィーにスマホを使わない人であれば十分選択肢に入ると思う。

特殊サギで詐取されたプリペイドカードが競輪でマネーロンダリングされる理由

「裏モノJAPAN」2024年4月号掲載

2023年11月7日、サンケイスポーツでこのような見出しの報道があった。

「ネット競輪でマネーロンダリング　低倍率レースで現金化」

報道によれば、詐欺で詐取した電子マネー「ビットキャッシュ」で、競輪の低倍率車券を購入し、総額1億円超相当のビットキャッシュを換金したという。

指示役の男が買うレースを指示し、手下のようなやつらにビットキャッシュで車券を買わせていたらしい。

これを受けて別府競輪は投票サイト「Kドリームス」においてワイド（選んだ2人が3着までに入れば的中）車券の販売を中止したほか、Kドリームス本体も2月いっぱいをもってビットキャッシュでの入金を終了すると発表があった。

……詳しくない人にとってはこれを見ても何がなんだかわからないと思う。なぜ公営ギャンブルの競輪で、マネーロンダリングが行われたのか。今回はこれを解説していこうと思う。

ネット競輪でマネーロンダリング　低倍率レースで現金化

2023/11/07 20:04

社会　#経済　#エンタメ特集　#事件

秋田、岡山、福岡３県警の合同捜査本部が摘発したマネーロンダリング（資金洗浄）事件で、だまし取った電子マネー「ビットキャッシュ」を、オンラインで競輪の払戻金を得る手法で現金化していたことが７日分かった。人気が偏って倍率が低いレースの車券を購入し、総額１億円超相当の電子マネーが換金されていた。

競輪は一般的に競馬などに比べ番狂わせが起きにくいとされていることに目を付け、悪用したとみられる。

福岡県警によると、電子マネー売買会社の役員の男が、交流サイト（ＳＮＳ）上で競輪のレース結果を予想する集団にビットキャッシュを送り、車券を買わせていた。オッズが１倍の車券を購入し払戻金を得た後、その８割程度を電子マネー売買会社に送金し返す仕組みだった。

合同捜査本部が電子マネーの流れを追う中で判明。７日、組織犯罪処罰法違反（犯罪収益隠匿、収受）容疑事件の捜査を終えたと発表した。東京都中野区の派遣社員の女性（３９）、名古屋市西区の会社役員の男性（４３）、同区の会社役員の男性（２８）を逮捕、書類送検するなどしていた。

「サンケイスポーツ」（2023年11月7日配信）より

件名	【重要】ビットキャッシュを利用したチャージのサービス休止について
差出人	カスタマーセンター
受信日時	2024/01/26 18:00

いつも楽天Kドリームスをご利用いただき誠にありがとうございます。
2024年2月29日をもちまして、ビットキャッシュを利用したチャージのサービス休止を予定しております。

サービス休止に伴い、複数回のメンテナンスを予定しており、メンテナンス中はビットキャッシュを利用したチャージはできませんのでご注意ください。
ビットキャッシュ残高がおありのお客様におかれましては、サービス休止までのご利用をお願いいたします。

■メンテナンス日時
2024年1月29日（月）0：00～2024年2月1日（木）23：59
2024年2月6日（火）0：00～2024年2月9日（金）23：59
2024年2月11日（日）0：00～2024年2月14日（水）23：59
2024年2月18日（日）0：00～2024年2月21日（水）23：59

ご利用のお客様にはご迷惑をおかけしますが、ご理解賜りますようお願い申し上げます。

報道を受けて休止された

特殊詐欺はプリペイドカードが主流

今回の事件では、特殊詐欺で入手した電子マネー「ビットキャッシュ」を現金に換えるため、競輪が狙われた。

平素は Amazon.co.jp をご利用いただき、誠にありがとうございます。

このたび、お客様のアカウントにおいて利用規約に違反するおそれのある行為が確認されましたため、お

Amazon.co.jp が承認していない第三者からのギフト券の購入や、ギフト券の販売や譲渡は Amazon の

こうした行為が継続する場合は、利用規約に違反するご注文をキャンセルいたします。また、お客様およ
置を講じる可能性もありますのでご承知おきください。

詳細については、当サイトのヘルプページをご確認ください。
-- Amazon ギフト券細則
www.amazon.co.jp/giftcard/tc
-- Amazon ギフト券に関する制限および禁止行為
www.amazon.co.jp/giftcard/tc/restriction

Amazonでは、通報があったギフト券は使用不可に

特殊詐欺といってもオレオレ詐欺からワンクリック詐欺、出会い系詐欺、パソコンのニセサポート詐欺まで色々とあるが、現在もっともスタンダードなのは出会い系（風サイト）の詐欺だろう。

登録もしていないのに「1億円が末期ガンの金持ちババアからあなたに譲渡されました！」みたいなメールを送ってきて、実際に受け取ろうとすると「無料会員では資金譲渡が受けられない」とか「本人確認のためには入金が必要になる」みたいなことを言って、どうにか金を払わせようとしてくる。

最初は3千円ほどをせびられる程度だが、1度入金するとカモ認定され、「送金手数料が必要です」だとか「システムのロック解除のために入金が必要です」だとか、追加で金をせびられて、どんどん金を引っ張られる。数百万円単位で騙し取られてしまう人もいるらしいから、気の毒な話だ。

他にはパソコンにウイルスが入ったから駆除するために金がいるだとか、投資システムの購入代金だとか、まあ色々なパターンがあるが、結局オチは金を払えというところに行きつく。で、これは明確に詐欺なので、すぐに足がつく銀行口座は使いづらい上に、すぐ凍結する可能性もある。そこでコンビニの

プリペイドカードを使って支払いをさせるわけだ。

なぜビットキャッシュが狙われたのか

コンビニで買えるプリペイドカードはビットキャッシュの他にもアマゾンギフト券やらiTunesカードやらがあるわけだが、アマゾンもiTunesも、一度何かモノを買って換金する必要がある。そうなると、一度住所を晒してモノを受け取るというリスクがあるし、購入から発送までに詐欺が発覚してギフト券が無効になる可能性もある。

そこで、公営ギャンブルで唯一、プリペイドカードで入金ができる競輪が狙われたのだろう。具体的には「ビットキャッシュ」のほかに「JCB PREMO」が競輪に対応していて、以前はウェブマネーも使うことができた。

競輪は競馬・競艇に比べて売上が少なく、利用者の増加に苦心している。そのため、PayPayやau PAYなんかの電子マネーにも対応したりと、投票自体がしやすいように色々と手が打たれている。ビットキャッシュへの対応もその一環だろう。

なぜ「JCB PREMO」ではなく「ビットキャッシュ」が狙われたかというと、JCB PREMOは物理的なカードを買わないといけないのに対し、ビットキャッシュはコンビニの端末（ロッピー等）からでも買うことができるので、在庫切れで取りっぱぐれることがないからだと思われる。

出会い系でよくあるパターンだ

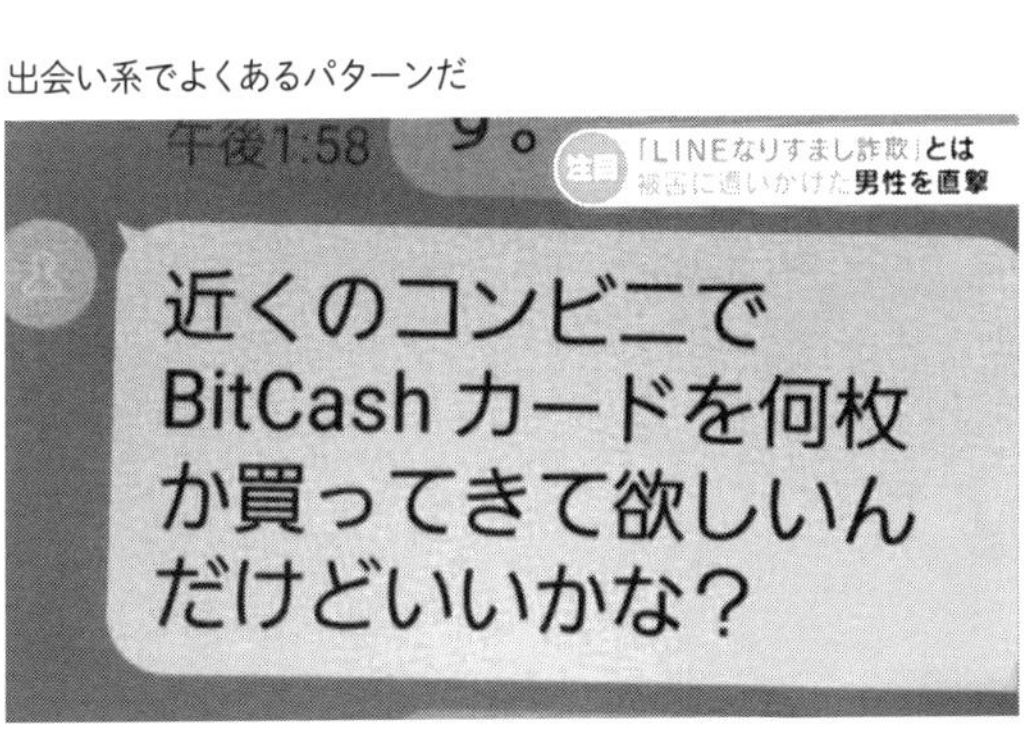

やる前から結果の見えているレース

ここまでで、「詐欺で奪い取ったビットキャッシュが、競輪で使われている」ことは分かったと思う。しかし、一つ疑問が生じる。それは「外れたら0になる公営ギャンブルで、なぜわざわざマネーロンダリングをするのか」という点だ。

これには、競輪の競技的な特性が関係してくる。興味の持ちにくい内容かもしれないが、少し長めに解説する。競輪はすべての選手が人力で戦うという都合上、やる前から結果の見えているレースがけっこうある。もちろん、競馬や競艇でも鉄板レースみたいなものはあると思うが、競輪には個々の実力のほかに「ライン」と呼ばれるチーム戦の要素も加わる。

同じ地域の選手同士が同じチームになって走ることをラインと呼ぶのだが、ラインは長くなれば長くなるほど有利になる。例えば7人で行うレースで、5人のラインと2人のラインに分かれて戦うことになったとする。これが競馬ならアウトコースを走って並走……ということもできるが、競輪のコースはすり鉢状になっているので、外を並走し続けることが非常に難しい。基本的には抜ききれなかったら後退するしかない。

なのでラインの数が数的有利な時点で、既にかなりの優位性が確保されていることになる。数的不利なラインは敵のラインすべてを追い抜かないと1着になることはできないため、やる前からどうにもならないレースだとわかってしまう。

そして数的有利のほうは、ゴール前までは邪魔されずにたどり着けるので、あとはゴール直前でガチンコ勝負をするだけ。当然、前にいる選手のほうがゴールに近いぶん有利になる。3番手、4番手の選手は勝つために距離的に不利な外側を走らないといけないので、先頭の有利は揺るがないというわけだ。

ラインの数的有利に加えて、ラインの1・2番手を走る選手の実力が抜けていたら、ワンツーフィニッシュは揺るがない。こういうガチガチのレースは多くあり、選んだ2人が3着までに入れば的中になるワイド車券の的中率は非常に高くなる。

また、競輪には下から「チャレンジ」「A2級」「A1級」「S2級」「S1級」「SS級」という階級分けがあり（女子の「ガールズ」もある）、A級の選手はA級同士、S級はS級同士でレースが行われる。

そして最下位の「チャレンジ」は、50~60代の選手もいるような状況で、正直言ってレベルの低い戦いが繰り広げられるのだが、新人もこのチャレンジからデビューになる。

そうなると、50~60代のオヤジとオリンピック候補の20代前半という戦いになったりして、この場合も勝ちが揺るぎないレースになる。

そして女子のガールズはラインが禁止になっているも

※写真はイメージです

のの、体当たりなどの接触プレーが禁止になっているうえ、男子のような実力でのクラス分けがない。そうなるとオリンピック選手と、去年まで高校生だったズブの素人が戦うようなレースができたりして、これもやはり鉄板になる。

回収率9割越えは不可能ではない

このように、競輪は「やる前から結果が見えている」レースがかなりある。公営競技の控除率はご存知の通り25%なので、長くやればやるほど回収率は75%に近づいていくはずだが、競輪の鉄板レースで本命のワイドに賭け続けた場合はこの限りではない。

22年に行われた2万4823レースを分析してみると、ワイド1番人気のオッズが1倍の元返しになったレースは2777レ

自力圧倒 チャレンジ予選　　発走予定 **12:42** 投票締

勝ち上がり条件：1着～4着と5着1名はチ準決、5着4名と6着～7着はチ一般へ

予想担当記者：アオケイ 八角 はっかく ｜ 並び提供：競輪研究

出走表 ｜ 選手コメント・前回出走レース成績 ｜ 今場所・前場所・前々場所出走レース成績 ｜ 年間勝利度数 ｜ 同走路年間勝利度数 ｜ 当所5年

予想	好気合	総評	枠番	車番	選手名 府県/年齢/期別	級班	脚質	ギヤ倍数	直近4ヶ月の成績												
									競走得点	S	B	逃	捲	差	マ	1着	2着	3着	着外	勝率	2連対率
△		4	1	1	前島 恭平 長 野/34/98	A3	逃	3.92	68.12	3	4	3	1	0	0	3	1	3	17	12.5	16.6
注		1	2	2	坂元 洋行 三 重/43/88	A3	両	3.92	**78.40**	**9**	0	0	0	8	**7**	4	11	3	9	14.8	55.5
○		1	3	3	橋本 祐司 青 森/38/95	A3	追	3.92	77.66	1	0	0	1	**11**	**7**	6	**13**	3	11	18.1	57.5
◎		1	4	4	高本 和也 神奈川/25/121	A3	逃	3.92	**78.40**	**9**	**16**	**10**	**12**	2	0	**18**	6	0	3	**66.6**	**88.8**
▲		4	5	5	橋口 琢 東 京/42/90	A3	追	3.92	69.84	0	0	0	0	2	0	0	2	**4**	8	0.0	14.2
		5	6	6	山本 晋平 愛 知/43/83	A3	追	3.93	65.83	2	0	0	0	1	0	0	1	**4**	25	0.0	3.3
×		3		7	沼川 夢久 群 馬/47/81	A3	追	3.92	71.08	0	0	0	1	5	3	3	6	3	13	12.0	36.0

【誘導員】多田 司 A 3

※各項目トップの数値は赤字で表示されます。※補充選手の並びについてはコメントがとれていないため選手紹介をご確認ください。

並び予想 ← 1 先行　7 追込　5 追込　4 押え先　3 追込　2 追込　6 追込

鉄板レースの例ですが、詳細は省きます

ース。

このうち、ワイド車券が8万票（800万円）以上売れた（それほど多くの人が鉄板だと思っているということ）レースは193レースあり、的中数は182レース。いずれもオッズが1倍なので、回収率は94％になる。

俺は「チャリロト」や「TIPSTAR」などの投票サイトで入金時にもらえる10％ボーナスを換金するためにワイドの鉄板レースを探して投票していたのだが、やはり的中率は95％程度になり、5％前後は儲けることができた。

レースを選べば、控除率75％のギャンブルで、回収率9割越えは不可能ではないのだ。

たった10分で1万円がもらえる副業

鉄板レースのワイドを買うだけで、期待値9割超えで回収できるため、競輪がマネーロンダリングに使われたのだろう。

1レースは3分で終わるし、当たったら即座に現金で払い戻しができる。他のプリペイドカードよりも効率よくマネーロンダリングできたと思われる。

今回の事件では、指示役の男の言うとおりに車券を買って、当たった場合は8割を戻すという仕組みだった…と報道されているから、おそらく「俺の渡すビットキャッシュで車券を買ってくれたら、当たったときに2割あげるよ」といってマネーロンダリングを人に手伝わせたものと考えられる。

競輪のワイドはネット投票の場合、1レースにつき4万9990円まで投票ができるから、2割バックなら約1万円。「たった10分で1万円がもらえる副業」みたいな感じで、闇バイト掲示板とかで募集されていたの

ワイド鉄板のオッズはこうなる

ワイド　確定オッズ　オッズ表　人気順・高配当順　発売票数 **231,941**　2023/03/19 12:45現在　オッズ

	1 前島 恭平 長　野 98期	2 坂元 洋行 三　重 88期	3 橋本 祐司 青　森 95期	4 高本 和也 神奈川 121期	5 橋口 琢 東　京 90期	6 山本 晋平 愛　知 83期	7 沼川 夢久 群　馬 81期
1							
2	139.0～ 142.3						
3	15.2～ 234.9	1.1～ 15.2					
4	6.3～ 89.9	1.0～ 11.5	1.0～ 1.0				
5	283.4～ 284.5	267.3～ 273.5	16.9～ 256.7	10.1～ 148.8			
6	731.2～ 733.6	177.8～ 182.0	19.1～ 290.0	10.4～ 154.0	803.1～ 804.8		
7	132.5～ 133.4	112.0～ 114.9	8.5～ 131.8	4.2～ 58.3	208.5～ 209.6	758.9～ 762.3	

オッズ情報に関する

投票

かもしれない。割のいい副業だったと思ったら、詐欺の片棒を担がされていたというのはなんともやりきれない話だ。

　今回はおそらく闇バイトか何かの募集だと思うが、基本的にネット上で売買されているギフトカードは、今回のように出処がヤバいものの可能性が高いので、触らないに越したことはない。安いには安いなりの理由があるということだ。

それから　ヤフオクなどでは出所不明のギフトカードがさかんに販売されているが…

　このような詐欺やマネーロンダリングに対応するためか、ビットキャッシュに限らず、基本的に電子ギフトカードは自分が買ったギフトカードを第三者に販売・譲渡する行為、いわゆる二次流通が禁止されている。そして、どの事業者も利用規約に「不正利用が発

覚した際は、残高を没収する」と定めていることが多い。

こうしたギフトカード本体と、購入された場所や時間、決済手段は基本的に紐づいている。たとえば、13時に福岡県のコンビニで購入されたプリペイドカードをアカウントへ登録した後に、13時30分に北海道のコンビニで購入されたプリペイドカードを登録したら、ありえない動きをしていることになるので、二次流通のカードを使っている疑いをかけられるだろう。このように、二次流通のギフトカードを炙り出すことはそこまで難しくないはずなので、悪事はバレると思っていたほうがいい。

ヤフオクなどのオークションサイトや、「ベテルギフト」「アマテン」などのギフト券売買サイトではこうした出所のわからないギフトカードがさかんに売買されており、実際に使ったことがある人もいるかもしれない。中には「使ったけど、別に大丈夫だったよ」という人もいるだろうが、先述の通り二次流通を特定するのは比較的簡単なので、あとは現実的に罰を与えるか与えないかの差でしかない。つまり、「現時点では対処するコストのほうが高い」と思われているか、「泳がされているだけ」ということだ。

まあ確かに、80％でアマゾンギフト券を買ってiPhoneやPS5、Oculus Quest（現Meta Quest）などの換金性が高い商品を仕入れて転売すれば簡単に利ザヤが出るので、やりたくなる気持ちはわからなくもないが……。

実際に二次流通のアマゾンギフト券を使ってゲーム機の転売をしていた人に話を聞いたことがある。最初は月に2～3台を転売する程度で、利益も月に1～2万円ほどだったという。しかし、転売する数を増やしてさらに稼ごうと考え、アカウントを増やして一気に100万円程度の商品を注文したタイミングで、規約違反を検知されてすべての注文が取り消しされ、ギフト券も返ってこなかったという。ギフト券を80％で仕入れていたとしたら、80万円の損失だ。

他にもこういったケースは多くあるようで、中には裁判になっているものまである。２０１８年には、転売ヤーが個数制限のあるセール品を複数アカウントで購入したところ（そして、二次流通サイトのアマゾンギフトで購入していたようだ）、規約違反としてアカウントを停止されたという。このアカウントに登録済みのギフト券残高の返金と遅延損害金の支払いを求めて転売ヤーが裁判を起こしている。

結果は転売ヤー側の結果は完全敗訴で、裁判官に「規約でやるなと言われていることをやっているのだから、垢ＢＡＮされてギフト券を没収されても仕方がない」「法律的に判断するまでもなく主張は認められない」とボロクソ言われている。

この裁判の詳細については「判例タイムズ１４６６号」という法律関係者向けの雑誌で読むことができる。裁判所の堅い文章で転売と転売ヤーについて語られているのはなかなか面白いので、一読の価値はある。

競輪予想会社のウソを論理的に暴く

「裏モノJAPAN」2023年11月号掲載

いろいろ雑誌が世の中にある中でも、この連載が掲載されている「裏モノJAPAN」はかなり下世話なほうの雑誌だと思うのだが、その割にはギャンブルの話があまりない。他の連載でたまにギャンブルの話が出てくる程度なので、もう少し特集なんかで触れてもらいたいものである。

かくいう俺はギャンブルが割と好きな方で、中でもパチンコと競輪が好物。パチンコの話は何度かしているので省くが、競馬でも競艇でもなく競輪が好きなのは、有利になる要素が多いからだ。

競馬や競艇はわりかし胴元が儲かっているので、客寄せのためにサービスをすることはほとんどない。競艇に至っては、クレジットカードで入金すらできないのだから、どう工夫しても控除率25％の勝負を強いられることになる。

しかし競輪は客寄せに苦心しているため、色々な投票サイトが乱立し、そのサイトが客を取り合ってキャッシュバックやポイントバックを乱発している。これらをうまく使うと15％くらいバックが狙えることも珍しくない。これなら、実質的な控除率は10％程度におさまるので、予想の精度を上げることで勝つことは不可能ではないと思う。

中でも女子だけで行われる「ガールズケイリン」は、選手数が非常に少なく、全体で２００人程度しかいない。競馬の馬や競艇の選手をすべて覚えることは不可能に近いが、ガールズケイリンの選手をすべて把握するのはかなり現実的なラインだし、１日のレースも2～8レース程度しかないので、全レースを見返しても多い日で30分程度である。なので、勝つという目線でいうとガールズケイリンは非常にやりやすい種目ではないかと思っている。

取り分を減らす必要はどこにもない

……で、選手や競輪場のことを調べていると、邪魔な存在が登場する。有料予想サイトへ誘導してくるブログだ。

たとえば「松戸競輪場　特徴」と検索すると、検索上位に解説ブログが出てくるのだが、最後にはほぼ「有料予想サイトで予想を買えば、ラクに儲かりますよ」という感じで予想サイトへ誘導してくる。競馬や競艇に

選手同士の駆け引きを初め、関係者から小さなことすら見逃さずかき集めた血と汗の結晶こそ、「八百長」や「デキレース」とそん色のない【結果が手に取ってわかるレベル】のが捻りだした正解系の一つだ！
データ予想での的中率
円グラフ
八百長レース
デキレース
14%
戦略の裏を突く選手同士の化かし合い
37%
体調不良や勝負所の家族応援
49%
なんと
約85%
と小さくても
関係者情報を
かき集めれば
デキレース以上
に確実な的中を
導くことが可能だ!
※当社調べ１か月の的中結果の平均から算出
一つ一つでも的中率を
50%～90%も
底上げできる攻略方法
こういうの多いんだよな

もこうしたクソブログは大量にあるので、ギャンブル好きの人なら一度は見たことがあるだろう。

で、こうした予想サイトの特徴はこうだ。

▼選手や関係者とパイプがあり、何らかの「裏情報」があることを匂わせる
▼100万以上勝ったという口コミが書かれている
▼登録ページのセールスがやけに長い
▼メールアドレスだけで登録できる
▼無料登録で1万円分のポイントがもらえる
▼有料情報は最低1万5千円からで、無料ポイントだけでは予想が見られない
▼予想を買って賭けたときに得られる予想金額が「目標金額」と表現されている
▼特定商取引法のページを見ると、レンタルオフィスが登録されている

競輪に限らず、競馬や競艇の予想サイトもほぼすべてがこの作りなので、おそらく大元は同じなのではないかと思う。悪評が集まったらサイト名を変えて同じ手口を繰り返しているのだろう。

こうした予想サイトに対して、誰もが思い浮かぶ疑問がある。それは「それほど的中率が高いなら、なぜ自分たちで車券を買わないのか」ということだ。本当に裏情報があるのであれば、自分らで車券を買って儲けたほうがいいわけで、サイトを作ってわざわざ集客する必要はない。

実際、競馬や競艇で八百長している騎手やレーサーは過去にいたが、八百長選手は自分らで投票をして利益を内輪だけで独占していた。公営競技は的中者で売り上げを山分けにする方式なので、数万円でネタを売って取り分を減らす必要はどこにもないわけだ。

実際には、適当な予想を「裏情報」とか言って高額で売りつけているのだろう。……ということは、誰でもちょっと考えればわかる話だ。

99・9％インチキだとわかってはいるが、確実な証拠がない以上は詐欺とも言い切れない。そして外れても「ギャンブルに絶対はない」とか適当な言い訳が成り立つからこそ、逮捕もされずに運営ができているのだろう。

なので今回は、こうした予想サイトの嘘を暴いて、詐欺と言い切ってやろうと思う。

運営直後に「2か月くらい前からお世話に」

まず目をつけたのは、「ケイリン●箱」というサイトだ。

サイトのトップページに的中実績が載っており、9月8日は100万円超えの払い戻しが5レースもあったという。

この時点でだいぶおかしいけどな。仮に八百長やらなんやらがあって当てやすいレースがあったとしても、それが1日5個も6個もあるわけがない。

とりあえず無料登録してみると、「020248」という会員番号が発行された。捨てアドでもう一度登

都合よく当たってますな

録をすると、「２０２４９」になったので、通し番号になっていることは間違いないだろう。２万人が無料登録しているのか、適当なところから通し番号をスタートさせているのかはわからないが。

そして、トップページには「お客様の声」が載っているのだが、この会員番号が「４５＊＊５６」「４４＊＊２８」「９２＊＊５３」と、どれも６桁になっている。このサイトには最大でも２０２４１人しか登録していないのに、40万番台や90万番台の口コミが載っている時点で、どう考えても矛盾していることになる。しかもこの口コミは５つも載っているので、打ち間違いと逃げるのも苦しい。デタラメに数字を入れて嘘の口コミを捏造しているのは明白だ。

そして、ログを調べられるサイトでチェックすると、このサイトは２０２１年の１月15日から運営が開始されたことになっているのだが、口コミは運営開始直後から書かれている。

そして、この口コミの中に「２カ月くらい前からお世話になっています（中略）自分の月給を超えるほどに利益が出ています」というものがある。運営直後にもかかわらず、「２か月くらい前からお世話になっています」と書かれているのは明らかにデタラメである。これもウソ確定。予想サイトとしては、一切信用できないことがわかる。

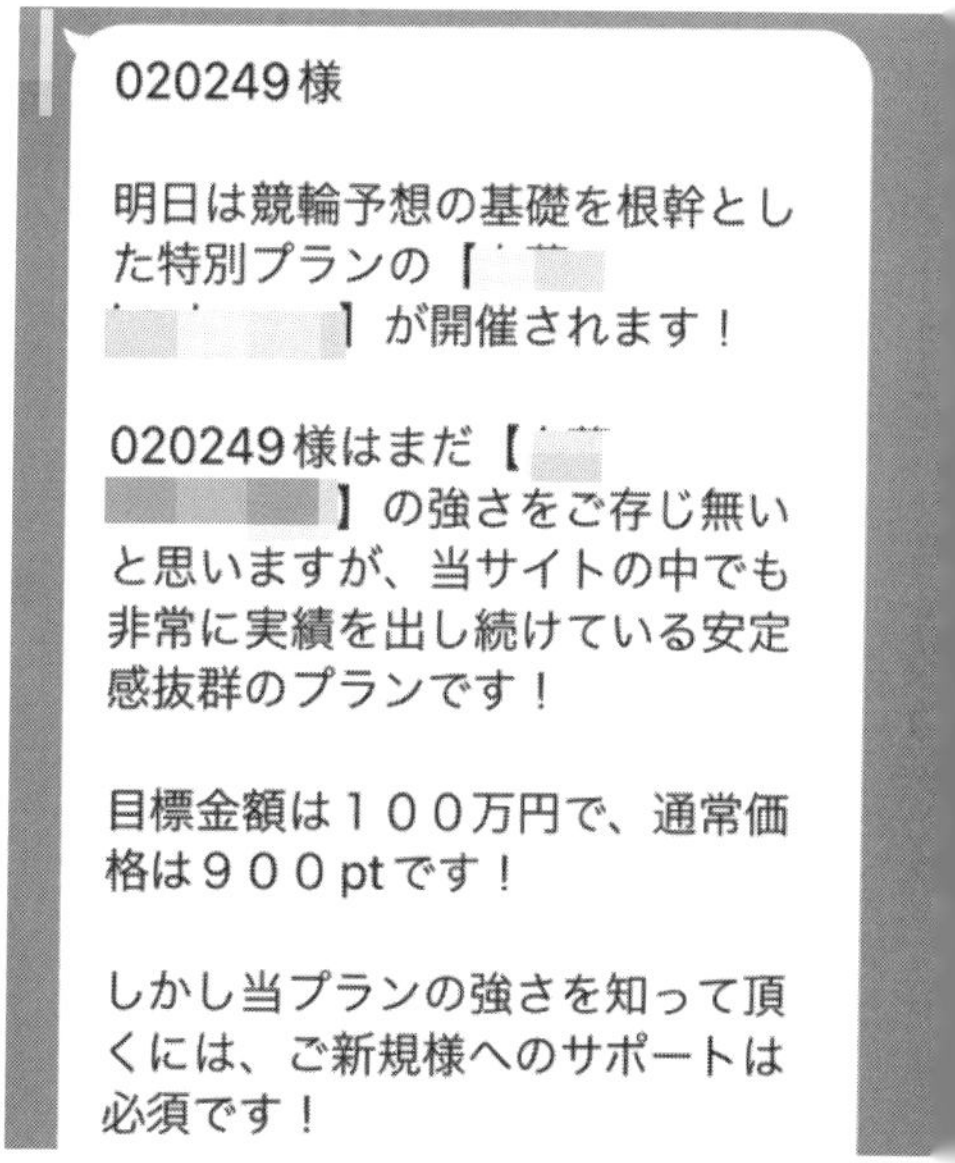
020249様
明日は競輪予想の基礎を根幹とした特別プランの【　】が開催されます！
020249様はまだ【　】の強さをご存じ無いと思いますが、当サイトの中でも非常に実績を出し続けている安定感抜群のプランです！
目標金額は１００万円で、通常価格は９００ptです！
しかし当プランの強さを知って頂くには、ご新規様へのサポートは必須です！

2万番台の会員番号が発行された

ID:4556様 40代 男性**

初回の参加でしたが結果には十分満足しています。
自分も多少は競輪の経験はあるので、公開された買い目を見た時は「こんなの本当に当たるの？」と一見信じがたいものでしたが、いやはやプロの予想はやはり当たるものなんですね。
たった1日で10万超えの利益は驚きました。
これを1か月続ければ極端なこと言えば仕事辞めても十分に生活していけますね。もちろん継続して利用させてもらいます。

ID:4428様 20代 男性**

実際良いことばっかりじゃないよ！当たりもあれば外れも普通にある！
ただ月のトータルで勝ててるかどうかが一番大事だとは思ってる。
そこで言ったらケイリン[illegible]箱ではだいたい月で50～80くらいは稼げてる！

ID:9253様 30代 女性**

いつも的中ありがとうございます＾＾
担当さんはいつも私の話を親身になって相談に乗ってくださり、参加プランも一緒になって考えてくれるのでうれしいです。
最初は副業程度で少しでも生活の足しにでもなったらなーなんて思っていたんですけど、とてもそれくらいじゃないくらいの結果です。
昨日も５万も勝てました！これからも頑張って貯金していきたいと思っています(*´□`*)

ID:1264様 30代 男性**

これまで他社を利用してきて大損こいてきたもので、そこを見限って登録した。ケイリン[illegible]箱に対しても最初は期待半分、疑い半分だったけどこれだけ稼げせてもらってたらさすがにもう感謝しかないわな。

なぜか6ケタ会員のレビューが

しかし、予想に関するボロを出すことはできなかった。もっと確定的なシッポをつかめないものか。

311万の払い戻しは100％不可能

探していると「競輪カミ●トエ」というサイトが見つかった。

このサイトはネット上での評判がやたらよく、褒めちぎるブログがたくさん出てくるのだが、さっきの「ケイリン●箱」とサイトの作りはほぼ同じ。きっと口コミも自作自演だろう。

登録すると、過去の的中実績を見ることができるのだが、毎日毎日１００万単位の的中ばかりが並んでいる。結果を２０１９年まで遡ったところで、あるレースが目にとまった。

２０１９年10月25日の川崎競輪２レースで、３１１万８００円の払い戻しがあったと書かれている。

このレースは3連単の配当が８０８０円ついたから、3万８５００円分車券を買えば３１１万８００円の払い戻しがあることになる。一見すると、おかしな点はない。

しかし、この川崎２レースは最終日の一般戦という、決勝に上がれなかった選手だけで行われる注目度の低いレース。そのため、投票数は決勝などに比べて圧倒的に少なくなる。実際に票数を見ると、２万２１９６票しか投票がない。１票は１００円だから、２２１万９６００円しかこのレースの３連単は買われていなかったことになる。

控除が25％あるので、払い戻しにまわせるのは最大で１６６万４７００円。

つまり、この日の川崎２レースで３１１万８００円の払い戻しを受けることは１００％不可能というわけだ。これは、的中を捏造している動かぬ証拠である。適当に

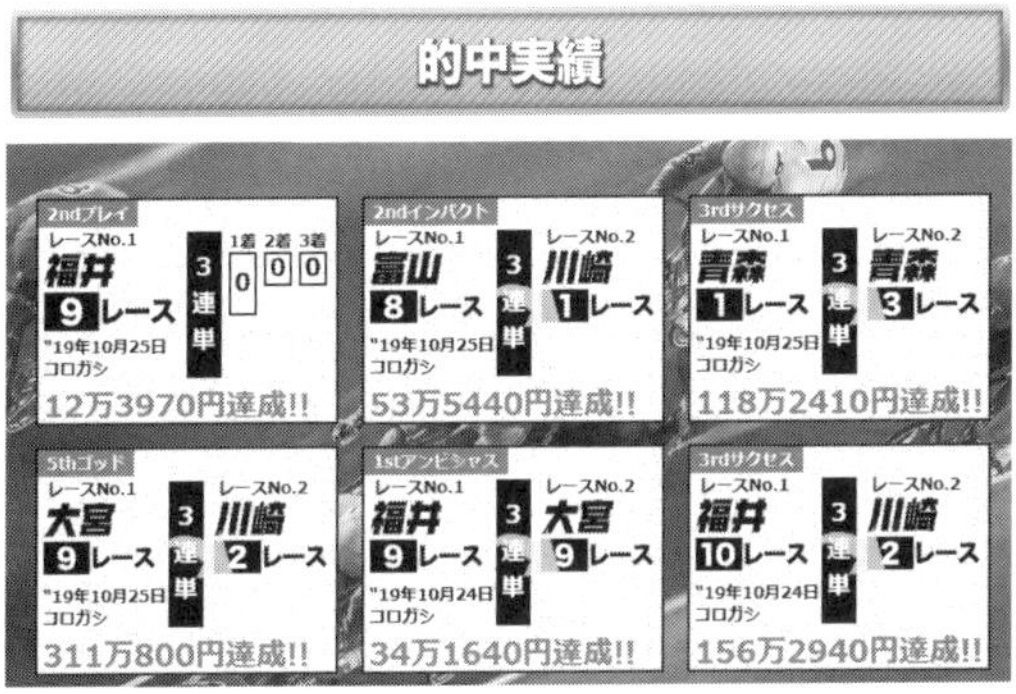

左下の川崎２レース。一見、おかしくはなさそうだが

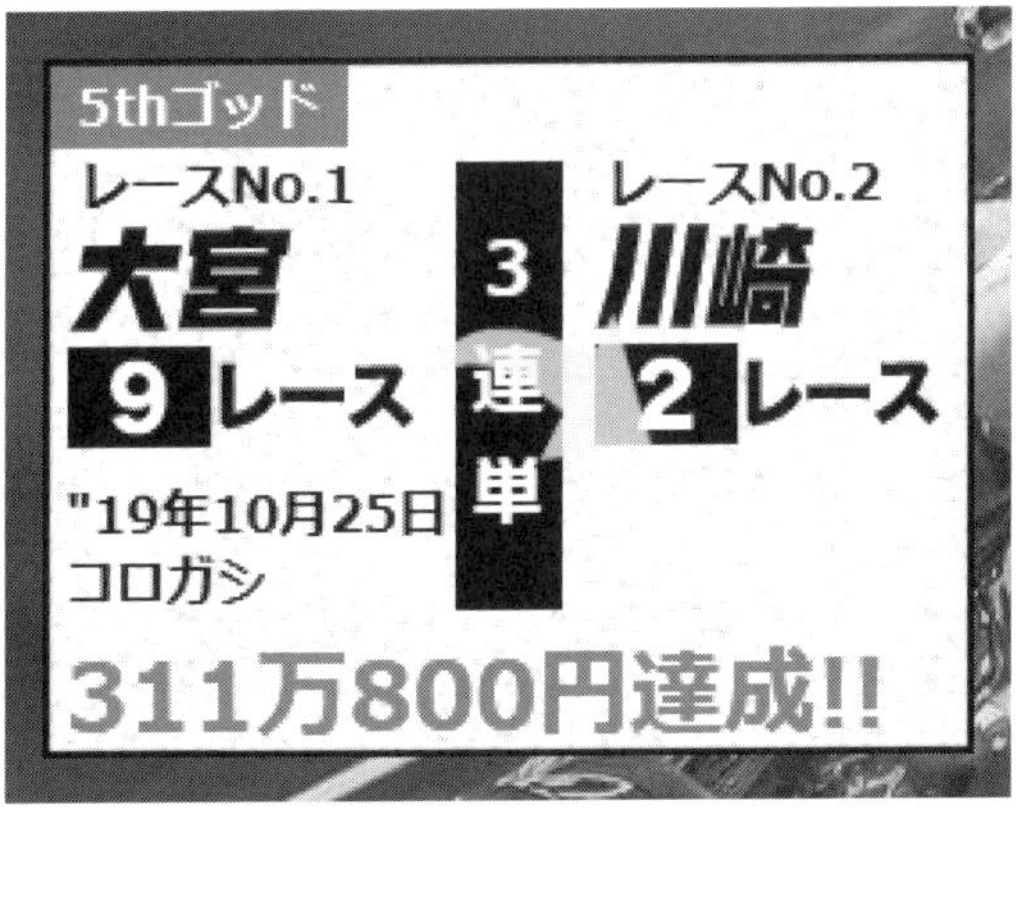

3連単　オッズ表　人気順・高配当順　発売票数 **22,196**　2019/10/25 16:21現在　オッズ更新

1着の選択：1 | 2　3 | 4 | 5 | 6 | 7

1 飯島 亮【東　京 68期】							
	2 松尾 誠 長　崎 80期	3 市山 芳宏 徳　島 71期	4 鈴木 達也 茨　城 81期	5 藤原 義浩 徳　島 76期	6 細川 貞雄 愛　知 53期	7 村松 俊弥 山　梨 96期	
2		1513.3	268.5	792.7	1513.3	832.3	2
3	1513.3		234.4	1040.4	1664.7	924.8	3
4	616.5	665.8		462.4	594.5	205.5	4
5	1280.5	1189.0	168.1		1849.6	640.2	5
6	1849.6	1189.0	231.2	1109.8		876.1	6
7	1109.8	924.8	94.5	693.6	1280.5		7

川崎2レースの発売金額は300万以下。つまり…

配当が高額になったレースを選び、それを数万円買ったことにして高額の的中実績にしているのだろう。

競馬や競艇だと売上が多いのでここまでハッキリと嘘がバレることはないが、競輪の注目度が低いレースでは払い戻し可能額が100万円前後になることがけっこうあるので、捏造がめくれたのだ。

実際、他のレースを見てみても払い戻しの95％くらいを独占している計算になっているものがかなりあるので、適当に3連単の配当がついたレースを当たったことにして「実績」にしているものと思われる。

最終日の一般戦（1〜2レース）や、小田原などのモーニングしかやっていない競輪場（開始が朝8時半とかなのでやっている人が少ない）、ガールズケイリンの予選などは投票数がかなり落ち込むので、こうした点に注目していくことで捏造を見分けられることはかなりあるだろう。

「被害がないのに動くわけには」

……とまあ、こうしてサイトの捏造を判別することができたわ

けだが、これだけだと単純に「99％クロだったサイトが、１００％クロだということがわかった」というだけなので、あまり面白みはない。こうしたサイトは消滅するのが世のため人のためだ。しかるべき機関にこの事実を報告して、なんとかしてもらおう。

というわけで、消費生活センターに電話だ。

「はい、消費生活センターです」

「実は、かくかくしかじかで詐欺を行っていることが明らかなサイトがあるんですが」

「う～んちょっと……ギャンブルに関することは消費生活センターの管轄ではないんですよ。最寄りの警察署の生活安全課に問い合わせていただけますか」

たらい回しを食らってしまった。というか、これはギャンブルで勝った負けたの話ではなくて「詐欺の情報を売っているヤツがいる」という話なんだから本来は消費生活センターの管轄のはずなんだが……。全く理解力のないやつが相談員をやっているということだ。まあ、そんな理解力のないやつに相談したところで解決しないだろうし、警察に行くか。

というわけで、秋葉原の警察へ。消費生活センターから案内を受けたと言い、生活安全課へ通してもらう。

「消費生活センターから案内を受けてきた」と言った時点で、すでに担当の警官が面倒くさそうにしているが。

……しかしながら、対応してくれた警官はギャンブルには詳しくなかったものの呑み込みが早く、こちらの主張をかなり的確に把握してくれた。そのうえで来た答えは、

「山野さん、あなたは実際には被害を受けていないわけですよね」

「まあそうですね、詐欺だってわかってるのに金を払ったりはさすがにできないですね」

「そうなると、私たちも被害がないのに動くわけにはいかないんですよ」

「そうですか……」

「こういう情報提供があったということは記録しておきますので。あとはセーファーインターネット協会というものが運営している『セーフライン』というサイトがありますので、こちらに通報していただくとより効果的かもしれません」

また、たらい回しかよ！　このセーファーインターネット協会というのはインターネットプロバイダなどが加盟している一般社団法人で、悪質だと認められると検索エンジンからの除外などをしてくれるらしい。

仮に検索から村八分にされたところで、クソブログから人を飛ばしたり似たようなサイトを作るだけで意味がないだろう。言われたとおりに通報をしてみたが、約2週間が経ってもセーファーインターネット協会とやらからは連絡もなく今に至る。もう俺が政治家になって、こういうサイトやってるやつらを即時逮捕できるように法律を変えるしかないのか？

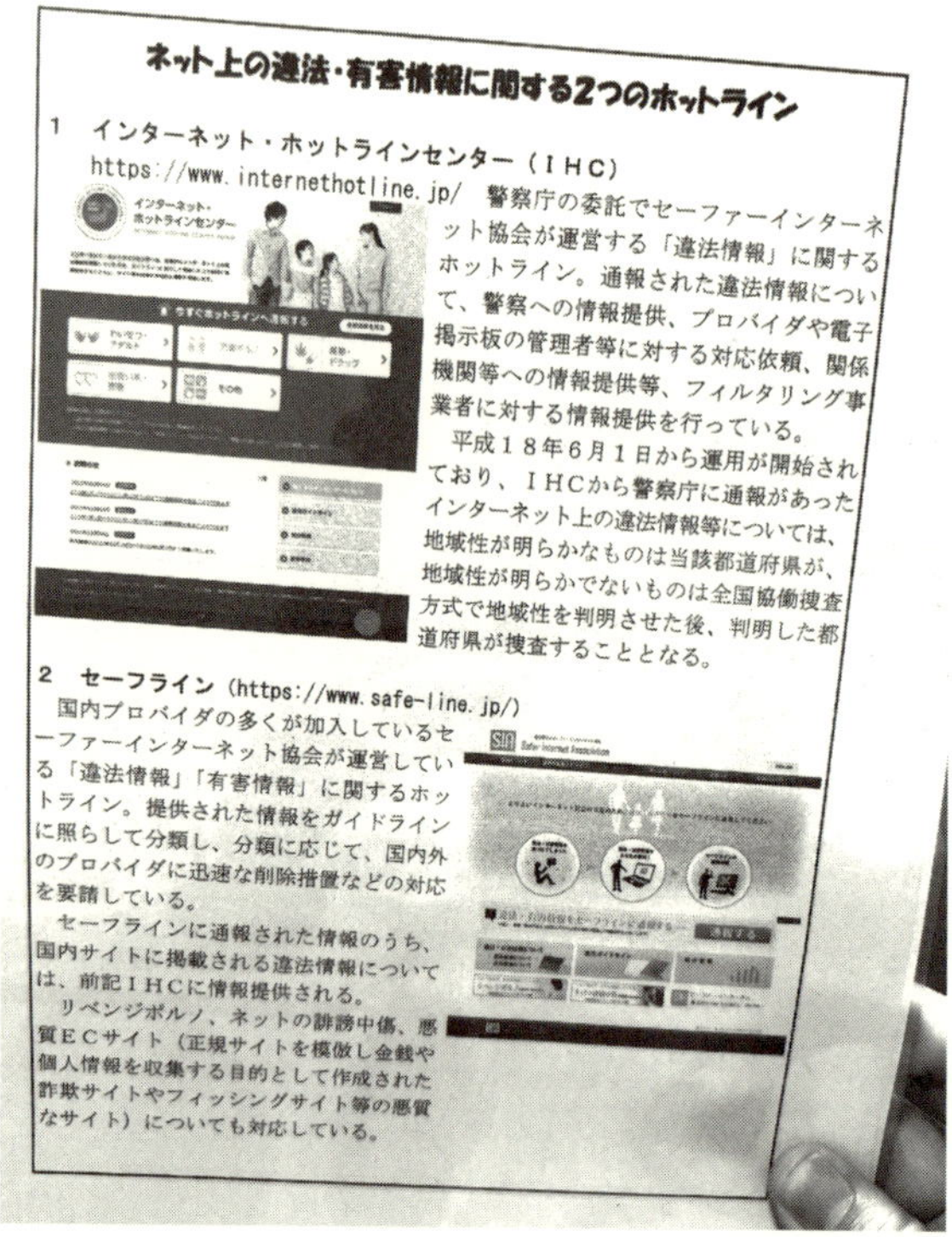

ネット上の違法・有害情報に関する2つのホットライン

1　インターネット・ホットラインセンター（ＩＨＣ）

https://www.internethotline.jp/　警察庁の委託でセーファーインターネット協会が運営する「違法情報」に関するホットライン。通報された違法情報について、警察への情報提供、プロバイダや電子掲示板の管理者等に対する対応依頼、関係機関等への情報提供等、フィルタリング事業者に対する情報提供を行っている。

平成１８年６月１日から運用が開始されており、ＩＨＣから警察庁に通報があったインターネット上の違法情報等については、地域性が明らかなものは当該都道府県が、地域性が明らかでないものは全国協働捜査方式で地域性を判明させた後、判明した都道府県が捜査することとなる。

2　セーフライン（https://www.safe-line.jp/）

国内プロバイダの多くが加入しているセーファーインターネット協会が運営している「違法情報」「有害情報」に関するホットライン。提供された情報をガイドラインに照らして分類し、分類に応じて、国内外のプロバイダに迅速な削除措置などの対応を要請している。

セーフラインに通報された情報のうち、国内サイトに掲載される違法情報については、前記ＩＨＣに情報提供される。

リベンジポルノ、ネットの誹謗中傷、悪質ＥＣサイト（正規サイトを模倣し金銭や個人情報を収集する目的として作成された詐欺サイトやフィッシングサイト等の悪質なサイト）についても対応している。

警察には面倒くさそうにこの紙を渡されましたとさ

まあ、逮捕とかそういうことは抜きにしても、それっぽいゴタクを並べる予想サイトや情報商材屋は世の中にゴマンとある。文章やレイアウトもなかなかうまいので、負けが込んでいるときなんかはついグラっときてしまう気持ちもわかる。

しかしながら、少し立ち止まって考えてみると、今回のように嘘がめくれることもある。命の次に大切な金を張るのだから、情報を買う際もレースと同じように下調べを入念にすることを強くオススメする。

それから AIならすべて優れているわけではない

この原稿を書いてから1年が経ったが、セーファーインターネット協会からは一切連絡はありませんでした。……まあ、そもそもネットで予想を売っている会社は基本的には詐欺なので、触れないのが正解ではある。

最近ではnoteやブログ等で有料予想を売っている人もいるが、こうした人たちの予想を買う際も、肩書きや自称の成績をそのまま信用するのではなく、その人が嘘をついていないか、（ハズレを含めて）過去の予想を公開しているか、過去の予想が改ざん・編集されていないか等をチェックするのは最低限やるべきことである。

同様に最近はAI予想なども流行しているが、「AIならすべて優れているわけではない」という点にも注意しないといけない。そのAIがどのように買い目を算出しているのか、その算出方法は有効なのかを知らないと、単にポンコツの弾き出した予想に乗っかっているだけになってしまうので、注意が必要である。

具体的には、どこまでのデータを取得しているのか（例えば、選手の成績しかデータを保持していないAI

と、成績に加えて上がりタイムや風向き等を保持しているＡＩでは、当然後者のほうが成績は高くなる）、どのデータをどれだけ重要視しているのか（これは機械学習の世界では「重み付け」と呼ばれる）、オッズを考慮して買い目を出しているか等が挙げられる。

もっともこのあたりの話をちゃんとすると本１冊で収まらないレベルになってくるので、詳しく知りたい人はガイドワークスから出版されている「ＡＩ競馬　人工知能は馬券を制することができるか？」（城崎哲：著）を読んで欲しい。

本当に勝つことだけに特化したＡＩはレースのオッズと馬や選手の成績を加味して買い目を割り出すので、人間には理解できないメチャクチャな買い目を出してくることもある。たとえば、１－２が来そうだと予想した人間の３連単は１－２から３着を流して買うことになるが、ＡＩは確率とオッズを天秤にかけて予想を出してくるので、本線も本命も存在しない、バラバラの買い目を大量に出してくるのだ。

こちらのほうがＡＩの正しい姿であるにもかかわらず、公開されているＡＩ予想の多くはそうなっておらず、本線から流すような予想が投稿されている。これは不特定多数に買い目を公表するという都合上オッズを考慮することができない点と、人間が理解できない予想だと人気が出ないため、あえて比較的的中率の高そうな組み合わせをＡＩで予想して公開しているものと思われる。つまり、本気を出していないのだ。

本気を出したＡＩの姿を見るためには自分で開発するか、外注するかのどちらかしかなく、「Ｍａｍｂａ」や「松風」のようなＡＩ競馬で大きな利益を上げている先駆者を見るに、おそらく現在は多くのＡＩが公営競技に参入しているものと思われる。つまり、ＡＩによってオッズが歪むことも考慮してＡＩを調教する必要があるため、以前よりもチューニングの難しさは格段に上がっているだろう。

あとがき

各記事の「それから」を書くために原稿を読み返したが、全くジャンルの違う話が飛び飛びで載っているので、読むのにけっこうエネルギーが要った。もし読者の方を疲れさせてしまったら申し訳ないと思う。

……まあそれはそれとして、『裏モノＪＡＰＡＮ』以外でこんな内容の連載はまずできないだろう。

今でこそ裏モノＪＡＰＡＮは比較的アダルト色の強い雑誌だが、そんな中でも自分はほぼアダルトとは無縁な記事を書き続けている。エロ方面の話が苦手なこともあるが、「なぜ飽きもせずこんなことばかり続けていられるのだろう」ということを考えると、企業や詐欺師に舐められるのが死ぬほど嫌いだからではないかという結論に至った。

たとえば、詐欺であることが見え見えな副業の誘いや、ウソを書いて集客しているギャンブル予想サイトなんかは、詐欺であることがわかっているのなら単に無視すれば済む話ではあるのだが、わざわざ引っかかったフリをして手口を聞き出したり、注意書きを全部読み込んだり、何年分もデータを遡ってウソを証明したりしているのは、「人を舐めて金を稼ごうとしているんだから、自分たちが否定されても文句言うなよ」という気持ちがどこかにある。

そして、「人を舐める」という行為は合法か非合法かを問わず存在する。

こんなバカな原稿ばかり書いていて何を言っているんだと思われるかもしれないが、俺自身、この原稿のようにしつこく追及を行うことで、世間が気付いていなかったり、見落としてしまう悪質さを見分けるリテラシーを読者に持ってほしいのかもしれない。

でなければ、長い時間をかけて取材をして、苦労しながら原稿を書いて、わずかな原稿料を得るなんて、割に合わない仕事をしている理由の説明がつかないのだ。そんなことに時間を費やしている間に、iPhoneの1台でも転売した方がよほど効率良く儲けられるのだから。

最後に、この本を出すにあたってまとまりのないジャンルの話を全て読み込んだうえで的確なアドバイスをしてくれた編集の平林和史さんと、自分の与太話を毎月聞いて連載を載せてくれている裏モノJAPAN編集長の佐藤正喜さんに心より感謝申し上げます。もしこの本をヒントに儲けることができたら、裏モノJAPANの購入もご検討ください。

令和6年10月1日　山野祐介

怪しい金儲けに手を出し本当に儲かった話

2024年11月27日　第1刷発行

著　者　　山野祐介
発行人　　尾形誠規
編集人　　平林和史
発行所　　株式会社 鉄人社
〒162-0801 東京都新宿区山吹町332 オフィス87ビル3階
TEL 03-3528-9801　FAX 03-3528-9802
https://tetsujinsya.co.jp

デザイン　　鈴木 恵（細工場）
印刷・製本　モリモト印刷株式会社

ISBN978-4-86537-289-2　C0036